NUEVA
HISTORIA MÍNIMA
DE MÉXICO

NUEVA
HISTORIA MÍNIMA
DE MÉXICO

Pablo Escalante Gonzalbo
Bernardo García Martínez
Luis Jáuregui
Josefina Zoraida Vázquez
Elisa Speckman Guerra
Javier Garciadiego
Luis Aboites Aguilar

EL COLEGIO DE MÉXICO

972
N9647
    Nueva historia mínima de México / Pablo Escalante
Gonzalbo ... [et al.]. -- 1a. ed. -- . México, D.F. : El
Colegio de México, c2004 (13a reimpresión, 2016).
    315 p. ; 21 cm.

    ISBN 968-12-1139-1

        1. México -- Historia. I. Escalante Gonzalbo,
Pablo, 1963-. II Historia mínima de México.

Décima tercera reimpresión, 2016
Décima segunda reimpresión, 2015
Décima primera reimpresión, 2014
Décima reimpresión, 2013
Novena reimpresión, 2012
Octava reimpresión, abril, 2011
Séptima reimpresión, mayo, 2010
Sexta reimpresión, abril, 2009
Quinta reimpresión, febrero, 2008
Cuarta reimpresión, abril, 2007
Tercera reimpresión, abril, 2006
Segunda reimpresión, marzo, 2005
Primera reimpresión, agosto, 2004
Primera edición, abril, 2004

DR ©   El Colegio de México, A.C.
        Camino al Ajusco 20
        Pedregal de Santa Teresa
        10740 Ciudad de México
        www.colmex.mx

ISBN 968-12-1139-1

Impreso en México

ÍNDICE

PRESENTACIÓN

En 1973 el Colegio de México publicó una primera versión de la *Historia mínima de México* con el fin de proporcionar la dosis mínima de conocimiento histórico requerido por cualquier mexicano de entonces. En esa obra participaron cinco autores (Daniel Cosío Villegas —director del proyecto—, Ignacio Bernal, Alejandra Moreno Toscano, Luis González y Eduardo Blanquel) que plasmaron lo que en el momento se consideraba la visión más sintética y acertada del pasado de este país. Ediciones posteriores incorporaron un estudio adicional (por Lorenzo Meyer) de los años subsecuentes, pero la obra permaneció básicamente inalterada hasta la llegada del nuevo siglo. En los tres decenios transcurridos la *Historia mínima* alcanzó un tiraje de más de un cuarto de millón de ejemplares y mereció la traducción a catorce idiomas, incluida una edición en Braille.

El conocimiento histórico se refresca y enriquece cada día gracias a la investigación y el análisis. En los últimos treinta años se han descubierto aspectos desconocidos del pasado de México y se han aclarado otros que se tenían por confusos. Se han corregido errores y se ha ganado en profundidad con nuevas interpretaciones y formas de comprender y explicar los fenómenos y acontecimientos del pasado. Esto se refleja en todas las publicaciones de tema histórico, y debe reflejarse también en una obra de divulgación como la presente. Puede argumentarse asimismo que la dosis mínima de conocimiento histórico requerido por cualquier mexicano de hoy es mayor, pues también ha crecido su nivel de educación y, de manera muy particular, su grado de responsabilidad social y política.

El Colegio de México ha considerado que llegó el tiempo de preparar una *Nueva historia mínima de México*, que es el libro que el lector tiene en sus manos. Sin apartarse del propósito de concreción y sencillez que guió a la vieja *Historia mínima*, la presente es una obra completamente nueva y original: por sus siete nuevos autores y sus textos preparados para esta edición, por su periodización, por sus planteamientos, por su explicación, por su cobertura más amplia y, sobre todo, nueva por su visión más moderna y mejor fundada —tanto como lo permite el conocimiento más completo y perfeccionado de que disponemos en estos primeros años del siglo XXI. Desde luego, los autores han procurado que sus páginas sean amenas y didácticas, tanto o más que las de la versión anterior, de modo que cualquier lector pueda entenderlas y disfrutarlas.

El Colegio de México tiene el propósito de que futuras versiones de esta obra incorporen, en la medida que sea necesario, los resultados de los descubrimientos e investigaciones que se vayan haciendo. La *Nueva historia mínima de México* se propone ser un texto que refleje de manera dinámica el conocimiento, cada día mejor y más acertado, del pasado de México.

EL MÉXICO ANTIGUO

PABLO ESCALANTE GONZALBO

MÉXICO ES MUCHOS MÉXICOS. Lo es, no sólo por las dramáticas diferencias sociales que lo caracterizan, sino porque los antecedentes étnicos, las tradiciones culturales y los contextos ecológicos varían enormemente de una región a otra de nuestro país. La división más antigua, y una de las más determinantes para la historia, es la que existió entre una civilización agrícola que se extendió en la mitad meridional del territorio y los pueblos de agricultura inestable y cazadores-recolectores que vivieron en el norte árido. Nuestra predilección por la gran Tenochtitlan como sitio de referencia de la nacionalidad, nuestra familiaridad con Moctezuma Ilhuicamina y con Nezahualcóyotl, no debe hacernos olvidar que otros antepasados nuestros vivían en rancherías de las montañas de Chihuahua, cerca de lobos y osos, y otros más caminaban desnudos por las ásperas tierras de Baja California, mirando casi siempre la línea del mar.

El peso demográfico y político de pueblos meridionales como los nahuas, los zapotecos o los mayas, contribuyó a su supervivencia y a su integración en el nuevo orden surgido a raíz de la conquista española. Estos pueblos lograron, de diversas formas, insertar sus costumbres, sus imágenes, su memoria, en el tejido de la historia nacional. Las ideas y las historias de los cazadores de Coahuila, en cambio, o de los pueblos de Jalisco y Zacatecas que se rehusaron a aceptar el dominio español, fueron borradas con el exterminio de esos pueblos. Otros, como los tarahumaras y los seris, han sobrevivido en el borde de las barrancas, en el filo de las playas desérticas, y en el límite de la historia.

La brevedad de este texto nos obliga a recuperar el hilo de las historias centrales, hegemónicas, metropolitanas: la de los olmecas de San Lorenzo, la de Teotihuacán, la de Tula…, historias que se encuentran en el ámbito de la civilización mesoamericana, y sobre las cuales tenemos una gran cantidad de información. El carácter fragmentario y disperso de los datos disponibles sobre los pueblos del norte dificulta su inclusión en una síntesis.

Si trazamos en el mapa una línea de oeste a este que una algunos sitios arqueológicos como Huatabampo en Sonora, El Zape en Durango, Chalchihuites en Zacatecas, Villa de Reyes en San Luis Potosí y San Antonio Nogalar en Tamaulipas, obtenemos una curva, alta en sus extremos y descendente en la región de los bolsones: representa la frontera septentrional de Mesoamérica en el momento de su mayor expansión, hacia el año 900 d.C. La formación de esa frontera, así como la construcción de la civilización mesoamericana misma, fue el resultado de un largo proceso histórico que empieza con la domesticación del maíz y otras plantas, e incluye el desarrollo de técnicas agrícolas intensivas, la división de la sociedad en clases, el despliegue de redes de intercambio de cientos de kilómetros y la invención de complejos dispositivos ceremoniales, como el templo colocado sobre una pirámide y la cancha del juego de pelota.

LOS CAZADORES-RECOLECTORES

El poblamiento de América se inició alrededor del año 40 000 a.C. Hacía medio millón de años que el *Homo erectus* había aprendido a hacer fuego, pero el *Homo sapiens sapiens* empezaba apenas a existir y aún no se había extinguido por completo la subespecie *neanderthalensis*. Por lo tanto, es importante observar que el hombre, tal como lo conocemos hoy, inició su historia prácticamente al mismo tiempo en América y en el resto del mundo.

El paso a América fue posible gracias al descenso del nivel de los mares característico de la era geológica conocida como Pleistoceno o era glaciar. Durante la última glaciación de dicha era, la Wisconsiniana (c. 100 000 a 8 000 a.c.), hubo etapas de miles de años de duración en las cuales el noreste de Asia y el noroeste de América constituían un territorio continuo: por allí pasó el todavía joven *Homo sapiens sapiens* en oleadas sucesivas. Los indicios más antiguos de presencia humana en el actual territorio mexicano datan del año 35 000 a.c. Entre esta fecha y el año 5 000 a.c., cuando se inicia el proceso de domesticación del maíz y el frijol, solamente encontramos bandas de cazadores-recolectores y pescadores. Estas bandas eran agrupaciones bastante versátiles, susceptibles de descomponerse en sus partes. Durante los meses de escasez, cada familia se situaba en un lugar distinto, construía su enramada o se establecía en una cueva, y desde allí aprovechaba los recursos disponibles en las cercanías. Al llegar la estación de abundancia, generalmente el verano, las familias se congregaban en parajes donde se formaba la banda propiamente dicha para cazar y recolectar. Finalmente, varias bandas podían reunirse y formar macrobandas para intercambiar mujeres, organizar grandes batidas de caza o defender el territorio. Una banda estaba formada por algunas decenas de personas, y una macrobanda podía agrupar a varios cientos.

A esta etapa de la historia mexicana, anterior a la agricultura, se le denomina Etapa Lítica y la mayor parte de ella transcurre dentro de la fría era glaciar, cuando todavía existían en América caballos, antílopes, mamutes, y otras especies que se extinguirían con los cambios climáticos que trajo el Holoceno.

Una de las primeras historias de carne y hueso que podemos recuperar del pasado mexicano ocurrió hacia el año 7 000 a.c., poco antes de la extinción de la megafauna americana. Las bandas de cazadores-recolectores que vivían en el valle de México tenían la costumbre de conducir a los mamutes hacia la orilla pantanosa del lago de Tetzcoco (Texcoco). Cuando estos gigantescos animales se atascaban en el lodo, los cazadores los asediaban y les causaban heridas con sus lanzas hasta hacerlos caer, muertos o exhaustos. Cierto día de hace nueve mil años, una mujer, de veinticinco años de edad y metro y medio de estatura, participó en una jornada de caza y tuvo la mala fortuna de golpearse y caer; murió y quedó sepultada en el lodo, con el rostro mirando hacia abajo. En los libros se conoce a esta mujer como "el hombre de Tepexpan".

La época alrededor del año 7 000 a.C. reviste una importancia especial. Los fuertes cambios climáticos que sufrió la Tierra y que propiciaron la desaparición de varias especies, también estimularon la diversificación de las actividades económicas. La tecnología de las puntas de proyectil se especializó para adecuarse a la caza de animales medianos y pequeños como el puma, el pecarí, el venado, el conejo y el mapache. Además hay evidencia arqueológica suficiente para afirmar que entre el año 7 000 y el 5 000 a.C, las bandas intensificaron las actividades relacionadas con la recolección: seguramente arrancaban malezas para despejar el terreno alrededor de las mejores plantas, desprendían los frutos y las semillas en forma sistemática, probablemente regaban algunas matas. El resultado de esta intervención en los ciclos naturales fue la domesticación del chile, el aguacate y la calabaza (la especie *Cucurbita mixta*): en lo sucesivo, ninguna de estas plantas podría reproducirse sola. También aparecieron entonces las muelas para triturar granos, semejantes a metates sin patas.

Pero no es lo mismo haber domesticado algunas plantas que ser un pueblo agrícola. Entre un hecho y otro hay siglos de experimentación y adaptación, lo que llamamos horizonte Protoneolítico (5 000 a 2 500 a.C.). En ese lapso apareció el maíz domesticado como consecuencia de la manipulación, durante cientos de años, de las espigas de la especie silvestre *Zea mexicana* (el teosinte), que fue mutando para producir pequeñas mazorcas y finalmente las mazorcas de alrededor de veinte centímetros características de la especie plenamente domesticada, *Zea mays*, iguales a las de la actualidad. También fueron domesticados en esta etapa el guaje, el frijol común, el zapote blanco y el zapote negro.

Hacia el final del Protoneolítico los recolectores se habían vuelto agricultores, ya no podían alejarse de sus matas; así surgieron las aldeas permanentes. En estas primitivas aldeas se fue completando el repertorio de los rasgos característicos de Mesoamérica; aparecieron el metate y la mano propiamente dichos, se domesticó la gran calabaza (*Cucurbita pepo*), con cuyas semillas se preparará el cotidiano pipián de todos los pueblos mesoamericanos; se domesticó el perro, y también hay señales de que se empezó a practicar el sacrificio humano y cierto culto a los muertos. Las familias que habitaban estas aldeas formaban unidades sociales más cohesionadas y perdurables que sus antepasados recolectores. Eran sociedades sin estratificación social, y sus miembros no reconocían más diferencia que pertenecer a una u otra familia: técnicamente se las define como tribus.

ALBORADA DE LA CIVILIZACIÓN

En general, suele considerarse que la historia de Mesoamérica se inicia hacia el 2 500 a.C., cuando la vida sedentaria se ha generalizado y ya existe la cerámica. En esa fecha comienza el primer horizonte mesoamericano, el Preclásico, y en particular su primera etapa, el Preclásico temprano (2 500 a 1 200 a.C.). También se conoce esta época como Preclásico aldeano, porque 90% de los asentamientos de todas las regiones son aldeas, que suelen tener un promedio de diez a doce hogares, y una población total de cincuenta a sesenta personas. Los hogares del Preclásico temprano consistían en varios cuartos agrupados en torno a un patio; un patrón que se mantuvo hasta la época de la conquista española, e incluso después. El patio era el área de trabajo más usual, y los cuartos funcionaban como dormitorios y almacenes, además de que por lo menos uno de ellos podía albergar la cocina y el altar.

También surgen en esta etapa algunas villas con más de doscientos hogares, que superan los mil habitantes. En este tipo de asentamientos se encuentran indicios de intercambio a larga distancia y de ritual público. San José Mogote, en el valle de Oaxaca, es una de esas villas que destacan dentro de su región: entre los artefactos hallados por los arqueólogos en el sitio hay piezas de cerámica, conchas marinas, dientes de tiburón, tambores de concha de tortuga y trompetas de caracol marino, todo ello procedente de la costa del Golfo. En aquellos mismos años se construyó en el centro de la población un templete cubierto de estuco y provisto de un altar.

Estas villas fueron el escenario de las primeras jefaturas mesoamericanas: sociedades jerarquizadas que conferían mayor rango a algunos miembros, como el jefe y sus hijos, y quizá a algunos guerreros, y promovían el uso de artefactos y atuendos distintivos para resaltar ese rango. En la persona de los jefes se concentraban la autoridad religiosa y militar; ellos controlaban la administración de los excedentes de la comunidad y supervisaban el naciente comercio. Estas jefaturas parecen haber tenido un papel importante en el impulso del gran desarrollo que caracterizará al Preclásico medio, pero en la mayoría de las regiones mesoamericanas tuvieron poca duración, pues muy pronto las distinciones de rango dieron paso a divisiones de clase; las tareas del gobierno se especializaron y la nobleza las acaparó.

Hacia el año 1 200 a.C. empezaron a realizarse en Mesoamérica diversas obras hidráulicas, canales, terrazas y probablemente chinampas. Una consecuencia directa de estos trabajos parece haber sido la mejoría en el rendimiento agrícola y el incremento de la población. Entre esa fecha y el año 500 a.c. aproximadamente, transcurre la etapa conocida como Preclásico medio, caracterizada por el surgimiento de la especialización laboral de tiempo completo y la estratificación social, la construcción de centros ceremoniales urbanizados y el desarrollo de un repertorio de imágenes simbólicas que habitualmente identificamos como "olmecas". Precisamente en esta etapa surgieron los primeros reinos o señoríos en varias zonas de Mesoamérica.

El intercambio de bienes de prestigio y bienes de culto que venía ocurriendo entre las villas mayores de las diferentes regiones de Mesoamérica parece haber propiciado cierto acuerdo entre los grupos dirigentes alrededor de concepciones religiosas y políticas; también favoreció la diseminación y aceptación de algunas convenciones plásticas y preferencias estilísticas. Hoy sabemos que los rasgos de tipo olmeca aparecen de manera más o menos simultánea en la cuenca del Balsas, en el valle de México, en la costa del Golfo y en otras regiones; y esta simultaneidad contradice la antigua idea de que lo olmeca se había diseminado por Mesoamérica, a partir del Golfo de México, como resultado de un proceso de expansión militar o comercial impulsado desde San Lorenzo o La Venta.

Entre los rasgos que habitualmente identificamos como olmecas se encuentran el uso de grandes "mesas" de piedra o mampostería (en algunos casos empleadas como tronos y quizá en otros como altares); la preferencia por la jadeíta y otras piedras verdes para elaborar ofrendas; la representación muy frecuente del jaguar, asociado con la figura humana de diferentes maneras: felinos que danzan o luchan con hombres, pieles de felino que sirven de capa, felinos antropomorfos. Los rostros humanos de tipo olmeca se caracterizan por ojos rasgados e inclinados y labios muy prominentes que ocasionalmente se abren para mostrar unos colmillos fieros; en la parte superior central de la cabeza puede haber una incisión, de la cual emerge a veces una mazorca de maíz. También se encuentran entre los elementos que solemos llamar olmecas símbolos como la "ceja flamígera", las dos bandas cruzadas en X y la gota de lluvia con un punto y una raya.

El mayor número de centros ceremoniales urbanizados, los más grandes y complejos, la mayor concentración de escultura y las piezas de mayor tamaño se encuentran en las llanuras aluviales del Golfo de México. En San Lorenzo se construyó hacia el año 1 200 a.C. una enorme plataforma de tierra que sirvió para poner a salvo de las crecidas del río un gran conjunto de plazas ceremoniales y viviendas de la elite. Tronos, estelas, cabezas colosales y otras esculturas se colocaron en diversos puntos de esa meseta artificial. Las esculturas de mayor tamaño eran los tronos, antes conocidos como "altares"; sobre ellos se sentaban los soberanos para presidir algunas ceremonias y muy probablemente para atender los asuntos de gobierno. Las imágenes talladas en estos gigantescos asientos proclamaban la pertenencia del gobernante a un linaje especial y señalaban sus vínculos con lo sobrenatural, en especial con el interior de la montaña, ámbito de la fertilidad por excelencia. Algunas imágenes sugieren también una identificación del gobernante con el eje del cosmos y el dios del maíz. Las gigantescas cabezas estaban hechas normalmente de tronos reciclados; lo más probable es que el trono usado en vida por un soberano se convirtiera en la materia prima para su propio retrato colosal. Colocadas directamente sobre la tierra, las cabezas de los soberanos parecerían emerger de ella: como árboles, como plantas de maíz.

Durante trescientos años el asentamiento de San Lorenzo fue el centro político de su región, hasta que, en el año 900 a.C., fue abandonado de manera abrupta tras la mutilación y entierro de varias de sus esculturas. Entre el año 900 y el 500 a.C. florecieron varios sitios en las cercanías, pero ninguno tuvo la magnitud de La Venta, al que podemos ver como el genuino relevo de San Lorenzo. En La Venta se levantó la primera gran "pirámide" de Mesoamérica, un gigantesco cono ondulante de tierra apisonada, rodeado de plazas y pequeñas plataformas.

Para los habitantes de La Venta, el viaje a los yacimientos basálticos de Los Tuxtlas era aún más largo que para la gente de San Lorenzo; sin embargo, del mismo modo que sus predecesores, emprendieron constantes travesías en busca de la materia prima, que trasladaban en balsas por los ríos y por la costa, y arrastraban con troncos rodantes cuando no había una corriente a mano. Con estas piedras dieron continuidad a la excelente tradición escultórica de San Lorenzo y la enriquecieron con nuevas creaciones, como la tumba de columnas basálticas. También la pequeña escultura de piedras semipreciosas, como la jadeíta, se diversificó en la etapa del florecimiento de La Venta; así lo muestran los hallazgos en este sitio y en localidades como Cerro de las Mesas y Río Pesquero.

Es tentador suponer que las prósperas villas parcialmente urbanizadas del Golfo de México, habitadas por escultores, sacerdotes, guerreros y gobernantes, constituía una suerte de metrópoli de la cual se derivaron las otras expresiones olmecas de Mesoamérica. Pero, como hemos dicho, los datos no favorecen la hipótesis de la expansión desde el Golfo, sino más bien la idea de que los rasgos llamados olmecas habían sido adoptados simultáneamente por las nacientes noblezas mesoamericanas, las cuales tenían estrechas relaciones entre sí motivadas por el intercambio.

Podemos seguir llamando olmecas a los habitantes de la llanura aluvial del Golfo en el Preclásico medio; es un nombre arbitrario que hemos dado a un grupo de pueblos de la familia lingüística mixe-zoque. Pero el repertorio de formas y símbolos que se emplearon en aquella región no es propiamente una manifestación étnica, algo propio "de los olmecas", sino parte de un fenómeno suprarregional.

Entre los sitios de tipo olmeca fuera del Golfo de México destacan, por la amplitud y riqueza de sus áreas ceremoniales,

Teopantecuanitlán, en Guerrero, y Chalcatzingo, en Morelos. Cada uno de estos sitios tiene rasgos originales; por ejemplo, estelas en forma de T en el primero, y representaciones peculiares de la lluvia y la cueva, en el segundo. Pero en ambos casos se identifica con claridad el repertorio de artefactos, símbolos y convenciones estilísticas olmecas. Un repertorio que vemos también en Tlapacoya y en Tlatilco (en el valle de México), y en muchas otras localidades de Mesoamérica.

ORÍGENES DE LA DIVERSIDAD REGIONAL

Si la uniformidad es el rasgo característico del Preclásico medio, la diversidad regional domina el Preclásico tardío (500 a.c. a 200 d.C). Hacia el año 500 a.c., las manifestaciones olmecas se extinguen en Mesoamérica y son remplazadas por varias culturas regionales que surgen en estos años con un ímpetu notable: nuevos estilos arquitectónicos tendientes a la monumentalidad, cambios en la escultura, en la cerámica ritual y en el orden simbólico. Las motivaciones de este sesgo en la historia de la civilización mesoamericana no son claras; de lo que sí estamos seguros es de que las regiones habían alcanzado una consistencia demográfica y una riqueza económica que no tenían siglos atrás. Esta madurez de las regiones produjo concentraciones de población muy importantes y permitió la consolidación de las noblezas que acapararon las funciones de mando. Estas funciones tomaron un carácter específicamente político, dejaron de regirse sólo por los principios de representación y liderazgo de las sociedades gentilicias y se sustentaron en argumentos como la eficacia de la acción de gobierno para triunfar en la guerra, organizar el mercado y urbanizar el espacio.

El surgimiento de Monte Albán es uno de los sucesos que marcan el inicio del Preclásico tardío. Las villas mayores de los tres ramales del valle de Oaxaca, que habían crecido de manera sostenida, cesaron su desarrollo hacia el año 500 a.C., y se sumaron al proyecto de formar una ciudad. Monte Albán era una montaña pedregosa, sin agua y deshabitada, pero con la ventaja de estar situada en el centro del valle; desde su cúspide se dominaban con la vista los tres ramales y las cordilleras circundantes. El hecho de que Monte Albán haya estado organizada desde sus inicios en un sistema de grandes barrios o distritos, parece fortalecer la hipótesis de que su fundación fue el resultado de una amplia alianza celebrada por el conjunto de los asentamientos del valle.

El promontorio rocoso fue adaptado a las necesidades de crecimiento de la población que, antes de concluir el Preclásico tardío, rebasaba los quince mil habitantes. El primer edificio público de la naciente ciudad fue el que hoy conocemos como edificio de los Danzantes. Debe su nombre a las figuras esculpidas en las lápidas que lo cubren, mismas que parecen moverse o contorsionarse. Desnudos y con vísceras expuestas, estos personajes podrían representar más bien a cautivos de guerra, y seguramente la serie completa equivale a una gran lista de grupos sometidos.

Esta exaltación pública de la victoria militar había aparecido ya en San José Mogote, justo en la época de la fundación de Monte Albán. En la villa de Dainzú, un pequeño centro dependiente de Monte Albán situado en el ramal de Tlacolula, también se ejecutaron relieves de personajes sacrificados, en este caso decapitados, y en asociación con el juego de pelota. Hacia el año 200 a.C. se levantó en Monte Albán un edificio con forma de punta de flecha que, igual que su antecesor, se encuentra cubierto con lápidas alusivas a la conquista militar. En estas lápidas, sin embargo, en lugar del cautivo mutilado se utiliza el glifo toponímico de cada pueblo, asociado con una cabeza colocada boca abajo.

Las anteriores evidencias y otras más, ya del Clásico, parecen indicar que la consolidación política de Monte Albán, su crecimiento urbano y su hegemonía regional se construyeron a base de una intensa actividad militar. Entre los frutos de esa actividad deben encontrarse importantes remesas tributarias, capaces de dar riqueza y prosperidad a la ciudad.

El arte funerario, que todos reconocemos como uno de los rasgos notables de los zapotecos del horizonte Clásico, ya estaba presente en estos primeros siglos de la historia de Monte Albán: las tumbas hechas con grandes losas de piedra colocadas en fila y ricamente decoradas con estuco y pintura, así como los vasos-efigie de cerámica —conocidos como urnas— que solían colocarse alrededor de los cuerpos acostados de los muertos.

En el valle de México se aprecian procesos de urbanización y de concentración de la población similares a los de Oaxaca; mayores incluso, si tomamos en cuenta que en las orillas del lago de México fueron dos las ciudades que surgieron en el Preclásico tardío. Se trata de una etapa apasionante de nuestra historia, que sin embargo se conoce mal. De lo que estamos seguros es de que Cuicuilco era mucho más que una pirámide de base circular: había una gigantesca necrópolis, hoy cubierta por una moderna unidad habitacional, y numerosos montículos, que se pueden ver todavía desde las avenidas que cruzan el área. A juzgar por las dimensiones de tal centro religioso, cabe pensar que la ciudad fue de gran magnitud. Una capa de lava, que en algunos puntos alcanza los 15 metros de altura, dificulta las investigaciones y nunca nos permitirá tener una idea completa de aquel asentamiento.

El efecto de atracción de población rural que Cuicuilco ejerció en el sur del valle, lo tuvo Teotihuacán entre los habitantes del norte y del oriente. Algunas estimaciones de población señalan que entre los años 200 y 100 a.C. Teotihuacán llegó a congregar a cerca de cuarenta mil habitantes. Sin embargo hay una diferencia importante entre ambas concentraciones: Cuicuilco contaba con un complejo de monumentos religiosos que ningún asentamiento de Mesoamérica tenía para entonces. Teotihuacán albergaba a mucha gente, reunida por el atractivo de la industria de la obsidiana, pero carecía aún de un sistema ceremonial comparable al de Cuicuilco; era más una agregación de aldeas que una ciudad.

Cuicuilco empezó a despoblarse tras una erupción del volcán Xitle ocurrida en el 50 a.c., pero no fue totalmente abandonada sino unos cien años después, cuando nuevas erupciones la cubrieron por completo de lava. Dos de los rasgos característicos de la cultura de Cuicuilco desaparecieron del valle al extinguirse la ciudad: la plataforma ceremonial de base circular y las tumbas de botellón, caracterizadas por un tiro cilíndrico que daba acceso a la cámara. Curiosamente, ambos rasgos aparecen en el Occidente de México (Jalisco, Michoacán, Nayarit, Colima) hacia el año 200 a.c, y serán característicos de esa región durante los siguientes mil años. No se ha demostrado ningún vínculo entre ambas culturas pero tampoco puede descartarse.

En otras regiones de Mesoamérica las obras y los sucesos del Preclásico tardío tienen cierta liga con el antiguo fenómeno olmeca. Es el caso de la cultura de Mezcala, donde apreciamos la continuidad de una práctica muy característica de la etapa olmeca que es la pequeña talla en piedra de figuras antropomorfas. La estrategia de abstracción de las figuras de Mezcala parece derivarse de la vertiente menos naturalista del arte olmeca. Pero además de estos vestigios, hay señales muy claras de una secuela del fenómeno olmeca que se desplaza del Golfo a la región maya.

Entre el año 500 y el 400 a.C., La Venta fue abandonado de manera abrupta, pero algunos sitios menores de la región, como Tres Zapotes y Cerro de las Mesas, permanecieron habitados y continuaron la tradición de esculpir estelas y altares en grandes bloques de piedra; también conservaron algunos rasgos del repertorio iconográfico olmeca. Lo que resulta especialmente interesante es la fuerte semejanza que hay entre la escultura de estos sitios postolmecas y la que se hace en localidades situadas al sur, en el alto Grijalva y en las costas de Chiapas y Guatemala.

Tales semejanzas han permitido identificar un fenómeno cultural que se conoce como complejo Izapa; el punto más septentrional de tal complejo parece ser La Mojarra, en Veracruz, y los sitios más meridionales, Izapa, en México, y Abaj Takalik y El Baúl, en Guatemala. Un eslabón crucial son Chiapa de Corzo y La Libertad, ubicados en el cauce superior del Grijalva. Esta gran franja sinuosa, que desciende de la llanura aluvial del Golfo y cruza el istmo de Tehuantepec, coincide con la ubicación de la familia lingüística mixe-zoque en el Preclásico tardío. El vínculo, de costa a costa, por esa ruta no era nuevo, existía desde hacía siglos; lo que parece haber ocurrido es que los descendientes de los olmecas del Golfo fortalecieron la relación con su propio tronco étnico una vez que se desmoronó el mundo de relaciones comerciales y políticas de la era olmeca.

En esta época de crisis y reacomodo, en los sitios del complejo Izapa surgió uno de los inventos más trascendentes para la historia intelectual de Mesoamérica: la cuenta larga, un sistema de cómputo calendárico que permitía fechar cualquier evento con total exactitud, a partir de una fecha fija equivalente a la que para nosotros es la fecha del nacimiento de Cristo. La fecha de referencia para la cuenta larga mesoamericana correspondía con el 13 de agosto del año 3 114 a.C., y no tenemos noticia de que se refiriera a ningún suceso particular. Las inscripciones calendáricas más antiguas que se conocen proceden de la franja mixe-zoque: Chiapa de Corzo, 36 a.C.; Tres Zapotes, 31 a.C.; El Baúl, 36 d.C.; Abaj Takalik, 126 d.C.; La Mojarra, 143 y 156 d.C., y San Andrés Tuxtla, 162 d.C. Estos datos indican que el sistema que conocemos como típicamente maya fue en realidad inventado por los mixe-zoques, en una etapa de crisis y recomposición regional. Tampoco el dispositivo combinado de altar y estela es un invento que podamos atribuir a los mayas. Como vimos, estaba en uso en la etapa olmeca, en Guerrero, en Morelos y en el Golfo, y se trasladó a la región maya precisamente por medio de este corredor cultural del complejo Izapa.

En el Preclásico medio había ya algunos asentamientos agrícolas mayas en la selva, como Seibal y Altar de Sacrificios, en un afluente del Usumacinta llamado Pasión, y Tikal, Uaxactún, Nakbé y El Mirador, en el Petén guatemalteco, no lejos de la frontera con Campeche. Algunas de estas aldeas fueron la cuna de poderosas jefaturas, y en el Preclásico tardío desarrollaron áreas ceremoniales compactas y elevadas, caracterizadas por el agrupamiento de varios montículos, cada uno, a su vez, coronado por dos o tres plataformas piramidales. La arquitectura y la ornamentación de estos conjuntos es ya muy parecida a la que se verá en el Clásico, pero están ausentes todavía algunos componentes: los retratos reales y los textos epigráficos acompañados de fechas.

Los grupos del Petén tuvieron cierta expansión hacia el sur y hacia el Grijalva, no se sabe si pacífica o bélica. Como resultado de esa expansión, entraron en contacto con la tradición de Izapa. Kaminaljuyú y otros sitios del altiplano guatemalteco pueden haber sido ámbitos propicios para la asimilación de las dos vertientes, la mixe-zoque y la maya. En el año 292 d.C. la cuenta larga aparece asociada a inscripciones y arquitectura maya en la selva, en la emergente ciudad de Tikal, que será una de las más prósperas de la región.

LA ERA DEL IMPERIO

Entre el año 100 a.C. y el 200 d.C., etapa que algunos autores separan del Preclásico y denominan Protoclásico, ocurrieron varios sucesos importantes en el valle de México. Entonces tuvo lugar el abandono de Cuicuilco, y Teotihuacán se irguió como centro político y religioso indiscutible de la región.

Durante los primeros doscientos años de nuestra era se construyeron las pirámides del Sol y de la Luna así como el templo de Quetzalcóatl, se trazó la llamada calzada de los Muertos

y se inició la etapa propiamente urbana en la historia de Teotihuacán. Si en algún asentamiento prehispánico podemos hablar
con toda propiedad de una ciudad, es en Teotihuacán. Las construcciones y los pavimentos llegaron a ocupar la mayor parte de
la superficie, sin dejar espacio para huertas o jardines, en un
área de aproximadamente veinte kilómetros cuadrados.

Durante el horizonte Clásico (200 a 650 d.C.) la mayor parte de la población de Teotihuacán ocupó conjuntos habitacionales multifamiliares de mampostería, y muy poca gente vivió en
chozas de adobe, lo cual nos habla de una prosperidad generalizada en el asentamiento. Los conjuntos habitacionales se elevaban sobre grandes taludes, y sus muros carecían de ventanas;
uno o dos pórticos permitían el acceso. La mayoría de estos
conjuntos eran de planta cuadrada (de aproximadamente 60
por 60 metros), aunque había algunos más alargados y otros en
forma de L. Los lados de todos ellos eran paralelos, pero no
siempre las esquinas coincidían; no se trataba, pues, de una
cuadrícula exacta. Cada conjunto equivalía a una manzana o
cuadra; las calles de Teotihuacán eran largos pasillos sombrea-
dos que circulaban entre taludes y altos muros, y desde ellas no
era posible observar lo que ocurría en las viviendas.

Varios patios en el interior de cada conjunto habitacional
daban paso a las habitaciones y permitían iluminarlas. Un patio
central y algunas habitaciones mayores facilitaban la congrega-
ción de todos los residentes para las actividades religiosas y administrativas de interés común. En promedio es probable que
hayan vivido unas veinte familias en cada conjunto; todos se dedicaban a un mismo oficio y además eran parientes. Según se
deduce del análisis genético de osamentas, los varones de cada
conjunto tenían entre sí nexos más estrechos que las mujeres, lo
cual habla de un patrón de residencia patrilocal: las mujeres
iban a vivir a las vecindades de sus maridos.

Se ha observado que varios conjuntos habitacionales ten-
dían a agruparse para formar barrios; las calles interiores de es-

tos barrios son algo más estrechas que las que los circundan. También existió un nivel de agrupación que reunía a varios barrios en distritos. Cada distrito parece haber contado con un centro ceremonial propio, provisto de un dispositivo de tres templos que confluían en una plazoleta. Esa plazoleta de distrito debe haber sido también el punto de reunión de los representantes de las familias y los barrios para efectos administrativos.

Una parte importante de la población congregada en el área urbana de Teotihuacán, quizá la mitad, era de artesanos, dedicados a oficios como la producción de núcleos y artefactos terminados de obsidiana, la alfarería, el trabajo del hueso y la concha, la elaboración de telas y cordajes, etc. Por otro lado, la abundancia y buena calidad de las tierras agrícolas del valle de Teotihuacán y la escasa población aldeana en dicho valle, son datos que nos mueven a pensar que muchos habitantes de la ciudad realizaban también tareas agrícolas, como agricultores de tiempo parcial o completo.

Es frecuente que se imagine a todas las sociedades prehispánicas como tiranías en las que un grupo inmensamente rico sometía a comunidades de productores a un trabajo extenuante con un férreo control político. Y ciertamente no eran democracias, pero su estructura interna era más compleja de lo que sugiere el prejuicio. En Teotihuacán hay datos arqueológicos suficientes para comprender, al menos, cuatro asuntos básicos relacionados con la estratificación social: 1] La base de la sociedad estaba formada por grupos corporativos, a manera de clanes, que adoptaron la forma de barrios urbanos. 2] Estos clanes tenían una diferenciación interna; había algunas familias más ricas que otras. Los conjuntos habitacionales donde vivían los jefes solían ser algo más amplios y ricos que otros de su mismo barrio. Los restos de los individuos de más alto rango dentro de cada barrio recibían un tratamiento funerario especial. 3] Los barrios de artesanos, agricultores y otros trabajadores contaban con una infraestructura urbana (calles, acceso al mercado, drenaje, vivienda sólida y duradera) que nos impide definirlos como una masa empobrecida. Dicho en otros términos: la vivienda popular urbana, en general, no era de una calidad sustancialmente distinta de la vivienda de los sectores dirigentes. 4] Efectivamente hay edificios cuya rica decoración mural y amplias habitaciones los delatan como viviendas de una clase noble. Los conjuntos situados al este de la pirámide de la Luna y al norte de la pirámide del Sol, parecen haber sido la morada de familias de dirigentes políticos y militares. También hay algunos conjuntos habitacionales que parecen haber albergado a monjes, dedicados por completo a las tareas religiosas.

De los reyes teotihuacanos no sabemos casi nada, excepto que parecen haber tenido a Quetzalcóatl como suprema divinidad protectora, así como los señores de la etapa olmeca se identificaban con el dios del maíz. El poder de los soberanos en la gran ciudad del valle de México debió emanar, al menos en parte, de su exitosa conducción de las obras públicas: allí estaban las descomunales pirámides y la gran urbe como prueba de la eficacia del gobierno. La organización del trabajo artesanal y el impulso de las actividades de intercambio que garantizaban el arribo de la materia prima y la salida de los productos a otras regiones, deben haber sido también cualidades estimables para comunidades de especialistas que dependían del comercio.

La identificación de todos los barrios, de todos los distritos, de todos los artesanos, los nobles y los campesinos, como miembros de la misma unidad política, parece haber ocurrido bajo la imagen protectora de un dios común: Tláloc, señor del agua, y de su pareja, Chalchiuhtlicue. Lo más probable es que las pirámides que, siglos después, los mexicas —visitantes ocasionales del sitio— llamaron "del Sol" y "de la Luna", hayan sido, en realidad, de Tláloc y de Chalchiuhtlicue. La pirámide del Sol era un gran "cerro de agua" simbólico, pues los teotihuacanos le hicieron un foso periférico y un pequeño canal central, de tal suerte que se podía simular que el agua nacía en la cueva natural situada en el vértice de la pirámide, para fluir luego alrededor de ella. En la plaza de la pirámide de la Luna sólo había una gran escultura, masiva, casi geométrica: la de Chalchiuhtlicue, la diosa de la falda de jade.

Más allá de la ciudad y su entorno agrícola inmediato, Teotihuacán influyó de una u otra forma en todas las regiones de Mesoamérica. En primer lugar, el Estado teotihuacano era el gran organizador de la producción en el valle de México y seguramente también en el valle de Toluca. Lo más probable, según las evidencias disponibles, es que haya habido dos grandes componentes étnicos en este ámbito: los nahuas, que serían la mayoría de la población urbana de Teotihuacán, y los otomianos. Entre los otomianos había algunos grupos dedicados fundamentalmente a la agricultura intensiva en la cuenca del Lerma (los antepasados de los matlatzincas), y otros grupos dedicados sobre todo a la explotación de los bosques, a la caza del venado y al cultivo y aprovechamiento del maguey (para obtener pulque, cordajes, fibra textil) y en menor medida a la agricultura (éstos eran los antepasados de los otomíes y los mazahuas). Entre los recursos estratégicos que Teotihuacán parece haber controlado directamente se encuentran los yacimientos de obsidiana de Otumba y de Pachuca, así como los depósitos de cal de la zona de Tula-Tepeji.

En un segundo nivel de influencia debemos considerar las cuencas morelenses, donde los teotihuacanos obtenían algodón, seguramente cacao y otros productos agrícolas de clima cálido, y el valle de Puebla-Tlaxcala, de donde procedía la pasta de arcilla necesaria para elaborar la cerámica de tipo "anaranjado delgado", uno de los productos artesanales más finos del México Antiguo. Teotihuacán debió tener intercambios fluidos con ambas regiones, quizá recibía tributo de ambas, pero no podemos asegurar que controlara directamente lo que en ellas se producía.

Hay un tercer ámbito de acción del poder de Teotihuacán que involucra asentamientos situados a cientos de kilómetros del valle de México. La búsqueda de yacimientos de cinabrio llevó a los teotihuacanos hasta Río Verde, en San Luis Potosí, y el interés en diversas piedras semipreciosas, como la serpentina y la jadeíta, los condujo a la cuenca del Balsas. No puede afirmarse que los teotihuacanos hayan llegado a apropiarse de las materias primas, sin más; es mucho más probable que hayan impuesto a los lugareños una relación comercial asimétrica.

La presencia de los teotihuacanos en el Golfo de México obedecía también a la búsqueda de algunas materias primas, probablemente las plumas de aves tropicales, el cacao y los yacimientos de cinabrio y caolín de la zona de Los Tuxtlas. Cerca de la laguna de Catemaco, los teotihuacanos fundaron una colonia en Matacapan; de esa manera aseguraron no sólo su acceso a ciertas materias primas, sino la supervisión de un importante puerto de intercambio en el que confluían rutas comerciales procedentes del norte de Veracruz, de la península de Yucatán, de las costas de Guatemala —vía el istmo de Tehuantepec— y de las Mixtecas, por la ruta de Teotitlán-Tuxtepec. Entre las evidencias más contundentes de la presencia teotihuacana en Matacapan se encuentra el uso de conjuntos habitacionales multifamiliares que siguen el modelo de la metrópoli.

La relación de Teotihuacán con los mayas y los zapotecos ha sido objeto de numerosos debates. Estamos seguros de que hubo un vínculo y de que ese vínculo duró varios siglos y fue bastante estrecho. Muchos artefactos teotihuacanos llegaron a Oaxaca y a la región maya, y muchas formas teotihuacanas fueron imitadas por los artesanos del sur. Pero ¿cuál fue la naturaleza de estas relaciones?

Hace cincuenta años se hizo el primer reconocimiento explícito de una fuerte influencia teotihuacana en el área maya. Desde entonces, los trabajos arqueológicos y el avance en las lecturas epigráficas han confirmado esa influencia y han permitido precisar su carácter. En varias ciudades mayas del Petén hay huellas muy claras de una influencia teotihuacana en la arquitectura y en la cerámica, así como en representaciones de parafernalia militar y en algunos símbolos. Tikal es seguramente la localidad en la que los rasgos teotihuacanos se presentan con mayor claridad: además de vasijas de tipo teotihuacano como el característico vaso trípode con tapadera, hay en esta metrópoli de la selva varias construcciones que presentan el talud y el tablero interpretado a la usanza de Teotihuacán, y recientemente se ha encontrado un estandarte de piedra casi idéntico al que conocemos como "marcador del juego de pelota", hallado en el barrio de La Ventilla, en Teotihuacán.

En uno de los vasos encontrados en Tikal se aprecia una representación de guerreros con atuendo teotihuacano, ostensiblemente armados, que llegan ante la presencia de un personaje maya, quien los recibe con sahumerios. En un mural de la cercana Uaxactún se representó también a un guerrero teotihuacano que recibe el acatamiento de un noble maya. Sólo muy recientemente, la lectura de los textos epigráficos ha permitido comprender mejor el suceso al que aluden estas escenas. Hoy sabemos que el día 31 de enero del año 378 d.C. arribó a Tikal un extranjero nombrado Siyaj Kak; ocho días antes consta la presencia de este mismo personaje en la villa de El Perú, situada en la ribera de uno de los afluentes del Usumacinta, entrada natural al Petén para quien va del valle de México. El mismo día que llegó el extranjero murió el rey de Tikal, Chak Tok Ichaak; es decir, con toda probabilidad, fue asesinado por los extranjeros.

También se menciona la llegada de Siyaj Kak en inscripciones de Uaxactún, Bejucal y Río Azul. En ningún caso se dice que Siyaj se haya establecido como gobernante; las inscripciones indican que este personaje instaló en el poder a nuevos monarcas. En Tikal, el gobernante instalado por Siyaj fue el teotihuacano "Búho-Lanzadardos". Después de la usurpación, los advenedizos consideraron conveniente retirar de las áreas públicas las estelas que recordaban a los soberanos anteriores a la incursión teotihuacana, de manera que todas fueron destruidas o alejadas de la ciudad. Se trataba de establecer una nueva dinastía, y en adelante, durante varias generaciones, la legitimad de los reyes de Tikal estaría ligada al origen teotihuacano. El hijo de Búho-Lanzadardos, Yax Nuun Ayiin I, fue representado en una estela con atuendo y postura no mayas, y en su tumba se enterraron vasijas de tipo teotihuacano. Al nieto de Búho-Lanzadardos, Siyaj Chan Kawiil II, se le representó de un modo más próximo a las convenciones mayas, pero flanqueado por dos imágenes en las que su padre viste atuendo y armas de guerrero teotihuacano. En Piedras Negras también hay indicios de presión militar teotihucana y en Palenque es probable que los teotihuacanos hayan impuesto una nueva dinastía, en el año 431 d.C.

En el altiplano guatemalteco, Kaminaljuyú experimentó también una invasión teotihuacana hacia el año 400 d.C. En este caso no hay inscripciones, pero los restos arqueológicos son muy elocuentes. En Kaminaljuyú se creó lo que Michael Coe ha llamado "una versión en miniatura de Teotihuacán". Los colonos construyeron sus templos a la usanza del valle de México y su cerámica se aplicó a reproducir las formas metropolitanas. Al morir, preferían ser enterrados con vasijas traídas desde su ciudad de origen. Entre los motivos de los teotihuacanos para establecerse en esta localidad alteña, el más importante debió ser su propósito de controlar los yacimientos de obsidiana del área, particularmente el del Chayal.

La relación de Teotihuacán con Monte Albán parece haber sido discreta y simétrica, y si en el caso maya es claro que tuvo un ingrediente militar, con Monte Albán parece haber sido más bien diplomática. Los alfareros zapotecos se sintieron menos atraídos por la moda teotihuacana que los artesanos de Tikal; la presencia de formas teotihuacanas en el repertorio de Monte Albán es muy menor. Hay un dintel en Monte Albán que se refiere a una visita de embajadores teotihuacanos, pero estos embajadores son sacerdotes que cargan bolsas de copal para presentar una ofrenda y no guerreros. Con Oaxaca hay, además, una reciprocidad que no observamos con los mayas: en Teotihuacán había un barrio habitado por zapotecos que mantuvieron durante siglos sus costumbres. Los zapotecos de Teotihuacán eran enterrados en cámaras subterráneas como las de Monte Albán, y no directamente bajo el piso como los otros teotihuacanos. Además, los restos mortales de estos zapotecos eran rodeados con vasos-efigie idénticos a los que se han encontrado por cientos en el valle de Oaxaca.

La presencia teotihuacana en el Occidente de Mesoamérica es un asunto poco claro aún. Se ha dicho con insistencia que los teotihuacanos llegaron a sitios de Zacatecas, como Alta Vista, para captar la circulación de turquesa y beneficiarse de la actividad minera de la región en general; pero aún no se han presentado pruebas firmes. Por otra parte, siempre ha llamado la atención un asentamiento de Michoacán, Tingambato, por la pasmosa semejanza de su arquitectura con la arquitectura teotihuacana, pero no hay ninguna evidencia cerámica del vínculo entre ambos sitios. En fin, los asentamientos de Nayarit, Jalisco y Colima, caracterizados por sus centros ceremoniales de plataformas y plazas circulares y el complejo funerario de las tumbas de tiro y la cerámica realista con escenas de vida cotidiana y animales, permanecieron inmersos en un sistema regional, vinculados con los pueblos de la Sierra Madre Occidental y de la costa del Pacífico más que con Teotihuacán.

CRISIS Y CAMBIO

La etapa que va del año 650 al 900 d.C. se conoce normalmente con dos nombres. Si se mira desde el centro de México, desde el punto de vista de la caída de Teotihuacán y los dramáticos cambios que le sucedieron, se le llama Epiclásico; pero si se mira desde el punto de vista de la región maya, que justo entonces alcanzó su momento más próspero, se le denomina Clásico tardío. En cualquier caso, la fecha inicial de esta etapa corresponde con la crisis que acabó con la hegemonía teotihuacana, y la última fecha se refiere a la extinción de la cultura maya clásica. Para ser exactos, 909 d.C., última fecha registrada en los monumentos de Calakmul y Toniná.

Algo antes del año 600 d.c. cesa la influencia teotihuacana en el área maya, y entre esa fecha y el año 700 d.c. las huellas de la presencia teotihuacana se borran de toda Mesoamérica: el gran puerto de Matacapan se esfuma como centro de intercambio; la cerámica teotihuacana desaparece de la zona de minas de cinabrio en San Luis Potosí; se interrumpe el comercio entre Morelos y el valle de México, y, en pocas palabras, la era teotihuacana llega a su fin. Esta violenta contracción del sistema teotihuacano parece haber sido causada por el empuje de ciudades intermedias que buscaban un papel más activo en las redes de intercambio; es como si las regiones de Mesoamérica se hubieran sacudido la presión de una potencia que pretendía regular la vida económica de todos. La antigua metrópoli perdió durante la crisis más de cuatro quintas partes de su población.

La extinción de la influencia teotihuacana en el área maya parece ser una de las causas del aceleramiento en el desarrollo regional; las ciudades mayas se volvieron más prósperas: la arquitectura, la escultura y la manufactura de objetos rituales y suntuarios alcanzó una variedad y riqueza sin precedentes. Algunas de las principales ciudades mayas, Palenque, al pie de la sierra chiapaneca, Piedras Negras y Yaxchilán en el Usumacinta, Tikal en el Petén, Calakmul al sur de la península de Yucatán, tuvieron su etapa de mayor florecimiento en el siglo VII. Y como ocurre con el resto de la historia maya, esta etapa de esplendor la conocemos con más detalles y matices que otras historias de Mesoamérica porque los mayas utilizaron una escritura glotográfica, capaz de reproducir el discurso oral, y utilizaron, como se ha visto, un sistema de fechamiento preciso. En ocasiones los relatos de los mayas del Clásico resultan monótonos; se habla de nacimiento, entronización, declaraciones de guerra, dedicación de templos, muerte... Sin embargo, la lectura completa de las inscripciones, que ha sido particularmente exitosa en los últimos veinte años, permite descubrir matices y singularidades: no todos los reyes se comportaban igual, ni todas las ciudades contaban su historia de la misma manera. Hay cientos de historias que se desprenden de las inscripciones disponibles, y muchas proceden de ese lapso de gran esplendor alrededor del siglo VII.

Las inscripciones de Yaxchilán nos permiten conocer, entre otros individuos, a un rey especialmente afortunado, Itzamnaaj Balam II, que gobernó de 681 a 742 d.C. Aparece en los más célebres dinteles labrados de Yaxchilán, como gran guerrero y protector de la ciudad. Su gobierno fue próspero y su vida larga; longevo como su madre, vivió más de noventa años. Entre sus varias esposas, este monarca tuvo a la señora Kabal Xook como la más importante: a ella se dedicó uno de los mejores templos de Yaxchilán, cuyo interior fue decorado por magníficos escultores traídos de otras ciudades. Muerta siete años después que el rey, Kabal Xook fue enterrada en el magnífico templo, con una impresionante ofrenda de veinte mil navajas de obsidiana.

Otra historia de la época de prosperidad es la de Pakal y su hijo Kan Balam, señores de Palenque (en su época llamada Lakamhá). Los artistas de esta ciudad prefirieron registrar sus historias en estuco, sobre las paredes, y en algunos objetos de piedra, pero no en estelas. Kinich Janaab Pakal I, es decir, Pakal el Grande, recibió el poder de manos de su madre, cosa poco común en una sociedad preferentemente patrilineal. Al parecer, la madre, Sak Kuk, había asumido el poder ante la falta de hermanos varones; el último habría muerto en la feroz guerra contra Calakmul. Después de gobernar tres años, en una especie de regencia, la señora dejó el poder en manos de su hijo, que sólo tenía doce años. Pakal logró levantar a la ciudad de una mala racha de derrotas militares y alcanzó suficiente riqueza como para construir uno de los mayores palacios del México Antiguo y un mausoleo monumental para su viaje a Xibalbá, al mundo de los muertos: el llamado templo de las Inscripciones. Sobre la base de la estabilidad construida por Kinich Janaab Pakal I, su hijo, Kinich Kan Balam II llevó a la ciudad a su mayor poderío, e igualó a su padre en la iniciativa para construir: a él se debe el célebre conjunto de tres templos, de la Cruz, de la Cruz Foliada y del Sol.

Estrictamente contemporáneos de Pakal el Grande fueron Yuknoom-Cabeza y Yuknoom el Grande, señores de Calakmul. Singularmente bravo, y al frente de una ciudad más belicosa que sus vecinas, Yuknoom-Cabeza cuidaba con celo el prestigio militar del reino y su autoridad sobre ciudades menores. Cuando la ciudad de Naranjo, en el Petén guatemalteco, quiso emanciparse, el ejército de Calakmul acudió de inmediato a someterla y Yuknoom en persona asesinó a su rey. En el relato se usa el verbo *kuxaj* para referir lo que Yuknoom le hizo a su adversario; se puede traducir de dos formas: lo torturó o se lo comió. El heredero de Yuknoom-Cabeza, Yuknoom el Grande, orientó las fuerzas del reino a luchar contra Tikal, apoyando a sus enemigos o atacándola directamente.

Una señal del poder de los reinos mayas en el siglo VII, puede apreciarse en su capacidad para influir en el México central. Esta influencia, sin embargo, es parte de un fenómeno generalizado de expansión de las regiones que habían constituido la periferia del sistema teotihuacano. Los grupos de la zona centro y centro-norte de Veracruz, con la floreciente ciudad de Tajín a la cabeza, penetraron en la Huasteca y en la meseta central. Algunos artefactos encontrados en la ciudad de Cholula muestran una clara influencia de los estilos decorativos del Golfo. Grupos de mixtecos se dirigieron también hacia Cholula, y seguramente contribuyeron a la diseminación de ciertos rasgos iconográficos, y específicamente calendáricos, en asentamientos de Puebla y Morelos. Los mayas, por su parte, influyeron de manera decisiva en la vida de las elites de dos importantes ciudades, Cacaxtla y Xochicalco. En la célebre pintura mural de Cacaxtla hay figuras y símbolos procedentes del Golfo y también del repertorio teotihuacano, pero el estilo de las pinturas, la composición de las escenas y el tratamiento de los personajes es, ante todo, maya. Los artistas que los pintaron, y seguramente también un segmento de la nobleza local, estaban familiarizados con la tradición artística de la cuenca del Usumacinta.

En el caso de Xochicalco la confluencia de tradiciones regionales es aún más sorprendente. La urbanización del espacio tiene semejanzas con la que vemos en Monte Albán, pero sobre todo se acerca al sistema maya de agregación de conjuntos ceremoniales y formación de acrópolis. Las plataformas arquitectónicas operan con el talud y el tablero a la manera de Cholula, pero utilizan la cornisa volada a la usanza de Tajín. La decoración del templo de Quetzalcóatl reproduce un tema teotihuacano, pero más allá de este homenaje, los xochicalcas evitan el contacto con la decadente metrópoli y prefieren abastecerse de obsidiana en los yacimientos de Michoacán, a pesar de encontrarse mucho más lejos que los del valle de México. En las inscripciones calendáricas de Xochicalco se pone de manifiesto la influencia oaxaqueña aunque también se traslucen los esfuerzos por crear un nuevo sistema. Y una vez más, igual que en Cacaxtla, encontramos en Xochicalco elementos estilísticos que sólo pueden explicarse por un contacto estrecho con grupos de elite que conocieran bien el arte maya. Las figuras humanas esculpidas en el templo de Quetzalcóatl proceden, sin duda, de la tradición plástica maya, probablemente de la lejana Copán.

Tal parece que, ante el vacío dejado por Teotihuacán, todos se apresuraron a reconstruir, desde sus respectivas regiones, los hilos de una antigua red de intercambios. Y en esa red, antes administrada por un poder central, ahora se formaban nudos en los que coincidían varias iniciativas. Fue una época agitada, no cabe duda, y fue una época de intensa actividad militar: Teotenango, en el nacimiento del Lerma, se desarrolla en una montaña difícil de atacar, y Xochicalco y Cacaxtla, no satisfechos con situarse en lo alto de colinas, se rodean de fosos y murallas. En la pintura mural de Cacaxtla, el tema de la lucha entre la humedad y la sequía adopta la forma de una cruel batalla. En la pirámide de Quetzalcóatl, en Xochicalco, los personajes esculpidos en el cuerpo superior muestran un enorme escudo y un manojo de dardos.

Durante el siglo VIII la actividad militar se intensificó también en el área maya, donde alcanzó niveles nunca antes vistos. Las disputas por definir las respectivas áreas de influencia —que en última instancia entrañaban luchas por los recursos económicos— dieron lugar a una espiral bélica que sólo concluyó con la extinción de la cultura maya tal como había florecido en las tierras bajas durante siglos. Algunos sucesos de la zona del río de la Pasión y el lago Petexbatún pueden servir para ilustrar ese tiempo de guerra frenética. Allí se gestó un conflicto regional, en la década del 760 d.C., que involucró a las localidades de Dos Pilas, Aguateca, Seibal, Aguas Calientes y Amelia. La ciudad de Dos Pilas, que hasta ese momento había sido la más poderosa de la región, fue abandonada por la nobleza local; la gente que se quedó a vivir en el sitio construyó una doble muralla que pasaba cortando antiguas plazas y recintos ceremoniales. También los habitantes de Aguateca recurrieron a la construcción de murallas para mejorar su defensa, y eventualmente se refugiaron en una isla, que también fortificaron. Al final de esta crisis, hacia el año 830, la única ciudad de la región que tuvo cierta prosperidad fue Seibal. En términos generales, puede afirmarse que las ciudades mayas van entrando en crisis insolubles a lo largo del siglo IX, y como resultado van quedando abandonadas: Yaxchilán queda despoblada hacia el 808 d.C. y Palenque poco después; Tikal es abandonada cerca del 870 d.C. Calakmul, decadente durante casi un siglo, es finalmente abandonada hacia el año 909 d.C., y por esa misma fecha se abandona la ciudad de Toniná.

La historiografía más reciente ha desplazado la antigua idea de un colapso misterioso: hoy sabemos que fue la guerra lo que produjo la catástrofe final de los antiguos reinos mayas. Sin embargo, es preciso reiterar que detrás de esas batallas había más que un belicismo vertiginoso, irracional. Estamos, muy probablemente, ante la expresión más aguda de la lucha por la supervivencia de los pobladores de una selva exuberante en apariencia pero frágil si tenía que cargar con el peso de poblaciones numerosas. Los mayas aprovechaban para el cultivo las ricas tierras de las márgenes de los ríos, y frecuentemente las beneficiaban con canales de riego. También cultivaban tierra adentro, en el suelo que ganaban al monte con el sistema de tumbar árboles y quemar la vegetación. Pero las tierras ribereñas eran escasas, y el sistema de "tumba y quema" tenía un punto débil: después de dos o tres años era preciso dejar descansar, hasta por más de diez años, las parcelas que se habían utilizado, para que recuperaran su vegetación natural y sus nutrientes.

Los nobles vieron en la guerra una vía expedita para incrementar sus recursos con el tributo que imponían a los vencidos, pero la energía y el tiempo invertidos en estas guerras terminaron por afectar la organización y el rendimiento de la agricultura, especialmente en las zonas de irrigación. Hay pruebas firmes de que la nutrición de los campesinos mayas empeoró progresivamente durante el Clásico tardío, como consecuencia de una disminución de la producción agrícola, y probablemente también como resultado de las muchas exigencias tributarias de unas elites que no conocían límite cuando se trataba de enriquecer sus ciudades. Sociedades menos cohesionadas, más débiles, y noblezas que insistentemente buscaron mejorar su posición y sus recursos por medio de la guerra, llevaron a los reinos a un punto crítico. Muchas ciudades cayeron, devastadas o exhaustas, y en otras los campesinos le dieron la espalda a su nobleza: bastaba con que los agricultores se internaran en las montañas durante unos meses para que la nobleza quedara sin sustento.

LOS GUERREROS DE QUETZALCÓATL

También fuera del área maya, las ciudades florecientes del Epiclásico detienen su desarrollo y quedan parcial o totalmente despobladas hacia el año 900 d.C.: Tajín, Xochicalco, Cacaxtla. La propia Teotihuacán, que había sobrevivido durante más de dos siglos convertida en un centro regional, quedó desierta. Comienza entonces el periodo que conocemos como Posclásico, y que durará hasta la conquista española.

Otro fenómeno que marca el inicio del Posclásico es el abandono de muchos de los asentamientos mesoamericanos septentrionales y el consecuente flujo migratorio de sus habitantes hacia el sur. Muchos pueblos que habían vivido durante siglos en el Bajío, en los Altos de Jalisco y en la Sierra Madre Occidental, transitaron hacia los valles de Puebla-Tlaxcala, México y Toluca, y hacia la meseta Tarasca. La mayoría de ellos eran nahuas, pero al parecer hubo también algunos pames y quizá algunos purépechas; en las fuentes coloniales se alude a todos ellos con la denominación de chichimecas. Esta gente estaba acostumbrada a vivir en la frontera de la civilización, en zonas ásperas recorridas por bandas de cazadores-recolectores. Como jefaturas militares, eran grupos belicosos que conferían a los guerreros el más alto estatus social.

La situación de conflicto permanente que caracterizó a la etapa posteotihuacana y la beligerancia de los advenedizos norteños, se sumaron para situar la guerra en el centro de la vida pública de las ciudades del Posclásico. Los guerreros aparecen investidos de atributos religiosos; las batallas se emprenden en nombre de los dioses, y los sacrificios humanos que se practican después de la contienda se conciben como necesarios para el funcionamiento del orden cósmico. La imagen y los valores del guerrero llegaron a tener un reconocimiento social sin precedentes. Las órdenes militares de elite, especialmente las de águilas y jaguares, se convirtieron en el principal apoyo de los soberanos. El tema de la oposición del águila y el jaguar, representado como lucha, cópula o yuxtaposición, fue muy común en la iconografía del Posclásico: era la metáfora predilecta de una sociedad en guerra.

Pero no todos los conflictos se resolvían con las armas, ni las sociedades podrían haber sobrevivido dedicadas permanentemente a la guerra. Los reinos del Posclásico buscaron estabilizar y administrar la situación de conflicto por medio de alianzas y acuerdos diplomáticos. Las alianzas solían ser triples, aunque también las hubo cuádruples. Mediante ellas se pretendía organizar el dominio político de las regiones, reconociendo a cada uno de los reinos aliados su influencia sobre una zona y una población específica, y repartiendo los beneficios de la tributación total. Entre otras célebres alianzas del Posclásico, conocemos la de Chichén Itzá, Uxmal y Mayapán, en la península de Yucatán, la de Ihuatzio, Pátzcuaro y Tzintzuntzan, en Michoacán, y la de Tenochtitlan, Tetzcoco y Tlacopan, en el valle de México. Además de estas alianzas entre "amigos" había también acuerdos temporales que permitían cierta relación diplomática entre reinos enemigos. A este respecto, es particularmente elocuente la presencia de algunos señores de Michoacán en fiestas de coronación mexicas; después de participar en banquetes y diversiones durante varios días, los dignatarios tarascos regresaban a su tierra y continuaban su abierta enemistad hacia México-Tenochtitlan y sus aliados.

La ciudad más importante del Posclásico temprano (900 a 1200 d.C.) fue Tula, en el actual estado de Hidalgo. Allí se mezclaron la audacia guerrera de los chichimecas con la tradición de algunos nahuas meridionales herederos de Teotihuacán. En Tula los guerreros son los protagonistas de la escena: ocupan la cúspide del edificio más importante de la ciudad, cuya base está decorada con una marcha de coyotes, jaguares y águilas que aprisionan corazones sangrantes con el pico. Las canchas del juego de pelota son muy importantes en el sitio, y deben haber sido escenarios de un rito guerrero cuya culminación era la decapitación de los prisioneros de guerra. Tula es la primera ciudad mesoamericana en la que se utiliza el macabro *tzompantli*, una especie de ábaco gigantesco en el que cada travesaño era un sartal de cabezas humanas: una de las contribuciones de los pueblos chichimecas a los últimos siglos de la historia mesoamericana. También se utilizaron por primera vez en Tula el pórtico monumental, formado por varias columnatas paralelas, y el altar antropomorfo que conocemos como *chac-mool*. Ambos recursos tienen sus antecedentes en asentamientos serranos del Occidente.

El éxito de Tula fue más modesto que el de Teotihuacán, pero su peso político y militar fue suficiente para impulsar rutas de intercambio de larga distancia, que llegaron hasta Centroamérica, por el sur, y al menos hasta Sinaloa, por el norte. Algunos artefactos de procedencia mesoamericana encontrados en asentamientos de los oasis agrícolas de Nuevo México, como Pueblo Bonito, en el Cañón del Chaco, parecen ser de la época tolteca, si bien no puede determinarse con certeza si llegaron allí en virtud del impulso comercial de Tula o como consecuencia del funcionamiento de una red regional. Sabemos que las aldeas agrícolas de los ríos sonorenses comerciaban con pueblos de la Sierra Madre, y hay indicios de contactos entre las poblaciones serranas de Chihuahua y Durango y agricultores de Arizona y Nuevo México. El asentamiento agrícola más complejo en el extremo norte del territorio que hoy ocupa México fue Paquimé (también llamado Casas Grandes), en Chihuahua, donde se construyó un gigantesco multifamiliar de adobe, de cuatro pisos de altura, provisto de calefacción y drenaje, y rodeado de plataformas y plazas ceremoniales. Es muy probable que Paquimé

haya sido una escala importante en el camino de los grupos que
llevaban productos mesoamericanos al norte. No es imposible
que mercaderes procedentes de Tula hayan llegado, por lo menos, hasta Paquimé, atraídos por la turquesa de los yacimientos
de Nuevo México que circulaba en aquella región.

Como en su tiempo ocurrió con los teotihuacanos, los toltecas tuvieron una presencia importante en la región maya, aunque
en este caso es mucho más difícil precisar el modo en que se produjo esa relación. La ciudad de Chichén Itzá, en la península de
Yucatán, fue prácticamente refundada, hacia el año 900 d.C., a
un lado de la antigua ciudad del Clásico. En la nueva Chichén se
recrearon algunas de las principales imágenes y estructuras de
Tula: el pórtico de columnatas con planta en L, el templo de los
Guerreros, en cuya cúspide dos serpientes emplumadas, ergui-
das, sirven de columnas para dar ingreso a un recinto techado,
los pilares con guerreros labrados en sus caras, el *chac-mool*, los
frisos de águilas y jaguares, e incluso un *tzompantli* escultórico
que reproduce el sartal de cráneos tolteca. Acaso los refundado-
res de Chichén no hayan sido toltecas emigrados sino fuertes
grupos de mercaderes, de filiación maya —a quienes suele deno-
minarse putunes—, acostumbrados a visitar las ciudades nahuas
y familiarizados con ellas. Lo que de plano debemos descartar es
que la arquitectura de la nueva ciudad haya sido diseñada por alguien que no conociera Tula. Chichén Itzá fue la ciudad más poderosa de la península hasta 1300, si bien ejerció ese poder en
alianza con Uxmal y Mayapán. Esta última ciudad rompió la
alianza y controló la región, al parecer en forma tiránica, hasta
1450. Pero el prestigio de Chichén Itzá, y el de su elite reforma-
dora, identificada con Kukulcán (nombre yucateco para Quetzalcóatl), persistiría hasta la conquista española.

Más allá de los vestigios materiales, Tula dejó una estela de
gloria entre los pueblos mesoamericanos; su fama excedió el
ámbito nahua y siempre estuvo ligada al poder político y a la
idea de civilización. Otro tanto sucedió con Quetzalcóatl, el le-

gendario señor de los toltecas. Se decía, por ejemplo, que el primer rey de los mayas quichés de Guatemala había sido confirmado en su cargo por Quetzalcóatl, a quien los quichés llamaban Kucumatz. También los mixtecos atribuían a Quetzalcóatl la fundación de las dinastías que gobernaban en el Posclásico. Tanto los mayas como los mixtecos hacen referencia a Tula en sus relatos; los mayas afirman que los antepasados de sus señores venían de aquella ciudad, y los mixtecos dicen que el gran rey conquistador Ocho Venado, El Jaguar, había viajado a Tula para ser confirmado en su cargo. Por su parte, la mayoría de los pueblos nahuas del siglo XVI se refieren a Tula como lugar de origen de sus linajes gobernantes: lo mismo chalcas, que tetzcocanos, cholultecas, cuauhtinchantlaca, por supuesto mexicas, y otros más.

La profunda huella de Tula y Quetzalcóatl en la ideología de los pueblos de Mesoamérica no se explica exclusivamente por la actuación de los toltecas de la Tula de Hidalgo, sus empresas mercantiles y su fuerza militar. Hay algo más. La palabra Tula (*Tollan* en su pronunciación náhuatl correcta) significa etimológicamente "juncal", lugar donde abundan los juncos o *tollin*. La metáfora del juncal remite a la gran aglomeración de gente característica de una urbe. En el conjunto de las fuentes de tradición indígena de la época colonial, la palabra se utilizó para hacer referencia a una ciudad maravillosa, mitológica, habitada por dioses como Quetzalcóatl y Tezcatlipoca, y también se empleó como un sobrenombre, para aludir a una serie de ciudades reales o históricas, como Cholula, Culhuacan, Tenochtitlan y la propia Tula de Hidalgo.

Lo que es común a todas las Tulas es su prosperidad, su dimensión urbana, su alto grado de civilización y la sabiduría y religiosidad de sus gobernantes. Tula era la ciudad por excelencia, la ciudad maravillosa, y también era cada uno de sus reflejos terrenales. Es muy probable que el prototipo de todas las Tulas haya sido la más grande, poderosa y próspera ciudad del

México Antiguo, es decir, Teotihuacán. Allí se inició la tradición urbana nahua y también el culto a Quetzalcóatl. En la Tula de Hidalgo se fortaleció el antiguo mito, y al parecer se originaron algunas ideas nuevas relacionadas con el ejercicio del poder: el gobernante de esta Tula llevaba el nombre del dios Quetzalcóatl y tenía la prerrogativa de confirmar en su cargo a los soberanos de otras ciudades, lo cual hacía perforándoles el *septum* nasal con una garra de águila y otra de jaguar.

La familiaridad de mayas y mixtecos con el concepto de Tula y con el dios Quetzalcóatl refleja el impacto de la tradición nahua en el sur. Este impacto había comenzado en la época teotihuacana pero parece haber tenido mayores consecuencias políticas y religiosas en la etapa tolteca. Ahora bien, el Kukulcán de los mayas podría ser el señor de Chichén Itzá, así como la Tula a la que se refieren los mixtecos en sus fuentes bien podría ser Cholula (*Tollan Cholollan*); esta última había conservado la tradición teotihuacana durante varios siglos, tenía fuertes vínculos con Oaxaca y en el Posclásico tenía la reputación de ser el principal santuario del dios Quetzalcóatl. Lo cierto es que hubo varias Tulas y varios Quetzalcóatl, y que diferentes reinos mesoamericanos, al menos en el Posclásico, se adhirieron a esa leyenda y a esos símbolos como parte de una estrategia para legitimar su posición de poder, para reconocer a una cabecera y rendir homenaje a un tronco de nobleza.

Si los mexicas identifican a la Tula de Hidalgo como la ciudad sagrada de Quetzalcóatl, y le atribuyen mayor importancia histórica que a Cholula o a Teotihuacán, es porque esa era "su Tula", su metrópoli. Los mexicas habían formado parte de las provincias septentrionales del reino tolteca, quizá en la zona de Querétaro, y habían descendido hacia el valle de México cuando su metrópoli entró en crisis y se abandonó, algo antes del año 1200 d.C. Aun en sus días de esplendor, los mexicas merodeaban por la antigua ciudad de los atlantes y los chac-mooles, escarbaban en busca de piezas que reciclaban como ofrendas en

Tenochtitlan, y se inspiraban en algunos diseños de la abandonada ciudad para crear sus propias obras artísticas. Los mexicas se consideraban herederos directos de esa Tula, y a Teotihuacán la ubicaban en el tiempo más remoto, en el tiempo de la creación del mundo. La caída de Tula, al parecer en medio de graves conflictos, hacia el año 1200 d.c., marca el inicio del Posclásico tardío, etapa que concluye con la conquista española.

LOS SEÑORES DEL AGUA

En vísperas de la conquista española, el valle de México vivía una etapa de florecimiento urbano formidable. Había muchas ciudades, todas ellas populosas; los cronistas hablan de aglomeraciones en calles y canales, y se sorprenden por el bullicio de las plazas de mercado: Chalco-Atenco, Xochimilco, Coyoacán, Culhuacan, Iztapalapa, Tetzcoco, Tlacopan, Azcapotzalco, México-Tenochtitlan, México-Tlatelolco y decenas de villas medianas como Coatlinchan, Mixcoac o Tacubaya. Repartidos en estos centros de población del valle de México vivían algo más de dos millones de personas.

La mayoría de estas ciudades estaban bajo el dominio de linajes de la nobleza nahua, pero en muchas de ellas había población de otras etnias, particularmente otomí y matlatzinca. Los nahuas usaban el término *altépetl* (que quiere decir cerro de agua) para referirse a la ciudad, con su población y sus tierras. Cada *altépetl* era dirigido por un *tlatoani* o rey, quien era auxiliado por una nutrida burocracia de jueces, recaudadores, capitanes y otros administradores. Aunque cada ciudad tenía bastante independencia en su administración interna, había tres grandes reinos con mayor jerarquía que todos los otros; recibían tributo de los demás y podían convocarlos a participar en guerras o en obras públicas: estos tres reinos eran Tlacopan, Tetzcoco y

México-Tenochtitlan, la más famosa de las alianzas triples del Posclásico. Tlacopan obtenía sólo una quinta parte de la tributación de los señoríos subalternos y tenía poco peso en la alianza, mientras que Tetzcoco tenía una relación bastante simétrica con Tenochtitlan, excepto a la hora de hacer la guerra: no hay duda de que los mexicas eran los líderes militares de la alianza. La Triple Alianza era una necesidad; ningún reino del valle de México hubiera podido administrar solo el complejo sistema de rutas y plazas de mercado, provincias tributarias y redes de compromisos entre linajes nobles. Y no era nada más un asunto de capacidad administrativa; era preciso respetar la autoridad tradicional de los reinos sobre ciertas poblaciones y grupos étnicos. Esto nos ayuda a entender por qué los mexicas y los tetzcocanos, que acababan de derrotar en la guerra a los tepanecas de Azcapotzalco, invitaron a Tlacopan, reino tepaneca también, a incorporarse en la alianza: había que contar con el ascendiente que los tepanecas tenían sobre los pueblos del occidente del valle y de la zona de Toluca, en particular los matlatzincas; además, la plaza de mercado de Azcapotzalco desempeñaba un papel crucial en la economía del valle.

La densidad demográfica y la complejidad urbana del valle de México a principios del siglo XVI se sustentaban en una agricultura muy próspera. En los dos siglos de historia precortesiana a los cuales se refieren las fuentes coloniales con detalle, sólo se mencionan dos grandes hambrunas, resultado de sequías prolongadas. El alto rendimiento agrícola del valle se explica por el uso generalizado del regadío, en tierra firme, y por el sistema de chinampas, practicado en las islas y en las orillas del lago. Las tierras se abonaban con fango y con excremento de murciélago, y algunos cultivos se producían a partir de un sistema de almácigos, que permitía colocar en cada parcela sólo las plantas más viables.

Los productos agrícolas de los nahuas del Posclásico eran los mismos de los teotihuacanos, de los toltecas y de la mayoría de los pueblos mesoamericanos: maíz, frijol, calabaza (especialmente la especie *Cucurbita pepo*), chile, varios tipos de tomate, chía, amaranto y algunos otros. Además, el valle era capaz de proporcionar muchos otros recursos comestibles no agrícolas: gran variedad de peces, aves, ranas, insectos diversos, serpientes, conejos, venados y muchas especies más. En el fondo del lago había sal (en el sector de Tetzcoco), y en los bosques de las cercanías era posible cultivar el maguey y obtener leña. Algunos frutales, como el tejocote y el capulín, completaban los recursos de la región.

Cada reino subsistía con la producción de sus propios súbditos, más la que le tributaban otras poblaciones de su área de influencia. Los productores de cualquier asentamiento debían pagar un tributo en especie a sus señores, además de estar obligados a participar en la guerra y en las obras públicas. Los grandes reinos, como aquellos que integraban la Triple Alianza, recibían tributos de provincias distantes, y podían llenar sus almacenes con plumas de quetzal y guacamaya, oro y joyería elaborada, mantas decoradas, algodón, jade, cacao y otros productos. Estos bienes suntuarios estaban reservados para el uso de la nobleza y para las fiestas religiosas.

En todas las ciudades nahuas del valle de México había una división básica de la población en dos grupos sociales, los nobles o *pipiltin* (singular *pilli*) y la gente común o *macehualtin* (singular *macehualli*). Se era *pilli* o *macehualli* por nacimiento, y sólo en casos excepcionales de valor militar un macehual podía ingresar en las filas de la nobleza. Los macehuales eran agricultores, pescadores, artesanos y trabajadores de otras especialidades, que pagaban tributo a la nobleza. Los pillis se ocupaban de tareas relacionadas con el gobierno, la justicia, la organización de la guerra y el culto religioso, y vivían de los productos que los macehuales tributaban a palacio y el *tlatoani* distribuía periódicamente. Algunos pillis recibían el beneficio tributario de manera directa; tal era el caso de los jueces, pues había ciertas tierras cuya producción estaba vinculada a ese cargo. Y había incluso quienes poseían una especie de feudos, que podían vender y heredar; eran los oficiales que se habían distinguido en acciones de guerra y algunos nobles a quienes el *tlatoani* deseaba premiar: ambos recibían tierras, para gozar de su producción y disfrutar de los servicios personales prestados por los campesinos que las habitaban y trabajaban.

La legislación fortalecía las diferencias de clase y contribuía a consolidar el prestigio y el poder de la nobleza. Los nobles usaban vestidos y joyas que estaban prohibidos para el resto de la gente. Aun en el supuesto de que pudiera comprarla en el mercado, un macehual no podía utilizar una joya de jade, y si lo hacía podía recibir la pena de muerte. El vestido de los nobles era de algodón, y no de fibra áspera como el de la gente del pueblo; las casas de los nobles eran más ricas, más altas y mejor decoradas; los nobles podían tener muchas esposas, pero los macehuales no. Los nobles dormían en cómodos lechos provistos de colchones de pluma, almohadones, sábanas de algodón y pieles de venado. Los macehuales vivían muy austeramente.

Esta división de la sociedad en dos clases estaba matizada por una serie de excepciones y anomalías. Los artesanos no estaban obligados a participar en las obras públicas y solamente tributaban en especie; además, había artesanos muy prestigiados que se vinculaban al palacio y vivían cómodamente, al amparo de los señores. Los mercaderes tampoco tributaban con trabajo, ni estaban obligados a ir a la guerra como el resto de los macehuales: su servicio al reino se realizaba con la delicada tarea del espionaje en las ciudades enemigas, a las cuales ellos podían viajar sin despertar suspicacias. Los guerreros de elite, águilas, jaguares, coyotes, guerreros del batallón otomí, llevaban una vida muy singular: se entregaban con una valentía casi demencial al combate, y frecuentemente morían en el campo de batalla o en la piedra de sacrificios de sus adversarios, pero los días de paz gozaban de una situación de privilegio y reconocimiento social únicos, bailaban, bebían cacao, disfrutaban de la compañía de cortesanas; si algunos de estos guerreros llegaban a viejos, se dedicaban a instruir a los jóvenes en las escuelas. Entre los campesinos había quienes trabajaban una tierra que consideraban propia, por ser miembros de alguno de los muchos calpullis (barrios formados a partir de los antiguos clanes), cuyo derecho de asentamiento había sido reconocido en la historia de un *altépetl*. Estos trabajadores, nombrados en las fuentes *calpuleque* (singular *calpule*), tributaban a su *tlatoani*. Pero había también campesinos que trabajaban y vivían en tierras que habían sido conquistadas y otorgadas como feudos a nobles u oficiales del ejército. A estos trabajadores se les da en algunas fuentes el nombre de *mayeque* (singular *maye*, poseedor de manos). En la documentación colonial se presenta la situación de los *mayeque* como peor que la de los *calpuleque*, y ello se debía, al parecer, al peso excesivo de las cargas tributarias, en especie y trabajo, que debían pagar al noble titular de la tierra.

También se matizaba y enriquecía la escala social en su extremo inferior, con aquella gente que vivía peor o en circunstancias más azarosas que los macehuales comunes. Las populosas ciudades del Posclásico dieron cobijo a vagabundos, delincuentes y malandrines de diversa índole. En principio, todos los individuos estaban sujetos y protegidos por la comunidad a la que pertenecían, pero cuando un individuo llegaba a desprenderse de su comunidad, era imposible que se insertara en otra, no le quedaba más recurso que la vagancia. Y tal cosa podía ocurrir cuando un adolescente decidía escapar de la casa paterna, cuando alguien que había cometido un delito decidía huir de la ciudad para evadir a la justicia o incluso cuando una comunidad o una ciudad le aplicaba la pena del destierro a uno de sus miembros por alguna falta grave. Así surgieron, al parecer, los cargadores del mercado o tamemes (de *tlamama*, el que carga), los mendigos, las prostitutas, los ladrones y salteadores de caminos de que nos hablan las fuentes. Algunas descripciones nos presentan de modo bastante dramático a individuos andrajosos, desmelenados y llenos de raspones, que se tambalean en las calles, mal dormidos o borrachos, en el límite de la humanidad; deambulando nocturnos en las plazas de mercado, en busca de los desperdicios dejados por los tratantes. La presencia de estos individuos sueltos nos impresiona y nos resulta tanto más aberrante en cuanto es algo que sucede en una sociedad rigurosamente corporativa. Entre los nahuas del valle de México se pertenecía a un *calpulli* de trabajadores, a una tribu de mercaderes o a un linaje noble. No pertenecer equivalía, casi, a no ser. Los linajes nobles estaban escrupulosamente documentados en los códices. La poliginia pertinaz permitía a las familias dirigentes formar una corte al cabo de una generación; podía haber una burocracia copiosa y sin embargo cubierta por auténticos parientes del soberano. Respecto a las comunidades de trabajadores, los calpullis (singular *calpulli*, plural *calpultin*), sabemos que constituían la célula fundamental de toda la organización social prehispánica. Hemos debatido bastante si se trataba de grupos gentilicios, a manera de clanes, o si eran demarcaciones administrativas construidas por la administración estatal. Las fuentes documentales, a fin de cuentas, indican que la respuesta está en un término medio: no hay duda de que en los calpullis había lazos de sangre, sus miembros estaban emparentados y reconocían antepasados comunes, pero al mismo tiempo, una vez establecidos en una ciudad y sometidos a sus leyes, los calpullis funcionaban como unidades administrativas para efectos de recaudación y participación en la guerra y en el culto religioso. Había un límite para la injerencia del *tlatoani* en los asuntos de los calpullis, pero asimismo había un límite en la autonomía de estas comunidades, y ese límite lo imponía su compromiso de obediencia a un poder superior, de naturaleza política. Los motivos de las comunidades para pertenecer a ese orden político saltan a la vista: vida urbana, mercado, protección militar e incluso protección divina.

Los calpullis tenían una intensa vida propia, dentro de sus barrios urbanos. Rendían culto a su propio dios patrono, contribuían con trabajo rotativo al mantenimiento de su templo y a la protección de los desgraciados de la propia comunidad, organizaban sus festividades y se reunían cotidianamente en las plazas y callejuelas del barrio para descansar, conversar, hacer bromas. Cada *calpulli* reconocía a un jefe, al cual algunas fuentes denominan "hermano mayor"; este jefe tomaba las decisiones pertinentes con el auxilio de un consejo de ancianos. Las reuniones de este consejo y de los padres de familia de cada barrio se verificaban en una casa comunal.

El *tlatoani* contaba con recaudadores y capataces que se encargaban de supervisar la tributación que cada *calpulli* debía pagar y de organizar la participación de la gente del *calpulli* en las obras públicas. Además, los muchachos de los calpullis estaban obligados a acudir a una especie de escuela, en la cual recibían adiestramiento militar, cuyo nombre náhuatl era *telpochcalli*, casa de jóvenes. En estas *telpochcalli* los muchachos del pueblo recibían instrucción de los guerreros experimentados, y quienes se distinguían por su valentía podían ascender hasta convertirse en capitanes o guerreros de elite, auténticos héroes a los ojos de aquella sociedad.

Los jóvenes nobles acudían también a la escuela —la que las fuentes denominan *calmécac*—; allí recibían una educación más estricta y claramente orientada a las tareas de dirigencia: estrategia militar, sacerdocio, gobierno. Algunos de estos jóvenes permanecerían en los templos como sacerdotes del reino y otros se incorporarían a las tareas de administración y gobierno. En el *calmécac* se vigilaba con esmero la conducta de los jóvenes y se buscaba evitar que entablaran relaciones con mujeres. En las *telpochcalli*, por el contrario, la disciplina era más relajada, y al parecer ocurría con frecuencia que los muchachos tuvieran aventuras con muchachas de su misma condición, a quienes conocían en las prácticas de danza vespertinas que se realizaban en la *cuicacalli* o casa del canto.

La pertenencia a una unidad mayor, a un reino, se refrenda-
ba con la participación en las fiestas religiosas de la ciudad, que
eran muchas a lo largo del año. Los jóvenes en edad escolar eje-
cutaban danzas y se involucraban en juegos y escaramuzas rituales, y toda la población contemplaba aquellos ritos que se realizaban en lo alto de los templos del recinto sagrado central, y
participaba más activamente en aquellos que tenían lugar en las
calles y plazas de la ciudad y en los santuarios de los alrededores.

Los ritos más intensos de cuantos se celebraban en las ciudades nahuas tuvieron que ser aquellos que involucraban la
muerte de algunos seres humanos. Los mexicas se distinguieron
entre todos los pueblos del México Antiguo por el frenesí con el
que practicaron el sacrificio humano, en varias modalidades. A
veces era preciso sacrificar a decenas de bebés para agradar a
Tláloc, dios de la tormenta y la lluvia; se les arrojaba en remoli-
nos de agua o se les sacrificaba en altares levantados en las montañas. En una de las fiestas anuales se decapitaba a una anciana,
y un guerrero corría por la ciudad, sujetando por el pelo la cabeza cercenada y agitándola en todas direcciones. Para rendir
culto a Xipe, dios de la primavera, un sacerdote deambulaba cubierto con la piel de un sacrificado... La herida, el desmembra-
miento, la muerte, eran una presencia constante en la ciudad de
Tenochtitlan y en otras ciudades vecinas. La población tenía
oportunidad de sobreponerse a estas escenas dramáticas parti-
cipando en la catarsis de las diversiones públicas: juegos calle-
jeros, ritos con aspectos chuscos como el del palo encebado y
comedias ridículas en las cuales la gente podía burlarse de muchachos vestidos de abejorros que tropezaban y caían de una
cornisa o de actores que fingían ser viejos, tullidos, enfermos.

Además de su significado religioso, no cabe duda que algunas jornadas sacrificiales tenían por objeto exhibir la fuerza militar de los ejércitos de la Triple Alianza. La campaña contra la
Huasteca emprendida por Ahuítzotl, el más belicoso de los tlatoanis mexicas, culminó con el sacrificio de miles y miles de

enemigos, hombres, mujeres y niños, que durante cuatro días y sus noches formaron cuatro filas frente a las escalinatas de otros tantos templos del valle de México, en espera de su turno para subir a la piedra de los sacrificios. Mientras marchaban a la muerte hacían un canto triste de ave, como era la costumbre.

EN VÍSPERAS DE LA CONQUISTA

Para la época de la conquista española, la Triple Alianza, con Tenochtitlan a la cabeza, había logrado extender sus dominios hasta territorios de ambas costas, y, en dirección de norte a sur, desde Querétaro hasta Oaxaca, además de controlar la zona del Soconusco, en Chiapas. La llanura costera del Golfo de México había sido sometida. Las prósperas ciudades de los totonacos, provistas de calles empedradas, redes de canales para el riego y el drenaje, huertas, centros ceremoniales amurallados, y abundancia de maíz, cacao, vainilla, frutas, algodón, maderas y otros productos, recibían periódicamente la incómoda visita de los recaudadores de tributo enviados por los mexicas, además de estar obligados a proteger y albergar a los mercaderes que cruzaban el área en expediciones promovidas desde las ciudades de los aliados. Por otra parte, los huastecos, vecinos septentrionales de los totonacos, desafiaron constantemente la estrategia de la expansión mexica: más tardaban los mexicas en regresar a casa para celebrar su victoria militar sobre los huastecos, que los huastecos en declararse insumisos y negarse a pagar tributo. Las fuentes coloniales atribuyen a varios tlatoanis la conquista de la Huasteca, señal inequívoca de que ninguno de ellos la había consumado efectivamente.

En el sur, los mexicas lograron imponer sus condiciones de tributo y comercio a los reinos mixtecos de la sierra y del valle de Oaxaca, así como a los zapotecos del valle. Pero había varios reinos independientes en la costa —agrupados en torno al liderazgo de Tututepec— y en el istmo. En lo que hoy es Guerrero, los tlapanecos eran tributarios de la Triple Alianza, pero hubo localidades que ofrecieron una resistencia tenaz. El señorío de Teloloapan, rico productor de cacao, se negó insistentemente a aceptar el paso de las caravanas comerciales protegidas por los mexicas, y fue víctima de la más atroz guerra de aquel tiempo: la población fue exterminada (el exterminio alcanzó incluso a los perros y a los guajolotes de la localidad) y el señorío fue repoblado con colonos nahuas enviados desde el valle de México. Las rústicas jefaturas de Yopitzinco, en cambio, nunca fueron sometidas, y sus habitantes, emparentados lingüísticamente con los apaches, llegaron a atacar ocasionalmente a pueblos tributarios e incluso a guarniciones de los mexicas.

En el occidente, la Triple Alianza encontró una frontera impenetrable. El reino tarasco, con su centro en el lago de Pátzcuaro, regido por otra triple alianza, la de Ihuatzio, Tzintzuntzan y Pátzcuaro, se extendía por todo Michoacán, y parte de los actuales estados de Guerrero, Colima, Jalisco y Guanajuato. El uso que los purépechas hacían del cobre para ciertos instrumentos de labranza y algunas armas, ha llevado a varios investigadores a proponer que en Michoacán se estaba gestando el cambio cualitativo que la tecnología mesoamericana, de tipo neolítico, no había visto en toda su historia. Sin embargo no hay evidencias firmes ni de una producción agrícola sustancialmente distinta a la del resto de los pueblos mesoamericanos, ni de una ventaja militar semejante, por ejemplo, a la que los asirios tuvieron, en el Viejo Mundo, con sus espadas de hierro. Los purépechas defendieron bien su territorio; usaron murallas, pequeños fortines, puntos de vigilancia; organizaron sus campañas militares con un mando unificado, y lograron resistir a los ejércitos enviados desde los valles centrales de México. Por lo demás, sus ciudades, su arquitectura, su vestuario, incluso su escritura y su producción artística fueron notablemente más austeros que aquellos que caracterizaban a los nahuas desde la época teotihuacana.

Por lo que se refiere a la región maya, las zonas de mayor concentración demográfica y con mayor número de ciudades estaban en los altos de Chiapas y Guatemala y, sobre todo, en la península de Yucatán. Tras la caída de Mayapán, había no menos de diecisiete señoríos independientes en la península, pero esta fragmentación no fue óbice para el despliegue de una economía bastante próspera, que se beneficiaba con el intenso flujo comercial costero. El puerto de Tulum, en Quintana Roo, era un enlace vital entre las rutas navegables que unían la península con Centroamérica y el Caribe, y las vías pedestres que se dirigían hacia Tehuantepec y, de allí, a los territorios controlados por la Triple Alianza. Los mayas comerciaron con los nahuas del Posclásico tardío, y los mexicas no tuvieron la fuerza de los teotihuacanos para irrumpir en aquellas tierras. En realidad, la capacidad de expansión territorial de la Triple Alianza de México, Tetzcoco y Tlacopan parece precaria si se la compara con el estable y extenso dominio imperial teotihuacano.

EPÍLOGO

Los totonacos vieron en Cortés un aliado aceptable para sacudirse el dominio mexica, y sería un disparate reprocharles esa alianza, pues no tenían modo de saber, por ejemplo, que después vendrían la viruela, la tosferina y el tifo, y que sus ciudades quedarían desiertas y sus milpas y huertas se convertirían con el paso del tiempo en pastizales. Los tlaxcaltecas cesaron su resistencia inicial y optaron por aliarse a los españoles porque les pareció que esa alianza garantizaría, precisamente, la integridad de su territorio; ellos no debían lealtad alguna a los mexicas, más bien todo lo contrario, eran sus enemigos. Desde el arribo de Cortés a Yucatán hasta la conclusión del sitio de Tlatelolco con la captura de Cuauhtémoc, hubo muchos señoríos que, tras ser derrotados en combate o después de haber celebrado un acuerdo con Cortés, se sumaron a sus filas. La conquista de Tenochtitlan fue una victoria de los tlaxcaltecas, de los tetzcocanos, de los totonacos y de muchos otros grupos indígenas: fue la última guerra del México prehispánico, dirigida sin embargo por un pequeño ejército que no pertenecía a esa historia.

Con la caída de la capital mexica los españoles controlaron buena parte de los antiguos territorios sometidos a la Triple Alianza; en los tres años subsecuentes, con algunas batallas y numerosos pactos, lograron sujetar a la corona de Castilla incluso aquellos territorios que se habían mantenido independientes: Michoacán, Metztitlán, Tututepec, Tehuantepec y varias localidades de los altos de Chiapas y Guatemala. La conquista de Yucatán fue mucho más lenta y quedó inconclusa por cerca de doscientos años; el señorío de Tayasal, refugiado en el lago Petén-Itzá, no fue sometido sino en 1697. El dominio y ocupación de la Sierra Madre Occidental y del conjunto de las tierras situadas al norte de Mesoamérica, pobladas por cazadores-recolectores y algunos agricultores aldeanos, fue una tarea que no concluyó ni siquiera en los tres siglos de la historia colonial.

LA ÉPOCA COLONIAL HASTA 1760

Bernardo García Martínez

La segunda gran etapa de la historia de México es la época colonial. Tal definición corresponde a los años de la dominación española, en los que el país (ya se le puede llamar así) adquirió unidad política bajo el nombre de Nueva España. Por esa razón se ha considerado tradicionalmente que la época colonial, también llamada novohispana, dio inicio tras la caída de México-Tenochtitlan en 1521 y concluyó con la proclamación de independencia tres siglos después.

Pero tal precisión cronológica es válida sólo en lo relativo a la existencia formal de Nueva España como unidad política y no es aplicable a otros aspectos. En lo económico y social, por ejemplo, o en lo demográfico y cultural, no se puede hablar de un periodo que empezara en 1521 y terminara en 1821. En estas cuestiones sería improcedente tratar de señalar fechas precisas. La economía de mercado, por ejemplo, se fue transformando paulatinamente a medida que los españoles expandían sus actividades comerciales, agropecuarias y mineras a lo largo del siglo XVI, pero la economía de subsistencia de los tiempos prehispánicos persistió a su lado, y tanto una como otra pasaron por los años de la independencia sin alterarse en lo esencial. Sí hubo una sacudida económica a principios del siglo XIX, pero la causa principal fue la acometida fiscal emprendida por España en 1804. La población experimentó un drástico descenso demográfico entre 1519 y 1575, tras lo cual pasó a unos años de relativa estabilidad y luego a un periodo de crecimiento que se vio alterado hacia 1736, pero no en 1821. La historia ambiental, que estudia el impacto humano sobre el medio físico, reconoce que la conquista ocasionó cambios muy importantes en el paisaje mesoamericano —como ocurrió con la introducción de la ganadería. Pero para la historia ambiental el fin de la época colonial no tiene un significado especial, y en cambio le resulta más importante señalar un límite cronológico hacia 1780, cuando se inició el corte de madera en gran escala para la construcción naval, o hacia 1880, cuando los ferrocarriles provocaron cambios muy profundos en el uso del suelo.

Resultado de lo anterior es que la época colonial puede acomodarse entre distintos límites temporales según de lo que se trate. Las fechas iniciales no varían mucho porque coinciden con un momento en que casi todo el mundo experimentó las grandes transformaciones que siguieron a los viajes de Colón y los sucesivos contactos e intercambios de Europa, África, Asia y América. Pero las fechas finales son muy dispares porque los cambios involucrados no calaron tan hondo o no coincidieron en el tiempo. Puede convenirse, sin embargo, en que hubo importantes transformaciones de diversa índole —políticas, sociales, económicas, culturales— que se iniciaron más o menos hacia 1760. Ésta es una fecha aceptable para poner fin a esa etapa de la historia de México que se inició cuando los españoles llegaron a tierras mesoamericanas. La seguiremos llamando colonial por costumbre y conveniencia, a sabiendas de que excluimos los últimos cincuenta o sesenta años de la dominación española. Éstos pueden considerarse en un conjunto aparte que abarca también —a pesar de la ruptura política— los años posteriores al proceso de la independencia.

EL PERIODO FUNDACIONAL, 1519-1610

La irrupción de los conquistadores, 1519-1530

El inicio de la época colonial estuvo asociado a una serie de acontecimientos muy llamativos que comenzaron con la llegada de los españoles y su primera penetración en Mesoamérica. Con ello empezó la conquista, término que debe entenderse no sólo como el desenlace de una victoria militar sino como un complejo proceso de enfrentamientos y acomodos que se prolongó hasta alrededor de 1560. La conquista, entendida así, cubrió poco más de cuarenta años (repartidos en una fase inicial y otra de consolidación), tras los cuales hubieron de pasar todavía otros cincuenta para que el producto de la conquista, o sea Nueva España, dejara atrás los años formativos de su periodo fundacional para entrar en una fase de madurez.

Antes de entrar en el detalle de los acontecimientos iniciales debe hacerse una reflexión sobre el contexto en que ocurrieron. Este asunto nos remite a la expansión de la economía y la cultura europeas a partir de las exploraciones marítimas portuguesas que, desde mediados del siglo XV, llevaron al establecimiento de enclaves comerciales en algunos puntos de las costas de África, India y el Sudeste asiático, así como a la ocupación de Cabo Verde, las Azores y otras islas del Atlántico. Estos movimientos estuvieron alentados por la demanda europea de especias y sedas, y en el caso de las islas por el interés en sembrar caña de azúcar. Como algunas de estas islas estaban deshabitadas y en otras la población nativa fue diezmada, la economía azucarera fue construida sobre la base del trabajo esclavo. Así, el primer movimiento significativo de población que ocurrió en este contexto fue el de los esclavos africanos de las costas de Guinea y Angola comprados por los portugueses, y a veces capturados por ellos mismos, para trabajar en esas islas. Las actividades de los portugueses fueron copiadas por sus vecinos los castellanos en las islas Canarias.

El deseo de los reyes de Castilla y León por participar de manera más activa en los circuitos comerciales que se estaban formando fue lo que los llevó en 1492 a financiar el viaje de Cristóbal Colón en busca de la India, con los resultados que son bien conocidos. La ocupación española de las islas del Caribe, especialmente Cuba, Jamaica, Santo Domingo y Puerto Rico, fue en buena medida réplica de la experiencia de las Canarias: ocupación violenta, producción de azúcar, colapso de la población nativa, e introducción de esclavos africanos. Hubo sin embargo algo diferente, y fue el interés castellano por emigrar a esas nuevas tierras, formar asentamientos fijos y con gobierno formal, crear un cierto orden jurídico, mantener lazos constantes con la tierra de origen, trasladar ganadería y diversas actividades agrícolas, en fin, reproducir en lo posible el entorno cultural y social de Castilla. Esto se explica porque esta región tenía un crecimiento demográfico alto y una economía incapaz de satisfacer las necesidades de gran parte de su población. Luego fueron los portugueses quienes siguieron los pasos de los castellanos, reproduciendo el proceso en las costas de Brasil.

Estos acontecimientos, que siguieron a la expulsión de los musulmanes de la península ibérica, coincidieron en 1492 con la consolidación de la monarquía en las coronas de Castilla y Aragón, reafirmada al poco tiempo con el ascenso al trono de Carlos I de Habsburgo, de la Casa de Austria, que fue al mismo tiempo, con el nombre más difundido de Carlos V, emperador de Alemania. Respaldada por su unificación, por la fuerza política de su nuevo rey y por las ventajas económicas obtenidas de América, España se encaminaba a ser la potencia dominante del mundo europeo.[1] Este prospecto se hizo realidad con la

---

[1] El uso del nombre España y del gentilicio españoles en el contexto de los siglos XVI y XVII es relativamente inexacto porque las diversas monarquías de la península ibérica mantenían su individualidad y no existía un "reino de España". Casi siempre que se habla aquí de España se trata del reino de Cas-

conquista de México y luego con la de Perú, resultado del avance de los españoles más allá de las islas, es decir, en el continente propiamente dicho.

Al mismo tiempo el continente americano, aún no llamado de este modo pero sí definido como Nuevo Mundo, empezaba a participar de un circuito de intercambios que poco a poco iba abarcando todo el planeta. Estos intercambios involucraron personas, animales, plantas, metales, manufacturas y todo lo asociado a ello, desde las enfermedades hasta la cultura. Naturalmente, tales movimientos se manejaron de modo de satisfacer prioritariamente los intereses europeos, o españoles en particular, y de ello derivó la situación colonial de dependencia que marcó a América en los siglos por venir.

Tal es, a grandes rasgos, el contexto en que ocurrieron los acontecimientos asociados al inicio de la época colonial en México. Éstos, ya en concreto, tuvieron su origen en Cuba, donde los españoles tenían casi veinte años de haberse establecido. Deseando expandirse, organizaron varias expediciones. Una de ellas, encabezada por Francisco Hernández de Córdoba, los condujo en 1517 a la costa de Yucatán. Esta expedición, que más bien fue un viaje de exploración, dio lugar al primer contacto entre el mundo europeo y el mesoamericano.

A esta primera expedición siguió otra y a continuación una tercera en la que ya eran claros los propósitos de conquista, asunto que implicaba precisar (entre los españoles) diversas cuestiones jurídicas que definieran y regularan los privilegios o derechos a que aspiraban los conquistadores. Esta tercera expedición, organizada por Hernando Cortés, se desprendió de su tronco cubano en 1519 mediante el recurso de fundar una po-

---

tilla, y los españoles son castellanos (o bien extremeños o andaluces, que eran súbditos de la misma corona) pero no, por ejemplo, aragoneses o catalanes. Hecha esta aclaración, debe observarse que desde la perspectiva americana, y sobre todo desde la Nueva España, la referencia a España y los españoles es justificable y se ha hecho de este modo desde el siglo XVI.

blación —Veracruz— y erigirle un *cabildo* (ayuntamiento o cuerpo de gobierno local según la tradición castellana). Así pudo justificar y organizar de manera autónoma su incursión al interior. El avance, que tuvo algunos episodios militares, llegó a su clímax con la entrada de los españoles en México-Tenochtitlan a fines de ese mismo año. Para lograr sus metas Cortés se sirvió de varias maniobras políticas, y especialmente de una alianza que celebró con los señoríos tlaxcaltecas.

Cabe recordar que Mesoamérica comprendía por entonces centenares de señoríos, es decir, pequeños estados o cuerpos políticos que disfrutaban de diferente grado de autonomía. En náhuatl se les llamaba *altépetl*. Aunque el concepto tenía equivalentes en otras lenguas indígenas, la palabra náhuatl era la más difundida; luego, los españoles la tradujeron como *pueblo de indios*. Casi todos estaban encabezados por un gobernante o "señor" hereditario, que de hecho era un pequeño rey y el personaje que encarnaba la legitimidad política (*tlatoani* en náhuatl, que los españoles tradujeron como *cacique*). Los señoríos eran las unidades básicas de la organización política prehispánica. Muchos eran tributarios de la Triple Alianza (la estructura imperial entonces dominante), pero otros, como los tlaxcaltecas, eran independientes.

La entrada de los españoles en México-Tenochtitlan, si bien pacífica en lo formal, se convirtió a los pocos días en una ocupación militar apoyada en el sometimiento y prisión del monarca mexica, Moteczuma. Tal ocupación se prolongó durante siete meses, de noviembre de 1519 a junio de 1520, tiempo que los españoles aprovecharon para obtener información y recursos, pero sobre todo para establecer alianzas con otros señoríos de un modo que no contradijera las prácticas políticas mesoamericanas. En este lapso la integridad política de la Triple Alianza se fracturó, aunque al mismo tiempo se generó el movimiento de resistencia mexica que culminó con la deposición de Moteczuma y la expulsión de los españoles y sus aliados (episodio conocido por éstos como "*Noche Triste*" y que habría de adquirir un lugar importante en la historia popular). Casi en seguida se presentó en tierras mexicanas una epidemia de viruela cuyo efecto devastador fue inmediato. La enfermedad brotó en Veracruz hacia mayo de 1520, introducida por un grupo español leal a los intereses cubanos que llegó a ese lugar intentando detener a Cortés (la expedición de Pánfilo de Narváez). La viruela era uno de los componentes del mencionado circuito de intercambios que iba abarcando todo el planeta, y hasta este momento era desconocida en Mesoamérica. Por ello su población resultó extremadamente vulnerable al contagio: en menos de un año se había extendido hasta el interior causando la muerte de no menos de tres millones de personas. Algunos cálculos elevan esta cifra a diez millones.

Fue entonces cuando empezó la guerra propiamente dicha de la conquista de México: una lucha sumamente violenta y desigual en la que caballos y armas de fuego —haber exclusivo de los españoles— dieron la ventaja a éstos. El episodio dominante de la guerra fue el sitio de México-Tenochtitlan, que a pesar de verse debilitada por la viruela resistió a lo largo de un año que culminó con la toma de la ciudad y la captura de su último rey, Cuauhtémoc, el 13 de agosto de 1521 (fecha que los españoles tomaron como símbolo del triunfo de la conquista y celebraron durante toda la época colonial). La guerra, sin embargo, no se limitó a esta acción, sino que se extendió a otros señoríos —tanto de la Triple Alianza como independientes— y se prolongó hasta 1525 o 1526. Los españoles triunfaron en todas sus acciones militares, no sin intensas batallas y grandes dificultades (de lo que se sabe poco, pues la mayoría de las fuentes se limitan a narrar el sitio de México-Tenochtitlan). Simultáneamente, diversas presiones y manipulaciones políticas condujeron al sometimiento sin violencia, o al menos sin lucha armada, de muchos señoríos más del centro y sur del país, entre los que destacó por su tamaño e importancia política el reino de Michoacán.

El resultado directo del proceso referido fue el establecimiento de una relación formal de dominio entre los españoles y
cada uno de los señoríos, que en total rebasaban la cifra de qui-
nientos. El asunto implicó una intensa actividad política de
1522 a 1525, llena de discusiones, negociaciones y ajustes a
menudo violentos. Para establecer dicha relación se recurrió al
sistema de la *encomienda*, que consistía en la asignación formal
de cada señorío a un conquistador en particular, el cual quedaba como *encomendero* de ese señorío. Tal sistema implicaba, por
una parte, que los señoríos conservaran su carácter de cuerpo
político, sus funciones de gobierno y su capacidad de recaudar
tributos, y, por otra, que entregaran a su encomendero parte
sustancial de ese tributo. Los encomenderos quedaban obligados a mantenerse en alerta militar y a cuidar de que no hubiera
vuelta atrás en las victorias y alianzas de los españoles. Ciertos
señoríos, los considerados de grande o especial importancia (el
propio México y los tlaxcaltecas, por ejemplo), fueron puestos
bajo el control de los representantes de la corona.

La instauración de un gobierno central representante de la
corona de Castilla se fue cumpliendo al tiempo que los conquistadores consolidaban sus logros en nombre del rey. El primer
paso en este proceso fue un formalismo político que ideó y le-
gitimó al *Reino de la Nueva España* como sucesor del "imperio de
Moteczuma" (es decir, la Triple Alianza). En congruencia con
esta idea los conquistadores decidieron reedificar la derrotada y
semidestruida ciudad de México para erigirla como capital de la
nueva conquista (soslayando los problemas derivados de su
ubicación lacustre). Al margen de estas medidas de enorme
contenido simbólico, la instauración de tal gobierno implicó la
conformación de diversos cargos y funciones, especialmente en
cuanto a recaudación fiscal y administración de justicia, asuntos
de gran importancia para la corona. Ésta, por su parte, consideró pertinente desligar ciertas provincias o regiones de la esfera
de poder de México, de modo tal que dispuso la creación de go-

biernos aparte en Pánuco (sólo por breve tiempo), Guatemala (desde 1527) y Yucatán (de 1527 a 1549 y de nuevo a partir de 1565).

Simultánea a lo anterior fue la llegada de numerosos españoles que desde 1522 o 1523 hicieron sentir su presencia cada vez más numerosa. Se les llamó *pobladores* para distinguirlos de los conquistadores militares, con quienes tuvieron forzosamente que acomodarse aunque poco a poco sus intereses fueron divergiendo. Unos y otros, pero sobre todo los pobladores, se abocaron a fundar varios centros de población (que formalizaron erigiendo un cabildo en cada uno) y a establecer lazos comerciales tanto internos como con las Antillas y España. También activaron el traslado de animales, plantas y objetos europeos a Nueva España, así como la difusión de prácticas ganaderas, agrícolas y manufactureras. Con ello se sembraron las semillas de lo que habrían de ser, con el tiempo, regiones bien definidas y culturalmente hispanizadas, como ocurrió, por ejemplo, alrededor de la más relevante de esas fundaciones, la de la Puebla de los Ángeles en 1531.

No menos importante fue, dentro de todo el contexto citado, el arribo de frailes de las órdenes mendicantes (franciscanos, dominicos y agustinos) a partir de 1524, y el paulatino establecimiento de sus *doctrinas* o bases de evangelización y administración eclesiástica en cada uno de los señoríos sometidos. Los religiosos gozaban de gran prestigio y eran de importancia capital para la justificación ideológica de la conquista, pues en el contexto del pensamiento cristiano ésta sólo era aceptable si aducía como fin último la conversión de los paganos. En la práctica los frailes, o frailes doctrineros, realizaron su labor con el apoyo de los encomenderos y, sobre todo, de los señores nativos; además, dependieron del tributo para su sustento. Con esta base operativa, y fortalecidos por la intensidad con que se entregaron a su causa, pudieron difundir en poco tiempo diversas prácticas religiosas, como los bautismos, la asistencia a misa (que se acompañaba de música, cantos y fiestas diversas) y el culto a los santos, e igualmente hicieron valer normas cristianas a propósito de la sexualidad y el matrimonio.

* * *

Los acontecimientos referidos motivan una serie de observaciones para caracterizar adecuadamente esos años iniciales de la época colonial. La primera observación es que el mundo mesoamericano vivió cambios radicales, pero también hubo permanencias y continuidades. La más llamativa de ellas fue la de los señoríos, conservados como pieza clave del gobierno local, del sistema tributario y de la evangelización. La continuidad fue evidente en aquellos que concertaron alianzas con los conquistadores, y muy señaladamente en los señoríos tlaxcaltecas (que mantuvieron un estatus privilegiado durante toda la época colonial), pero también se dio en los sometidos a la fuerza. En la mayoría de éstos, consumadas las acciones militares, los españoles impusieron señores nuevos, aliados suyos, que mantuvieron vivas las instituciones locales.

La explicación de esta continuidad es muy sencilla: los españoles eran pocos y tenían limitada capacidad de acción. Se habían colocado en una posición dominante, pero no podían (ni querían) encargarse de las infinitas tareas de gobierno que demandaba un país tan grande y variado. ¿Cómo se cumplirían entonces sus metas, que eran las de permanecer, obtener riquezas y otros beneficios, imponer sus valores, mantener un nivel aceptable de seguridad? Sólo delegando las funciones y el trabajo que ellos no podían llevar a cabo, es decir, estableciendo un sistema de dominación indirecta. Mesoamérica permitía hacerlo, tanto por el antecedente de la Triple Alianza (que en gran parte se había basado en un sistema de dominación igualmente indirecto), como porque poseía un sistema político, social y económico que se avenía con ese fin. La clave de ello estaba en la continuidad de los señoríos, que significaba continuidad en las funciones de gobierno, la administración de justicia, el mantenimiento del orden, la organización del trabajo y el cobro de los tributos. Estos principios fueron llevados a la práctica gracias a la agudeza política de Cortés. Pudiera parecer paradójico, pero fueron centenares los señoríos que pasaron por esos años de enormes sacudidas sin cambio alguno en sus linajes gobernantes, su composición social, su vida económica, sus términos territoriales, sus posesiones, su relativa autonomía y su cultura básica. El arreglo, después de todo, también les era conveniente, o al menos lo fue para las elites gobernantes, que mantuvieron —por el momento— su posición de privilegio.

Mucho más conflictiva fue la relación entre los propios españoles. Los conquistadores compitieron fieramente por las mejores posiciones, como las encomiendas más redituables o los primeros puestos del gobierno. El buen juicio de algunos se vio opacado por la codicia, irresponsabilidad y violencia de los más, y para 1525 se habían enfrascado en pleitos tan viscerales que todo el proyecto de la conquista estuvo a punto de colapsarse. La intervención de la corona, que estableció una audiencia o tribunal de justicia con facultades de gobierno en 1528, y la llegada de religiosos y otros pobladores mitigaron esa inestabilidad, aunque introdujeron otros elementos de conflicto. El mayor de ellos estuvo representado en la persona de Nuño de Guzmán, quien encabezó un nefasto gobierno como primer presidente de la audiencia y luego emprendió la conquista de la Mesoamérica occidental con métodos mucho más violentos y menos políticos que los empleados por Cortés. Ansioso de deslindarse de Nueva España, bautizó a sus conquistas como *Reino de la Nueva Galicia* y les dio un gobierno propio en 1531. Pero éste, si bien formalmente reconocido por la corona, no llegó a afirmarse como algo completamente independiente del de México.

La consolidación de la conquista (1530-1560)

De 1530 a 1560 aproximadamente tuvo lugar lo que puede llamarse la consolidación de la conquista. Comparada con la anterior fue una etapa tranquila, pero, aun así, de gran efervescencia. Los párrafos siguientes resumen lo más relevante de esos años.

En primer lugar, y de manera muy general, debe anotarse la instauración de un periodo de paz. Esto fue consecuencia del fin de las casi constantes guerras entre los señoríos, de la conclusión de los aspectos militares de la conquista, y del cese de las pugnas armadas entre los españoles, pero también se debió al acierto de haberse recurrido al sistema de dominación indirecta referido atrás. Excepciones a esta cronología se dieron en Yucatán, donde el proceso de la conquista fue más tardío y dilatado, y en Nueva Galicia, donde la agresiva política de Guzmán provocó la sangrienta rebelión de los caxcanes, o *guerra del Mixtón* (1540-1542, al norte del actual Jalisco).

Un segundo aspecto de la consolidación de la conquista se hizo patente, paradójicamente, en el desplazamiento de los conquistadores de las posiciones formales de poder y su reemplazo por funcionarios letrados (o al menos de comportamiento más civilizado) en las esferas más altas del gobierno. Esto, que equivalía al establecimiento de un gobierno civil, provocó resentimiento entre los conquistadores, pero la corona se impuso y se hizo representar a partir de 1535 por la figura de más autoridad que se pudo encontrar: un virrey (literalmente, un vice-rey). La mayoría de los virreyes habría de provenir de la alta nobleza castellana.

La consolidación de la conquista se dejó ver también en el acomodo de los señoríos —las unidades básicas de la organización política prehispánica— al sistema colonial. Se trata de un proceso complejo que se vio influido por diversas circunstancias, entre las cuales la de mayor relieve fue una nueva gran epidemia que se presentó a partir de 1545. Esta vez fue de sarampión, otra enfermedad igualmente desconocida en tierras mesoamericanas, que causó un segundo y probablemente más devastador desplome de su población.

Independientemente de esta tragedia, el acomodo de los señoríos al sistema colonial implicó cambios profundos que pueden entenderse, hasta cierto punto, como el precio que tuvieron que pagar por su subsistencia. Entre los señoríos había enormes diferencias que reflejaban su compleja y variada historia prehispánica, pero los españoles se propusieron borrarlas —en parte por su incapacidad de comprenderlas y en parte por su deseo de homogeneizar el panorama novohispano. Para lograr este fin tomaron varias medidas.

La primera fue imponer a los señoríos una organización corporativa inspirada en los cabildos castellanos, lo cual tenía cierta lógica dado que unos y otros eran reconocidos como cuerpos políticos con personalidad jurídica, términos territoriales y relativa autonomía. Parte de este acomodo se reflejó en el hecho de que a los señoríos se les redefinió, como ya quedó dicho, bajo el concepto de *pueblos de indios* (aunque también se conservó la forma náhuatl *altépetl* y los equivalentes en otras lenguas). Los cabildos de los pueblos de indios fueron denominados *cuerpos de república* e integrados con alcaldes y regidores más o menos a semejanza de sus contrapartes españolas. Tales cargos estuvieron reservados a personajes nobles o de linaje ilustre (los llamados *principales*), y un puesto adicional, el de gobernador, se destinó a los caciques. Se diseñó un sistema restringido de elecciones para permitir la rotación de diferentes grupos o intereses, y también se fomentó la creación de una tesorería o *caja de comunidad*, si bien ésta no adquirió sentido sino poco a poco, conforme se generalizaba el uso de la moneda. Dependiendo del caso, todo esto pudo significar poco más que un cambio de nombre frente a las prácticas prehispánicas o bien una transformación verdaderamente conflictiva.

La segunda medida fue la de uniformar las cargas tributarias buscando el ideal de que cada cabeza de familia de un pueblo de indios pagase a su encomendero, o en algunos de ellos directamente a la corona, un peso y media fanega de maíz al año o su equivalente (esto sin contar otras cargas locales que subsistieron). Los ajustes llevaron mucho tiempo (pues, una vez más, primero tuvo que generalizarse el uso de la moneda) y, como era de esperarse, sus efectos fueron muy diferentes, según el caso, en la población ordinaria. Por lo regular los nobles y principales estuvieron exentos de estas cargas, e igualmente sus dependientes personales (*mayeques*), que en algunos pueblos eran casi tan numerosos como los tributarios formales (*macehuales*).

La tercera medida fue la de inducir o presionar a los pueblos de indios a congregar a sus habitantes en asentamientos de tipo urbano —el origen de los poblados con plaza central, iglesia prominente y calles rectas, tal como subsisten hasta la fecha. Por lo regular, en cada pueblo de indios se formaron varias localidades con estos rasgos, la principal de las cuales se denominó *cabecera* y las otras *sujetos*. Esto, en los primeros años, no se logró sino muy lentamente, pero al final fue uno de los factores que más pesó en el acomodo de los pueblos de indios al sistema colonial y en su gradual transformación.

El desarrollo de la evangelización estuvo muy ligado a lo anterior porque los frailes doctrineros no fueron ajenos a los ajustes mencionados arriba. No se olvide que los pueblos de indios constituyeron la base operativa de los religiosos, de modo que éstos planearon establecer un convento con su respectivo templo en cada uno de los pueblos (preferentemente en la cabecera) y fomentaron el culto de un santo específico en cada localidad; además, intervinieron en las elecciones de los cuerpos de república y canalizaron gran parte de las cargas tributarias hacia los gastos del culto. Todo esto contribuyó a reforzar una nueva identidad para los pueblos de indios y a resaltar el papel central que se daba a la iglesia. Con esta estructura a su servicio, y ayudándose con el adoctrinamiento de los niños y el relevo generacional, los frailes lograron (a veces con violencia) la supresión o marginación de ritos y sacerdotes prehispánicos. Pero al mismo tiempo consolidaron los aspectos positivos de su obra con labores de difusión cultural y con estudios históricos y lingüísticos de gran valor, como puede verse en las obras de fray Toribio de Motolinía y fray Bernardino de Sahagún. También empezaron a edificar sus monumentales y hermosas construcciones conventuales, concebidas para albergar a multitud de gente y desempeñar las funciones que formaban parte de su proyecto de conquista y aculturación.

En otro orden de cosas, un aspecto más de la etapa de consolidación de la conquista fue el afianzamiento de lazos con el mundo exterior, aunque de manera limitada. Dado que la metrópoli no permitió que sus posesiones americanas gozaran de libertad en este sentido, los movimientos de personas, bienes y noticias estuvieron muy controlados y sometidos a restricciones, cuotas y rutas establecidas. En España el único puerto autorizado a mantener el enlace con América fue Sevilla; en Nueva España ese privilegio exclusivo le fue dado a Veracruz. En contraste, el comercio por el Pacífico fue más libre, y Nueva España estableció muy pronto enlaces con Perú sirviéndose de puertos como Huatulco y Acapulco.

A pesar de las restricciones, la inmigración de pobladores españoles fue considerable y los llevó a sumar unos 20 000 a mediados del siglo. Se concentraron principalmente en regiones del interior (donde establecieron ciudades como Antequera de Oaxaca y Valladolid de Michoacán), evitando las zonas serranas y costeras. Junto con México y Puebla (más Guadalajara en Nueva Galicia y Mérida en Yucatán) esas ciudades se consolidaron como centros económicos y de poder. En cada una se estableció un cabildo y una catedral con su respectivo obispo (y otro cabildo, el eclesiástico), se levantaron edificios de tipo europeo y se desarrollaron estilos culturales propios. La ciudad de México se mantuvo a la cabeza, no sólo por su primacía política sino también por su importancia económica y cultural (abrió su propia universidad en 1553), pero todas las ciudades por igual extendieron su influencia sobre áreas equiparables delimitadas por sus respectivos obispados. De estas áreas se derivarían, tiempo después, varias de las intendencias de la época colonial tardía y luego los estados de la república.

Concomitante con lo anterior fue el surgimiento del mestizaje tanto en su expresión biológica como en la cultural. Aunque por parte de algunos (especialmente los frailes) hubo oposición al contacto entre indios y españoles, y aunque la legislación recalcó siempre la diferencia entre unos y otros, el hecho fue que las dos poblaciones establecieron pronto una estrecha relación. Las relaciones sexuales informales fueron mayoría, pero también hubo matrimonios reconocidos, sobre todo entre españoles e indias de buena posición. Ya para 1550 el náhuatl y otras lenguas se daban con fluidez entre muchos pobladores españoles. En contrapartida, no pocos caciques y nobles se hispanizaron prontamente, y algunas escuelas religiosas pusieron aspectos sofisticados de la cultura europea, como la retórica latina, al alcance de las elites indígenas (si bien sólo por un breve tiempo). Además, debe añadirse a esto la incorporación de un numeroso contingente de africanos (unos 15 000 a mediados del siglo) traídos a Nueva España como esclavos. En su gran mayoría eran varones y su mezcla con las indias fue inmediata.

El desarrollo del mestizaje corrió parejo con la introducción de actividades económicas nuevas en el contexto mesoamericano y cuyos efectos se dejaron sentir tanto hacia el interior como hacia el exterior. Dentro, su detonante estuvo en la ganadería (sobre todo la cría de vacunos y ovinos), la producción de trigo y azúcar, la cría del gusano de seda y la explotación de minas de plata —todo lo cual llevó a profundas transformaciones de índole ambiental; fuera, en el comercio con España y Perú, que involucraba el intercambio de plata, colorantes y manufacturas (textiles, herramientas, muebles). Al mismo tiempo surgió un mercado de trabajo (sobre todo en los medios urbanos), se crearon nuevos medios de transporte (con la arriería como práctica dominante), y se difundió el uso de la moneda, acuñada en México desde 1536. Con ello se sembró el germen de una economía capitalista y se introdujo a Nueva España en los circuitos mundiales de intercambio.

La demanda de una creciente población española y la apertura de nuevos circuitos comerciales alentaron el surgimiento de un tipo especial de empresas agropecuarias dotadas de sólida infraestructura, mano de obra residente, rigurosa organización y un claro propósito de lucro. Los ingenios de azúcar de los alrededores de Cuernavaca, cuya fuerza de trabajo original estuvo constituida en gran parte por esclavos de origen africano, fueron el primer ejemplo de ello. En estas empresas puede verse una forma embrionaria de las *haciendas* que tanta significación habrían de tener en el medio rural novohispano.

El último rasgo que debe asociarse a la etapa de consolidación de la conquista fue el comienzo de la expansión al Norte. Ésta se inició con diversas incursiones o exploraciones, algunas de ellas alimentadas por la ilusión de encontrar las riquezas que se atribuían a unas imaginarias "siete ciudades de Cíbola" situadas en algún lugar del centro del continente, pero su gran detonador fue el descubrimiento de minas de plata en Zacatecas, dentro del territorio de Nueva Galicia, en 1548. Este hecho atrajo a esta localidad y a su entorno (áreas previamente ocupadas sólo por tribus de cazadores y recolectores) gran cantidad de pobladores de todo tipo, lo que propició el tendido de caminos, la apertura de áreas de cultivo, y una llamativa expansión de la ganadería.

* * *

Cierto que en la mayor parte de Nueva España se instauró la paz, mas esto no significaba ausencia de conflictos: los hubo, y muy intensos; sólo que se dirimieron sin mucho escándalo.

Mientras que en los años anteriores se vivieron las circunstancias del contacto indoespañol, de 1530 a 1560 el tema dominante fue convertir Nueva España en algo más que un sueño de conquistadores. Para construir el país, sin embargo, hubo muchos proyectos, tantos como los variados intereses que despertó. Los españoles, en su mayor parte, se identificaron con alguno de tres proyectos principales. Uno era el directamente emanado de la experiencia de los primeros contactos y tenía su punto clave, como se explicó, en un sistema de dominación indirecta fundado en la subsistencia de los señoríos prehispánicos y en el que las piezas clave seguirían siendo encomenderos, religiosos y caciques. En otras palabras, Nueva España debía consolidarse como una sociedad de corte señorial, cerrada y conservadora, en la que el poder y la toma de decisiones recayeran en esos personajes privilegiados. Además, argüían ellos, debía premiarse a los conquistadores, nadie podía lograr los beneficios de la fe mejor que los frailes doctrineros, y los caciques eran el recurso indispensable para la dominación.

Pero no pensaban así otros españoles, especialmente los pobladores —y éstos eran cada vez más. Por principio de cuentas demandaban su propio espacio y un gobierno que los representara, ya que, como era lógico, no se iban a sujetar a la autoridad de los encomenderos. Como su presencia era dominante en las nuevas ciudades, favorecían un escenario de cabildos fuertes con gran autonomía. También querían tener acceso a la mano de obra de los indios, pero se topaban con que encomenderos, frailes y caciques la acaparaban. En cuestiones de iglesia preferían a obispos y curas seculares. Querían una Nueva España más parecida a España, lo que significaba una sociedad más abierta y libre, y asimismo un dominio más directo y orientado a la explotación.

El tercer gran proyecto era el de la corona, que aceptaba conceder cierto espacio frente a los anteriores, pero anteponía a toda consideración el establecimiento de un gobierno central fuerte que no sólo sirviera para gobernar a los indios sino también a los españoles y que, además, cumpliera con la función esencial de canalizar hacia la propia corona la mayor tajada posible de los recursos que se pudieran extraer del país y sus ocupantes. Controlar a los españoles resultó ser lo más difícil, porque casi todos los que cruzaban el Atlántico eran ambiciosos y rebeldes.

La corona sabía que, a pesar de su autoridad, carecía de medios efectivos para hacerse valer: no disponía de un ejército ni de una burocracia, de manera que si quería imponer leyes y funcionarios, limitar las pretensiones de encomenderos y frailes o controlar los agresivos cabildos de las ciudades, tenía que valerse de medios muy políticos y armarse de paciencia. Que el poder real tenía límites fue un hecho que se puso en evidencia en 1543 con la oposición que se levantó ante el intento de la corona de imponer una serie de medidas restrictivas denominadas "Nuevas Leyes". En Perú los intereses locales se sintieron tan agraviados que provocaron una insurrección a resultas de la cual el virrey de allá fue asesinado. El de México, Antonio de Mendoza, no desaprovechó la lección: se dio cuenta de que era mejor dar tiempo al tiempo, fomentar una legislación contradictoria, dejar que los demás se enfrentaran, e intervenir sólo para arbitrar en última instancia. Consideró que ese sistema de gobierno sería el más apropiado para mantener en paz a los indisciplinados españoles de Nueva España, y así lo probó en 1549 cuando encontró una fórmula para dar a los pobladores acceso a ciertos beneficios de naturaleza tributaria (el llamado *repartimiento* —un esquema de trabajo obligatorio, aunque remunerado, impuesto a los pueblos de indios) sin dar lugar a que se tomara como parte de un movimiento contra los encomenderos.

El proyecto de la corona disfrutó de circunstancias favorables porque el dinamismo económico y la expansión al Norte brindaban válvulas de escape que tranquilizaban a los más ambiciosos y descontentos. Esto también evitó enfrentamientos graves y recurrentes con los pueblos de indios, probablemente inevitables de haber sido más escasos los recursos disponibles. La expansión, por ejemplo, abría espacios para grandes explotaciones ganaderas. Aun los indios encontraron ventajas en el dinamismo y el crecimiento del país, de modo que algunos, aprovechando la demanda de trabajo y una libertad individual que nunca antes habían tenido, se mudaron a las ciudades o se desplazaron al Norte. Las oportunidades eran también aprovechadas por los mestizos, entre quienes era común una innata flexibilidad cultural que les permitía acomodarse en casi cualquier lugar.

La conclusión del proceso fundacional (1560–1610)

La corona logró afianzar sus proyectos y su sistema de gobierno entre 1560 y 1610 aproximadamente. Estas fechas encierran acontecimientos variados y de gran complejidad, muchos de los cuales abrieron perspectivas inéditas para Nueva España. Así, en cierta medida, esta etapa deja ver un anticipo del futuro con más claridad que las anteriores. No obstante, lo que mejor define esos acontecimientos es el hecho de que, en conjunto, contribuyeron al cierre del proceso fundacional de Nueva España.

El principio de esta etapa estuvo marcado por el despegue de la expansión al Norte, o Tierradentro como se le llamó entonces. Su mayor incentivo fue el hallazgo de minas de plata, que rindió beneficios económicos inmediatos, aunque también estuvieron en juego intereses agrícolas y ganaderos. La posibilidad de que todo ello beneficiara a Nueva Galicia en menoscabo de la ciudad de México movió a los virreyes a elaborar sus propios esquemas de ocupación y a la creación en 1562 de un gobierno separado para las áreas más al norte de Zacatecas. Este gobierno, el *Reino de la Nueva Vizcaya* (equivalente en su origen a los actuales Durango, Chihuahua, Sonora y la mayor parte de

Sinaloa), guardó cierta apariencia de autonomía pero de hecho fue una extensión de la Nueva España propiamente dicha y salvaguarda de sus intereses. Hacia el mismo fin apuntó la creación de gobiernos separados para distinguir otras zonas ocupadas después conforme a los lineamientos del gobierno virreinal: Nuevo León y Nuevo México. Todas estas divisiones jurisdiccionales subsisten en lo esencial hasta hoy.

La incorporación política, social y económica de las áreas ocupadas durante la fase preliminar de la expansión al Norte tuvo por resultado inmediato el crecimiento de la parte medular de Nueva España. Lo significativo del caso es que estas áreas, originalmente ajenas al espacio mesoamericano, dieron forma en poco tiempo a la más dinámica —y a su tiempo la más rica— de las regiones novohispanas, la que se habría de conocer como el Bajío. Muchos de los numerosos asentamientos fundados en este lugar conformaron el modelo de la hacienda o empresa agropecuaria, que fungió aquí como elemento básico de la colonización.

La expansión estuvo acompañada de un frenesí de fundación de nuevas ciudades tanto en el Bajío como en el Norte: Durango (1563), Santa Bárbara (1567), Jerez (1569), Celaya (1571), Zamora (1574), Aguascalientes (1575), León (1576), Saltillo (1577), San Luis Potosí (1592), Salamanca (1602), Santa Fe (1609) y otras que con el tiempo perdieron importancia pero que aún subsisten. También hubo fundaciones hechas en estas partes del país por grupos indígenas provenientes de Tlaxcala y Michoacán a partir de 1591.

Con la irrupción de los españoles en el Norte se desató un nuevo ciclo de violencia, el cual, aunque de baja intensidad, fue el más dilatado que se vivió en la etapa colonial. Se trata de la *guerra chichimeca*, como se denominó a una sucesión de enfrentamientos con las tribus seminómadas de Tierradentro que actuaban de manera independiente y lanzaban incursiones aisladas. Esta situación tal vez no se hubiera dado de haber sido posible la reproducción del sistema de dominio establecido en el área mesoamericana, pero la enorme desigualdad cultural de las tribus frente a los españoles, la ausencia entre aquéllas de organización política estable y sistema tributario, la desmedida ambición de los nuevos ocupantes, y su interés por capturar a los nativos como esclavos (algo ostentosamente notorio en Nuevo León) impidieron lograr una solución viable. El gobierno trató de imponerse estableciendo puestos militares o *presidios*, lo que ayudó a lograr un poblamiento controlado pero también generó una mayor espiral de violencia. El conflicto sólo terminó cuando el virrey marqués de Villamanrique desarrolló una política de paz a partir de 1585, si bien para entonces muchas tribus habían sido extinguidas. Aun así, la violencia fue común en el Norte. No mucho tiempo después estallaron rebeliones que involucraron a las poblaciones norteñas sedentarias (como ocurrió con los acaxees en 1600 y los tepehuanes en 1616).

Estos años fueron desastrosos para la población indígena en general —no sólo la del Norte. Una tercera gran epidemia, probablemente de tifo (1576-1581), le dio el último golpe demográfico, dejando su cifra total en menos de dos millones y causando la destrucción final y definitiva de numerosos pueblos de las zonas bajas y costeras. La población aún habría de disminuir algo durante las décadas siguientes, para luego recuperarse de manera muy lenta. Pero los días en que el mundo de los españoles podía haberse visto ahogado por una abrumadora mayoría de población indoamericana quedaron atrás. Hacia 1600, y sin tomar en cuenta diferencias regionales, uno de cada cuatro o cinco habitantes de Nueva España eran españoles o estaban asimilados a su cultura. La proporción era mayor en Nueva Galicia, mas no en Guatemala, Yucatán y las provincias norteñas, donde la presencia española era comparativamente más tenue.

El descenso demográfico tuvo diversas consecuencias en otros ámbitos. La más llamativa fue el gradual desplazamiento de encomenderos, doctrineros y caciques, pues se vieron afectados en su poder y sus ingresos. Por lo que toca a los primeros, el relevo generacional hizo fácil desplazarlos de sus posiciones, tras lo cual el cobro de los tributos de casi todos los pueblos de indios pasó a manos del gobierno. Los frailes doctrineros (cuyas órdenes religiosas entraron en una fase de declive) fueron reemplazados gradualmente por clérigos seculares dependientes de los obispos. Los caciques, marginados y empobrecidos, no pudieron enfrentar el surgimiento de nuevos grupos de poder dentro de sus pueblos, y para principios del siglo XVII quedaron excluidos de la mayoría de los cuerpos de república.

Paradójicamente fue por entonces, sobre todo entre los años del fin de la conquista y la gran epidemia, cuando los frailes lograron la conclusión de sus espléndidas obras arquitectónicas (producto todavía de las circunstancias de la conquista) y el desarrollo de las expresiones artísticas asociadas a ellas: pinturas, retablos, esculturas, etc. Con el conjunto armónico de estas obras, erigidas en numerosos pueblos de indios del México Central (pero no en las tierras bajas, excepto en Chiapas y Yucatán), se abrió el primer capítulo de la brillante historia del arte colonial.

A todo esto, el gobierno central, favorecido por la disminución de los grupos que habían sido dominantes durante los años de la conquista, pudo consolidarse de manera definitiva y afirmar el predominio del virrey, las audiencias y otras autoridades representativas del proyecto de dominación de la corona. Así ocurrió, por ejemplo, con sus delegados en el ámbito local, que fueron los *corregidores* y los *alcaldes mayores*. Unos y otros (pues eran prácticamente lo mismo) reemplazaron de manera gradual a los encomenderos como enlace con los pueblos de indios y encargados del cobro de los tributos, o bien se situaron al lado de los cabildos españoles, mermando su autonomía. El control gubernamental del repartimiento de trabajo resultó ser una poderosa arma en el regateo político con los pobladores españoles.

La consolidación del gobierno central se apoyó también en varios acontecimientos importantes. Unos fueron de orden político, como el descrédito de los encomenderos tras una supuesta sublevación que involucró a Martín Cortés (hijo del conquistador) en 1566, o como el establecimiento, cinco años después, del Tribunal del Santo Oficio de la Inquisición, cuyo alcance en materia de control político e ideológico no era menor que el que tenía en materia de ortodoxia religiosa. No menos importante fue el incremento de la burocracia, como lo muestran la ampliación del personal de las audiencias en 1568, el establecimiento del Juzgado de Indios en 1592, y el del Tribunal de Cuentas en 1605. Otros acontecimientos, finalmente, fueron de orden económico, en particular la imposición en 1574 del impuesto de la *alcabala* (que gravaba las transacciones mercantiles, con excepción de las realizadas por la iglesia y los pueblos de indios) y otras medidas que fortalecieron los ingresos fiscales de la corona.

Al mismo tiempo se robusteció un cuerpo eclesiástico desligado de las condiciones de la conquista y controlado por el gobierno gracias a los privilegios otorgados por los papas a los monarcas españoles (lo que constituía el llamado *real patronato*). En este proceso fue significativo el fortalecimiento de catedrales y obispos gracias a la recaudación del diezmo, impuesto eclesiástico que gravaba la producción agrícola de los pobladores españoles y cuyo monto crecía conforme aumentaba el número de éstos. También fue significativa la llegada en 1572 de los jesuitas, quienes no intervinieron en la administración religiosa de la población nativa (excepto en el Norte) sino que se concentraron en la educación de los españoles y la creación de una elite intelectual.

En el terreno comercial se impuso un sistema cerrado y proteccionista que afectó tanto a Nueva España como al resto de las posesiones españolas en América. Su expresión más notable fue el condicionamiento del comercio trasatlántico a una vía exclusiva que, desde 1561, se organizó mediante el sistema de flotas, es decir, concentrado formalmente en un viaje único anual en el que los barcos navegaban juntos, escoltados por una fuerza armada, y con sus contenidos celosamente contabilizados y sujetos a varios impuestos. En Sevilla se organizó un gremio de comerciantes o *consulado*. Si bien el comercio nunca había sido libre, la imposición de las flotas lo hizo aún más restringido y costoso. En contrapartida, el contrabando se hizo apetecible. De manera paralela a lo anterior, y a partir del reinado de Felipe II (1556-1598), los españoles retomaron su viejo sueño de llegar al Asia a través del Pacífico. Finalmente lograron su meta, lanzándose desde el puerto de Navidad en 1564, abriendo una ruta practicable y estableciéndose en Manila en 1571. Con las Filipinas, que surgieron como dependencia de Nueva España, el comercio por el Pacífico adquirió nuevas dimensiones. Decenas de juncos chinos procedentes de Cantón llevaban a Manila especias, sedas y porcelanas que los españoles compraban con plata mexicana y embarcaban a Acapulco sirviéndose de un sistema de galeones anuales reglamentado por la corona.

Acapulco era también un punto de enlace con el comercio peruano y, como éste había llegado a ser casi tan próspero como el novohispano, los intercambios por el Pacífico tuvieron un crecimiento exponencial. A fines del siglo XVI su valor llegó a ser muy superior al de los que había entre Veracruz y Sevilla. Pero como esto competía con los intereses peninsulares, la corona procedió a limitar los intercambios de Perú con México y los prohibió en 1631. Ocho años después lo volvió a permitir pero con la condición de no transportar mercancías chinas.

En Nueva España el desarrollo comercial que se ha referido estuvo acompañado del nacimiento de una poderosa elite de mercaderes. Sus miembros, imitando a los sevillanos, organizaron su propio consulado en la ciudad de México en 1592. En sus manos quedó el manejo de los enlaces marítimos por ambos océanos, el control de las importaciones y, naturalmente, el de los precios. Se volvieron acaparadores de mercancías y dinero y su influencia política y poder económico crecerían constantemente. La corona fue inclinándose a prohibir en tierras americanas la producción de ciertos bienes de consumo (herramientas, vino, papel, textiles finos) con el aparente propósito de proteger a los manufactureros españoles, pero, en el fondo, no hacía sino ceder ante los intereses de los insaciables comerciantes. Éstos, no satisfechos con sus privilegios, aumentaban sus ganancias obteniendo beneficios adicionales del contrabando.

* * *

Los hechos anteriores dejan ver que las circunstancias de la conquista quedaban atrás y en su lugar aparecía un verdadero sistema de dominación colonial. Cobraba forma una política de explotación de recursos concebida globalmente y ajustada a las realidades, complejidades e intereses del mundo de los españoles, lejos de los ámbitos restringidos e inestables de conquistadores y encomenderos, lejos también de las preocupaciones que ponían a los indios en el centro de los proyectos e ideales americanos, como cuando se trazaron los lineamientos originales de la evangelización. La segunda mitad del siglo XVI vivió el traslape del feneciente mundo de la conquista, tan anclado en el pasado español como en el prehispánico, con las primeras manifestaciones de un orden esencialmente nuevo.

La personalidad de Nueva España descansaba en gran medida en muchas continuidades del pasado prehispánico, pero esto no significaba permanencia estática. Ya se habrá advertido la fractura de algunas de esas continuidades, como por ejemplo en la decadencia de los caciques. Por encima de ello, las transformaciones se iban acumulando para dar lugar a un mundo que, al iniciarse el siglo XVII, se había alejado notablemente de su pasado. Nueva España tenía tras de sí noventa años de una experiencia que, en lo esencial, y desde el punto de vista español, había sido un éxito. Los problemas frente al mundo prehispánico, como la sujeción política, el dominio económico, la convivencia física, la conversión religiosa y otros, no habían sido totalmente resueltos pero sí superados, y los inherentes a la situación colonial en sí, como aquellos que los españoles crearon y seguían creando entre ellos mismos, habían sido afrontados con medidas que permitían considerarlos, si no superados, al menos bajo control. Quienes sigan la perspectiva de una historia nacional podrán vislumbrar los rasgos esenciales de todo el conjunto del país que se haría independiente en 1821, especialmente si se toma en cuenta la expansión al Norte.

Es de destacarse la posición que Nueva España estaba ocupando en el mundo. Su producción de plata (al igual que la de Perú) se desparramaba no sólo por España sino por gran parte de Europa, pues su fin último estaba siendo el de cubrir las grandes deudas de la corona española y adquirir bienes que España, con un pobre desarrollo industrial, no sabía producir. Los efectos de esta derrama de metálico en la economía europea fueron enormes. Por otro lado, la plata novohispana también circulaba en China (donde las monedas mexicanas fueron de uso corriente hasta el siglo XIX) y alcanzaba, por otros circuitos comerciales, hasta India y otras partes de Asia. Cuando una embajada comercial japonesa llegó a México en 1610 con grandes expectativas todo parecía indicar que Nueva España, o al menos una parte de ella, se había ubicado en un punto clave del nuevo entramado que enlazaba al planeta: algo sorprendente si se toma en cuenta el aislamiento en que se había desenvuelto Mesoamérica unos cuantos decenios atrás. A mayor abundamiento, los intercambios mencionados no eran puramente comerciales sino que involucraban un considerable tráfico cultural, y esto incluía una relación estrecha con Perú. Pero Nueva España habría de toparse con la represión de sus impulsos justo cuando estaba a punto de tomar su lugar en un mundo cosmopolita.

No está por demás observar que España vivió más o menos al mismo tiempo un cambio sustancial. Una de las principales motivaciones de la corona al extender su aparato administrativo fue la de ampliar y hacer más efectiva la recaudación fiscal, asunto que adquiría mayor importancia conforme España, mal gobernada, continuamente en guerra, endeudada y empobrecida, trataba de reponerse del gran trauma de la derrota de su Armada Invencible frente a los ingleses en 1588. Varios críticos y reformistas sociales (los llamados *arbitristas*) propusieron y aplicaron diferentes principios de gobierno o "arbitrios" que trataban de evitar o al menos mitigar lo que estaba ya ante los ojos de toda España: el fin de su hegemonía imperial, compensado apenas por los brillos de su Siglo de Oro literario. La balanza de poder se inclinaba a favor de los países del norte de Europa. Para las posesiones americanas eso significaba, esencialmente, que tendrían que someterse a demandas económicas cada vez mayores.

EL PERIODO DE MADUREZ Y AUTONOMÍA, 1610-1760

El encuentro con el mundo exterior, 1610-1650

Con las tres etapas ya expuestas se cerró en la historia colonial lo que podemos llamar su proceso fundacional al tiempo que se veían nacer los elementos de una fase de madurez. Al inicio de ésta, y hasta la mitad del siglo, hubo una etapa de considerable efervescencia.

Era un hecho que holandeses (liberados recientemente de la dominación española), ingleses y franceses se estaban haciendo dueños de los mares. El nuevo equilibrio de poderes quedó en evidencia en 1621 con la creación de la Compañía Holandesa de las Indias Occidentales, que mantuvo en jaque a las naves españolas en el Atlántico y el Pacífico. La captura de una flota salida de Veracruz por la escuadra holandesa cerca de Cuba en 1628 puso de manifiesto la decadencia de España y se tradujo en grandes pérdidas para los comerciantes de México. En lo sucesivo, la inseguridad en las rutas marítimas se volvió un problema crónico.

Ante este panorama, los arbitristas, que en 1621 habían llegado al poder en la figura del conde-duque de Olivares (valido del rey Felipe IV), impulsaron un ambicioso programa de reformas para todo el imperio. Su ejecución en Nueva España fue encomendada a un virrey, el marqués de Gelves, a quien se confió la misión de lograr una mejor recaudación fiscal, combatir el contrabando y luchar contra los intereses creados. Pero este hombre carecía de tacto político y actuó con celo excesivo, desdeñando las perspectivas locales, cosa que lo enemistó con los grupos de poder más fuertes de Nueva España: la audiencia, el cabildo de la ciudad de México, el consulado, la jerarquía eclesiástica, etc. Cuando se enfrentó con el arzobispo su situación terminó siendo insostenible.

El desenlace fue un hecho extraordinario en la historia colonial: el virrey fue derrocado en 1624 mediante un golpe de estado orquestado por la audiencia, que aprovechó un momento crítico para expulsarlo violentamente del poder so pretexto de un motín popular. Lo significativo del acontecimiento es que dejó en claro que en Nueva España la política se manejaba según sus propias reglas y que, si bien era cierto que se había consolidado un gobierno central, éste distaba de ser un bloque sólido y omnipotente al servicio de la metrópoli. La autoridad del rey era reconocida, pero la realidad le imponía límites. Los españoles de Nueva España hacían valer sus puntos de vista y sus intereses. Había llegado el momento en que podrían dar curso, con expresión más moderna, a uno de aquellos proyectos de país que se hicieron en los tiempos fundacionales de Nueva España: el de los pobladores, aquél que buscaba una sociedad más abierta y libre, más semejante a la metrópoli y con mayor espacio para la acción de los cabildos, el clero secular, los agricultores, los mineros y los comerciantes.

La corona tuvo que aceptar los hechos porque de otro modo se arriesgaba a una pérdida mayor; además, tenía otras prioridades y para ellas necesitaba de la buena voluntad de las elites locales. Una de esas prioridades era consolidar la llamada *Unión de Armas*, esquema financiero mediante el cual se demandaba a las corporaciones más ricas del imperio que contribuyeran con fuertes sumas de dinero para ayudar a la corona. Asimismo se dispuso la formación de un cuerpo naval defensivo para el Caribe, la *Armada de Barlovento* (1635), cuyo sostenimiento fue impuesto al cabildo y los comerciantes de México. También se acrecentaron los *situados*, que eran subsidios para erigir fortificaciones y pagar cuerpos de defensa fuera del territorio novohispano.

Como resultado de estas medidas gran parte de la plata novohispana dejó de remitirse a Sevilla y, en cambio, se destinó al sostenimiento y defensa de otras posesiones españolas: Filipinas, Cuba, Santo Domingo, Jamaica, Florida. A fines del siglo XVII llegó a destinarse a este fin casi la mitad de los ingresos fiscales de Nueva España. La metrópoli compensaba su pérdida con las enormes remesas que le enviaba Perú, que por entonces vivía su momento de máxima riqueza.

Nueva España tuvo que acostumbrarse a vivir con los problemas que le acarreaba la debilidad de la metrópoli y a asumir el nuevo papel que ésta le asignó dentro de su imperio. Esto significaba, en concreto, que cabildos, comerciantes y otras corporaciones quedaban obligados a mantener sus bolsillos abiertos. Pero no les fue del todo mal, pues a cambio de ello supieron negociar privilegios nada desdeñables, asuntos en los cuales los acontecimientos de la gran política se mezclaron con asuntos de naturaleza local.

El más importante de éstos, por sus implicaciones políticas y por haber alterado brevemente el panorama económico de Nueva España, fue la inundación de la ciudad de México por cinco años a partir de 1629. Mantener la ciudad libre del agua mediante el drenaje adecuado de su cuenca era problemático. Se habían invertido grandes sumas de dinero en abrir túneles y canales, pero evidentemente no eran suficientes. La inundación dio lugar a agrias recriminaciones políticas (por ejemplo, se acusó al virrey derrocado de que en su afán de ahorrar había mandado suspender vitales obras de desagüe) y motivó demandas extraordinarias de repartimiento de trabajo (para concluir y ampliar esas obras) que afectaron a todos los pueblos de indios del centro de México. Se propuso mudar la ciudad a un lugar ligeramente más alto, a la orilla del antiguo lago, pero prevalecieron los intereses creados. Entre tanto, Puebla sacó ventaja al convertirse, si bien por breve tiempo, en el centro comercial y manufacturero más activo del país.

Consecuencia indirecta de la inundación fue que hizo insostenible el sistema de repartimiento de trabajo tal como existía desde 1549. Necesitado de mano de obra para las urgentes obras del desagüe, el gobierno tuvo que hacer varios ajustes en 1632, el principal de los cuales implicó excluir a los pobladores españoles de los beneficios del sistema. Ésta fue una decisión difícil para el virrey, pues perdía un arma que le había servido bien como elemento de presión (por ejemplo, años atrás, el cabildo de Puebla se había mostrado reacio a contribuir con la Unión de Armas, pero cambió de opinión cuando se amenazó a sus miembros con cortarles el repartimiento). Los pobladores en general se resintieron de momento, pero al final salieron ganando, pues se les abrió un mercado de trabajo liberado del control gubernamental justo en un momento en que, debido a la baja demográfica, la mano de obra era escasa y muy demandada.

Un último intento de saneamiento político se emprendió en 1640, poco antes de que el grupo reformista fuese desplazado del poder en España. El ejecutor del proyecto fue Juan de Palafox, obispo de Puebla investido en diversos momentos con los más altos cargos del gobierno civil, incluido el de virrey. Palafox enfrentó la complejidad de Nueva España con inteligencia y trató de buscar un equilibrio entre los intereses en juego, pero no pudo evitar enfrentamientos que forzaron su regreso a España en 1649. Su pleito con los jesuitas a propósito de las pre-rrogativas episcopales se convirtió en un auténtico escándalo político. Las resonancias del caso y sus efectos potencialmente desestabilizadores pusieron fin a lo que quedaba del afán reformador de la corona. Palafox, con su defensa del clero secular y lo que implicaba, había resultado ser el campeón del proyecto político y social de los españoles de Nueva España.

La penuria de la corona contribuía a este proceso. De haber un conflicto entre recaudación fiscal y otras consideraciones, aquélla era la que se tomaba como prioritaria. Así, la corona respaldó algunas prácticas de gobierno que le garantizaban ahorros administrativos y un ingreso seguro a pesar de ser discutibles en cuanto al propósito de combatir intereses creados o usos deshonestos. La más descollante de ellas fue la de vender oficios públicos, es decir, concesionar funciones de la administración civil o la hacienda pública, como, por ejemplo, las escribanías (o notarías públicas), la distribución del correo, el manejo de la casa de moneda, el cobro de tributos (o sea, el oficio de corregidores y alcaldes mayores) y la recaudación de alcabalas (que estuvo por mucho tiempo concesionada al cabildo de México y luego al consulado). También se pusieron en venta los cargos de los propios cabildos, a veces de por vida. Los oficios se ofrecían al mejor postor, y obviamente su precio variaba según las posibilidades de obtener de su ejercicio mayor o menor provecho, o posiciones de prestigio. La práctica abrió la posibilidad de que familias novohispanas consolidaran su posición y vieran crecer su injerencia en los asuntos del gobierno.

Así, esta etapa vio el ascenso gradual de españoles nacidos en Nueva España a posiciones de influencia y poder en diversos cargos de la administración (aunque sólo por excepción en los más altos), y desde luego también a la riqueza. Es cierto que la calidad de español se tenía por la sangre o herencia y no por el lugar de nacimiento, pero fue natural que los *peninsulares* difirieran en sus puntos de vista e intereses de los *americanos* o *criollos* (concepto que no excluía a individuos con variadas proporciones de sangre mestiza). Los primeros gozaban de ventajas para ganar o comprar las posiciones más provechosas, aunque no siempre, y la incapacidad de España para ejercer una autoridad irrestricta dio a los segundos, por entonces, gran libertad de acción.

Esta etapa también se distinguió por su florecimiento cultural. Su fundamento se hallaba en la consolidación de diversos colegios (especialmente los jesuitas) y la universidad, así como en la disponibilidad de caudales destinados a costear la edificación de catedrales, parroquias y residencias urbanas, la hechura de pinturas y esculturas, la composición de piezas literarias y musicales, etc. Quedaba atrás el ámbito mayormente rural del arte de la conquista y en su lugar aparecían las manifestaciones de un arte urbano. Dentro de este proceso descollaron diversas manifestaciones de mestizaje cultural, entre las que cabe destacar la obra histórica de Fernando de Alva Ixtlilxóchitl (anterior a 1625), que ensalzaba el pasado prehispánico y que en su espíritu se venía a sumar a piezas poéticas un poco más antiguas, como la *Grandeza mexicana* de Bernardo de Balbuena, que cantaba las bellezas y valores de Nueva España. Un aspecto adicional de la identidad novohispana puede encontrarse en la proliferación durante el siglo XVII de conventos de monjas, cuyas órdenes, a diferencia de las masculinas, eran puramente contemplativas y de total reclusión.

Finalmente, no debe olvidarse el avance hacia el Norte, que recibió nuevo impulso en 1631 tras el descubrimiento de minerales de plata en Parral. Gran parte de la expansión de esta época fue orientada hacia Sinaloa y Sonora mediante la fundación de *misiones*, establecimientos promovidos por franciscanos y jesuitas cuyo objetivo era lograr el reacomodo y la conversión de las poblaciones nativas de las áreas nuevamente ocupadas. Las misiones se basaban en la consolidación de un asentamiento fijo y trataban de reproducir en cierta medida la organización de los pueblos de indios del centro del país. Algunas lograron su propósito, pero otras no pudieron subsistir o hubieron de recurrir a la fuerza para mantener a sus neófitos; también enfrentaron situaciones de rebelión, como ocurrió con los tarahumaras en 1648. Al mismo tiempo se fundaron en el Norte nuevos presidios o puestos militares y asentamientos civiles.

* * *

Nueva España entró en su etapa de madurez con varios rasgos distintivos. Para empezar, ninguna de las piezas que la corona colocó en la estructura del poder poseyó toda la autoridad requerida para mover los hilos de su política. Cierto que el gobierno central se había consolidado, pero las competencias y jurisdicciones de virreyes y audiencias nunca quedaron definidas del todo, sino que se traslaparon, e igualmente hubo puntos de conflicto con las autoridades eclesiásticas y la inquisición al igual que con los cabildos. La fragmentación de la autoridad había estado presente desde los días de Cortés, pero se acentuó como consecuencia de las complicadas y contradictorias disposiciones jurídicas que daban forma (o, más bien, medio daban forma) a las instituciones de gobierno. Por si esto fuera poco, la corona disponía de cuando en cuando una *visita*, procedimiento que implicaba el envío de un funcionario directamente de España con instrucciones más o menos amplias de supervisión. Nunca quedó del todo claro si los visitadores podían o no ponerse por encima de otras autoridades. Palafox, por ejemplo, fue visitador y al mismo tiempo virrey. A todo ello debe sumarse lo difuso de los linderos y términos jurisdiccionales. El resultado fue un sistema de pesos y contrapesos que permitía que afloraran las diversas tendencias u opiniones y dejaba al descubierto los intereses, reconociendo la autoridad suprema pero a la vez distanciándose de ella.

La corona no había encontrado en Nueva España terreno

ideal para instaurar el gobierno que más le convenía. Cuando, según lo demandara la ocasión, tenía que imponerse un poco por aquí y ceder otro poco por allá, el resultado no era siempre el deseado. Pero tampoco era un desastre. El sistema de pesos y contrapesos le convenía: no en balde conservó pacíficamente sus posesiones por tan largo tiempo.

En primer lugar, tal sistema no era producto de un accidente sino que derivaba de la concepción dominante del ejercicio del poder en el mundo hispánico, en el que la autoridad se afianzaba en la justicia más que en la acción ejecutiva. Impartir justicia era la potestad suprema del rey, y sus representantes y delegados —desde los virreyes hasta los corregidores y alcaldes mayores— participaban de esa función en sus respectivos ámbitos. Por ello era común llamarlos también *jueces*. La legislación se acomodaba a los casos particulares y daba a los funcionarios un amplio margen de discreción para aplicarla. Los posibles (y frecuentes) excesos de éstos tenían un freno en la práctica de los *juicios de residencia*, mediante los cuales todos los representantes de la corona, incluidos los virreyes, estaban sujetos a una censura pública al término de sus periodos de servicio. Muchos fueron multados fuertemente por sus faltas o abusos; otros lograron evadir los castigos. A pesar de sus imperfecciones, el sistema pocas veces dio lugar a episodios de tiranía, y cuando los hubo fueron solucionados con relativa prontitud.

En segundo lugar, el sistema de pesos y contrapesos hacía innecesaria la peligrosa y costosa opción de un régimen autoritario basado en una fuerza armada, cosa que, por lo demás, España no podía proveer en un imperio tan vasto como el suyo. El razonamiento que había detrás de esto no era diferente del que desembocó en el sistema de dominio indirecto sobre los señoríos prehispánicos.

Debe tomarse en cuenta que la concepción prevaleciente de la sociedad en el mundo hispánico de esos años ponía énfasis en la asociación corporativa. Los individuos adquirían relevancia en función de su pertenencia a un cuerpo, y era por medio de alguno que entraban en el juego político. Nueva España llegó a su periodo de madurez al tiempo que sus muchas corporaciones se habían asentado sólidamente y habían acotado sus respectivos espacios de acción: la audiencia, los cabildos, el consulado, las órdenes religiosas, los pueblos de indios, la universidad, los gremios de artesanos, etc. Cada corporación, con plena personalidad legal, representaba y defendía los intereses de su grupo y, al igual que la corona misma, se veía a veces obligada a ceder en algunos puntos para ganar en otros. Naturalmente, dentro de las corporaciones había también posiciones divergentes, y cada una era como un microcosmos de la sociedad mayor. En Nueva España las principales divergencias dentro de las corporaciones se empezaron a vivir, desde el siglo XVII, entre criollos y peninsulares.

El juego político favoreció los intereses criollos en la medida en que se hicieron valer en las corporaciones de mayor peso. También les sonrió el panorama económico. La Nueva España de la primera mitad del siglo XVII vivía años de florecimiento y recogía el fruto de lo sembrado —o, al menos, los españoles lo hacían. La minería experimentaba crecimiento sostenido, y de la exitosa introducción de ganado, trigo y otras especies se había pasado a actividades manufactureras de raíz europea. Gran número de molinos de trigo producía enormes cantidades de harina y disparaba el consumo de pan en toda la sociedad novohispana, al tiempo que decenas de trapiches e ingenios proveían de abundante azúcar. Los *obrajes*, establecimientos dedicados a la producción de tejidos, especialmente de lana, rebasaban el centenar y tenían en promedio alrededor de cincuenta trabajadores cada uno. Fundadas en todo esto, las sumas más grandes de dinero estaban ligadas a la actividad económica dominante de Nueva España: el comercio y, sobre todo, el comercio ultramarino. A muchos pueblos de indios tampoco les iba mal, porque se beneficiaban (relativamente) de su inserción en los nuevos circuitos mercantiles, obteniendo buenos precios por sus productos (en especial la grana cochinilla) o controlando parte de las actividades relacionadas con la arriería y el transporte.

Frente a este panorama hay que contrastar la penuria de la corona. Conforme se veía envuelta en mayores dificultades económicas sus intereses se estrechaban: el resultado fue que la obtención de dinero quedó por encima de todo. Por medio de impuestos, contribuciones extraordinarias y venta de oficios la metrópoli obtuvo, ciertamente, ingresos considerables y seguros, pero también tuvo que enajenar parte de su poder —ese mismo poder tan trabajosamente obtenido limitando la acción de encomenderos, doctrineros y caciques durante el siglo XVI— en favor de una burocracia de nivel medio dominada por comerciantes, cabildos y, en general, las oligarquías locales. Así, el gobierno pagó un precio por su consolidación: el de permitir un amplio reparto del poder, el cual, desde la perspectiva novohispana, se manifestaba en un considerable nivel de autonomía. Si esto se combina con la realidad de una España dependiente de sus posesiones americanas para mantener su debilitada posición en el escenario mundial, el balance resulta bastante favorable para Nueva España —o al menos para sus privilegiadas elites.

El florecimiento y sus límites (1650-1715)

Nueva España experimentó una serie de desarrollos de gran complejidad que se hicieron manifiestos de manera muy particular a partir del segundo cuarto del siglo XVII aunque algunos ya se venían perfilando desde los años anteriores. Esta etapa de la historia novohispana arroja muestras de auge indiscutible, pero también el encuentro con un límite.

Debe anotarse como rasgo de esta etapa —al mismo tiempo que como continuación de la anterior— el arraigo y desarrollo de una identidad propia en la que, por un lado, se cultivaron con éxito modalidades locales de la cultura europea, como en la literatura y la música polifónica, y, por otro, se crearon formas y estilos artísticos inconfundiblemente novohispanos, como en la arquitectura. La poetisa sor Juana Inés de la Cruz, cuya producción literaria se concentró en los años de 1680 a 1695, alcanzó a ser una figura de primer orden en la literatura castellana y, aunque nunca salió de México, sus valores se reconocen como universales hasta el día de hoy. La producción musical fue fomentada con entusiasmo por los cabildos eclesiásticos. A la magnificencia de la arquitectura contribuyó el dinamismo de los centros urbanos, que en su mayoría acumulaban varios decenios de estabilidad y crecimiento. La iglesia secular reclamó los sitios más privilegiados en todos y cada uno de los espacios habitados y se hizo presente con nuevos planteamientos arquitectónicos, siempre de inspiración barroca, que compitieron en esplendor con los antiguos (y ya casi abandonados) conventos de los frailes mendicantes. Es evidente que la religión dominaba —y limitaba— el panorama cultural, pero también hubo muestras nada desdeñables de saber científico, especialmente en la minería, la cosmografía y las matemáticas, de lo que dan fe, entre otras, las obras de fray Diego Rodríguez y Carlos de Sigüenza y Góngora.

También fue durante esta etapa cuando alcanzaron individualidad o llegaron a su madurez otros elementos culturales que se pueden definir como novohispanos y, ya desde la perspectiva actual, como netamente mexicanos: la cocina, el vestido, el mobiliario, el lenguaje, la música popular, la danza, etc. En todo ello operaron procesos de mestizaje cultural que involucraron mayoritariamente precedentes prehispánicos y españoles, pero también asiáticos y africanos (que se mostraban, por ejemplo, en el extendido uso de sedas y marfiles, en la cerámica poblana y los fuegos de artificio, en el gusto popular por la canela, o en ciertas expresiones musicales). Muchos de los esclavos de origen africano habían sido asignados al servicio doméstico y eso daba un tono especial a la vida urbana. Estos fenómenos culturales operaron en varios sentidos. Así, por ejemplo, el náhuatl de mediados del siglo XVII ya se había distanciado en muchas de sus formas expresivas de su antecedente prehispánico. Otros fenómenos tuvieron un componente ambiental: la expansión de la ganadería, por ejemplo, no sólo había provocado una revolución cultural (pues el uso de la lana y el consumo regular de carne cambiaron el vestido y la dieta de casi toda la población indígena), sino que los animales, con sus detritus, contribuyeron a modificar de manera permanente algunos de los agrosistemas.

La particularidad de la cultura novohispana también se dejó ver tras el auge de varios cultos religiosos, especialmente los dedicados a diversas advocaciones marianas. De entre todos, ninguno descolló tanto como el de la virgen de Guadalupe, sobre todo desde 1648, cuando se le empezó a difundir por toda Nueva España a partir de su santuario original en las inmediaciones de la ciudad de México.

En el terreno económico debe anotarse, por un lado, la expansión de los rasgos señalados para la etapa anterior y, por otro, la consolidación de un mercado libre de trabajo —desligado de las prácticas tributarias— en beneficio de empresas agrícolas manejadas por individuos españoles o por corporaciones como los conventos o los colegios jesuitas —que se hicieron grandes propietarios. Detonadores de este proceso fueron la ya referida reforma del repartimiento en 1632 y la creciente difusión de la moneda. Los trabajadores, procedentes en su mayoría de los pueblos de indios, empezaron a ofrecer sus servicios a cambio de una paga. Los productos agrícolas entraron en circuitos de mercado amplios y competidos, igualmente ajenos a los esquemas tributarios derivados de la conquista.

Estos acontecimientos estuvieron ligados a la conformación final y proliferación de las haciendas. En su forma definitiva, las haciendas fueron una combinación de propiedad raíz, empresa agropecuaria y asentamiento fijo de población. A diferencia de sus predecesoras de etapas más tempranas, su rasgo esencial ya no fue tener trabajadores esclavos (aunque algunas de ellas los tuvieron) o estar asociadas a procesos de colonización, sino que dependieron de trabajadores libres y se entremezclaron con los pueblos de indios en las regiones centrales del país. Estas nuevas haciendas, que habrían de figurar como uno de los elementos más característicos del medio rural novohispano, se consolidaron a medida que mucha población libre, usualmente de sangre mestiza, buscaba un lugar donde asentarse, o que gente de los pueblos de indios prefería abandonarlos (temporal o permanentemente) por la conveniencia del trabajo o para librarse del tributo. Así, se establecían como *peones*, es decir, trabajadores asalariados residentes en los terrenos de esas empresas y relativamente protegidos por ellas (pues por entonces la mano de obra era escasa y valiosa). Simultáneamente, los propietarios procuraron ampliar la superficie de sus posesiones comprando o alquilando tierras a los pueblos vecinos. Entre ellos y las haciendas se estableció una relación que durante un centenar de años se mantuvo en relativo equilibrio.

Aunque las haciendas solían tener una base territorial amplia, no todas las haciendas eran grandes propiedades. Su valor estaba en la producción tanto como en la tierra. Y tampoco todas las propiedades rurales eran haciendas. Los propietarios, por su parte, constituían un grupo no menos heterogéneo. Entre los más modestos se contaban pobladores de medianos recursos y ciertos clérigos, casi todos criollos y mestizos (era difícil hacer la distinción entre ellos), pero al grupo se sumaban también algunos caciques de pueblos de indios. En el otro extremo de la escala estaban comerciantes y mineros acaudalados (criollos y peninsulares) que cerraban su círculo de negocios con la posesión de cinco o seis grandes haciendas, y las corporaciones eclesiásticas —órdenes religiosas (excepto los franciscanos), colegios jesuitas, conventos de monjas— que se habían hecho de numerosas propiedades a base de compras y, sobre todo, donaciones piadosas. Estas instituciones también se estaban haciendo de infinidad de fincas urbanas, y sus cuantiosos capitales les permitían ejercer funciones crediticias. Una cantidad cada vez mayor de propiedades rurales estaba hipotecada a su favor.

En contraste con estas historias de expansión, los pueblos de indios de casi todas las regiones novohispanas entraron en una fase de fragmentación política a partir de mediados del siglo XVII. Los pueblos, herederos de los señoríos prehispánicos pero ya desligados de sus caciques, tendieron a dividirse conforme sus distintas secciones o dependencias (sujetos y barrios) empezaron a desconocer a los cuerpos de república establecidos y reclamar el derecho a crear los suyos propios, reproduciendo en miniatura los rasgos corporativos de la unidad original. El gobierno no objetó la práctica, y el resultado fue que llegó a haber tanto como cinco o seis diminutos pueblos de indios donde cien años atrás hubo sólo uno. Aunque en este juego muchas localidades vieron satisfechas algunas de sus necesidades inmediatas o circunstanciales —por ejemplo, mayor seguridad en su propiedad corporativa—, el proceso anuló cualquier relevancia política que los pueblos pudieron haber conservado, y es una muestra adicional de cuán lejos habían quedado en el pasado las condiciones de la conquista.

Para los pueblos de indios no era fácil hallar el acomodo ideal en un entorno que cambiaba tanto. La segunda mitad del siglo XVII se vio marcada por varias conmociones atribuibles a vicios y abusos en el ejercicio del gobierno, carestía, acaparamiento y otros males del mismo jaez. Lo más notorio fue la expansión de una práctica en que incidieron muchos de los corregidores y alcaldes mayores: el llamado *repartimiento de mercancías*, que consistía en la venta forzada (y a precios inflados) de toda clase de productos entre los habitantes de los pueblos de indios. A veces esto implicaba también explotación descarada del trabajo, como cuando se forzaba a la población a comprar hilo para luego obligarla a vender (a precios mínimos) piezas de tela. La práctica fue tolerada hasta cierto punto como una más de las cargas tributarias que sufrían los pueblos, y se le llegó a aceptar como el modo de remunerar a estos funcionarios (que prácticamente no recibían sueldo, o bien habían comprado el oficio). Pero aun los abusos tienen un límite socialmente aceptable, y cuando éste se rebasaba surgía la protesta en todas sus formas. Aunque de ninguna manera privativos de esta etapa, durante ella se vivieron revueltas regionales (Tehuantepec, 1660) y motines urbanos (México, 1692) relativamente violentos y de considerable repercusión política. El bandolerismo, antes casi desconocido, se enseñoreó de los caminos.

Si bien en un contexto diferente, abusos de poder comparables motivaron el gran alzamiento de los pueblos de Nuevo México en 1680, a resultas del cual los españoles fueron expulsados de la provincia y no pudieron regresar a ella sino diez años después. Cierto que Nuevo México era una región marginal, pero el acontecimiento fue muy significativo: marcó el primer revés de la hasta entonces briosa expansión al Norte y, además, el inicio de unos años en que el imperio, por razones muy diferentes, sufrió otros golpes no menos duros.

Los franceses, por entonces enemigos de España (pues acababan de terminar una guerra de cinco años y pronto empezarían otra), estaban incursionando con ímpetu en Norteamérica. En 1685 un punto de la costa texana fue ocupado por una trágica expedición francesa cuyos integrantes perecieron al poco tiempo. Como la corona se había vuelto sumamente susceptible frente a lo que ocurría en esta parte del continente, su respuesta fue inmediata. Implicó, entre otras medidas, un avance sobre Coahuila (de lo que resultó la fundación de Monclova en 1689) y el refuerzo de varios establecimientos militares. Pero nada de esto pudo evitar un hecho cuya enorme trascendencia se comprendería años después: la fundación de la colonia francesa de la Luisiana. España pudo compensar este golpe con la ocupación de Baja California, promovida por los jesuitas a partir de 1697 con el exclusivo fin de extender sus misiones, empresa en la que obtuvieron magros resultados.

Si el balance de la situación en el Norte era preocupante para la corona, más lo era el que arrojaba la creciente actividad de ingleses, franceses y holandeses. Éstos se adueñaban del Caribe valiéndose de sus piratas o corsarios, quienes, entre otras embestidas, atacaron Veracruz y Campeche a sangre y fuego en 1683 y 1685. Ni los dineros de los situados ni las débiles defensas españolas pudieron evitar que los ingleses tomaran Jamaica en 1655 y que, apoyados en esta base, ocuparan cinco años después una extensa zona del oriente de Tabasco (alrededor de la Laguna de Términos, donde permanecieron hasta 1716), así como Belice, que no habrían de abandonar. Su breve ocupación de La Habana en 1692 causó enorme zozobra. Los descalabros españoles apenas se compensaron con el sometimiento en 1697 de un reducto maya que había permanecido prácticamente independiente en Tayasal, en el corazón del Petén.

* * *

El hecho de que Nueva España despidiera el siglo XVII con un par de asentamientos ingleses dentro de sus costas era muy significativo. Tal intromisión, inimaginable cien años atrás, reflejaba la decadencia del poder marítimo español y el ascenso de sus enemigos. Nueva España, por otra parte, había llegado a su madurez al tiempo que salía del aislamiento en que había vivido encerrada durante su fase fundacional. Los acontecimientos del mundo exterior le afectaban directamente.

Pero no demasiado. Las intromisiones inglesas perturbaban una parte del país que había quedado casi despoblada desde fines del siglo XVI y, además, Nueva España había orientado su expansión e intereses hacia el Norte, distanciándose del mundo centroamericano y aun de Yucatán. Si se veía involucrada en los asuntos del Caribe era por exigencia de la corona. Más traumáticas fueron la temporal pérdida de Nuevo México y la proximidad de los franceses en los litorales del Noreste, acontecimientos que motivaron respuesta inmediata y decidida. Todo lo dicho, sin embargo, afectaba a la periferia, mas no al centro de Nueva España, y eso marcaba una gran diferencia.

A pesar de su creciente relación con los sucesos del mundo exterior, Nueva España había llegado a su madurez como un país concentrado en su interior y rodeado de un contorno virtualmente cerrado. Costas y litorales quedaban fuera de toda posibilidad de intercambio marítimo con excepción de Veracruz, Campeche y Acapulco. Un elemento adicional que desalentaba la vida frente al mar era el justificado temor a los piratas.

Nueva España se había desentendido notablemente de su frente oriental: Tabasco, Yucatán, la frontera con Guatemala. La ya mencionada ocupación inglesa de Belice y la Laguna de Términos fue vista como un percance que no merecía una acción punitiva. Los lazos comerciales con Guatemala (que desde su fundación como gobierno separado incluía a Chiapas), importantes hasta bien entrado el siglo XVII, tendieron a decrecer. La región costera del Soconusco, casi deshabitada desde las últimas epidemias, fue objeto de disputas jurisdiccionales que prácticamente nadie se ocupó de resolver. En Yucatán, entre tanto, se acentuaban los rasgos particulares que hacían de esa provincia una entidad virtualmente separada. Estaba supeditada a México en materia judicial y eclesiástica, y su gobierno reconocía teóricamente subordinación al virrey, pero los asuntos yucatecos se manejaban con total autonomía y, llegado el caso, se trataban directamente en España. La economía de la provincia era muy cerrada y había conservado estructuras muy arcaicas, entre las cuales destacaba la encomienda. El gobierno virreinal rara vez se mostró interesado en estos asuntos.

Las fronteras exteriores del Norte (que en esta época se designaba usualmente con el nombre de Septentrión) permanecían completamente indefinidas y se extendían por un espacio casi vacío. Las primeras irrupciones de los indios atapascanos del norte del continente —los llamados apaches— fueron otra fuente de preocupación. El gobierno gastó mucho dinero en organizar distintos esquemas de control. En medio de un sinnúmero de proyectos para la reorganización y defensa del Septentrión se privilegió el tendido de una cadena de presidios o establecimientos militares de Texas a Sonora, de lo cual se obtuvieron resultados muy discutibles debido, en gran medida, a la escasez y falta de preparación del personal que debía mantenerlos. A pesar de sus fallas, estos ensayos contribuyeron a formar la experiencia de individuos que un poco después ayudarían a alimentar los cuadros de oficiales en el ejército y ocuparían importantes puestos de gobierno. La familiaridad con el Septentrión y el interés en sus problemas y circunstancias habría de dejar una marca importante en Nueva España durante los tiempos por venir.

Pero con todo y su creciente importancia el Septentrión no dejaba de ser todavía un espacio casi tan marginal como las costas y el frente oriental de Nueva España. Ésta, cabe repetir, era un país volcado hacia su interior. Todas las ciudades importantes, las regiones dinámicas, la actividad económica, las vías de comunicación, las manifestaciones artísticas, la riqueza, la gente, se concentraban en el altiplano del México Central. Esta configuración general del espacio novohispano, creada durante el siglo XVI y consolidada durante el XVII, domina aun hoy la geografía del país. Hay razones climáticas y ambientales que explican parcialmente el hecho, que en buena medida también proviene de la fundación original de Nueva España en el sitio de México-Tenochtitlan, pero no es menos importante el que la corona construyera deliberadamente un sistema comercial sumamente restrictivo y una frontera cerrada.

Tales eran las líneas generales del mapa de Nueva España, que en su haber tenía ya casi dos siglos de existencia y un centenar de años vividos en su fase de madurez. Mirando a lo particular, y sobre todo a su parte medular, podían verse ya claramente dibujadas las regiones que la experiencia colonial había creado. Algunas reproducían con pocas variantes los sistemas espaciales heredados del pasado prehispánico, como ocurría en la Mixteca Alta y muchas de las zonas serranas, pero otras eran netamente coloniales en su origen y desarrollo, como el Valle de Puebla. De éstas, ninguna fue tan conspicua y dinámica como el Bajío, que había nacido de los primeros avances hacia el Septentrión pero se integró pronto a la parte medular del país. A principios del siglo XVIII el Bajío era la región con mayor crecimiento demográfico, mayor desarrollo urbano, mayor producción agrícola y mayor dinamismo social, lo que la haría figurar de manera cada vez más prominente en la historia de Nueva España.

Los atisbos del periodo final (1715-1760)

El cambio dinástico en España ocurrió cuando su trono, sin heredero, pasó de la casa de Austria (o de Habsburgo) a la de Borbón, misma que reinaba en Francia: el nuevo rey de España, Felipe V, era nieto de Luis XIV. El acontecimiento provocó gran conmoción en España, pero en México el curso normal de los asuntos se alteró poco, o al menos no de una manera inmediata o evidente. Sólo después de unos años, hacia 1715, se pudo advertir que llegaban tiempos nuevos. A la configuración de una etapa más de la historia novohispana —la última a considerar en este capítulo— contribuyeron también ciertos sucesos de la política europea.

La afinidad dinástica entre España y Francia no borró la desconfianza entre ambas naciones pero sí aseguró una convivencia estable. En cambio, la relación con Inglaterra fue tortuosa y condujo a varias guerras, empezando por la muy prolongada que involucró a este país en los conflictos por la sucesión española. El tratado de Utrecht, por el que se puso fin a esta guerra en 1713, sancionó la permanencia de la casa de Borbón en España, pero la obligó a hacer varias concesiones comerciales en favor de los ingleses. Éstos obtuvieron, a partir de entonces, un *asiento* o derecho exclusivo a llevar esclavos africanos a América.

En España se quiso aprovechar la situación para hacer algunas reformas al rígido sistema que gobernaba el comercio trasatlántico. El control del tráfico marítimo se mudó de Sevilla a Cádiz y se impusieron algunos arreglos en el sistema de flotas; adicionalmente, para mayor control de sus movimientos, se dispuso la celebración de ferias comerciales anuales que coincidieran con la llegada de los convoyes a tierras americanas. La feria novohispana se celebró en Jalapa a partir de 1728. Pero estas medidas fueron bastante superficiales y no ofrecieron una respuesta efectiva ante un hecho que año con año se hacía más patente: los ingleses aprovechaban la ocasión que les brindaba el asiento de esclavos (que en Nueva España nunca rebasó modestas proporciones) para introducir géneros europeos y establecer contactos que les permitieron iniciar lo que rápidamente se convirtió en un bien organizado sistema de contrabando. Con ello se llevaban una buena tajada del comercio con las posesiones españolas en América. Las excesivas restricciones comerciales impuestas por la metrópoli habían creado en Nueva España un terreno fértil para estas actividades.

Una nueva guerra con Inglaterra en 1739 tuvo consecuencias más directas en el terreno comercial, entre las cuales cabe destacar la paralización de las flotas hasta 1754. Lo más trascendental de este hecho fue que, a falta de flotas, el comercio se hizo de manera exitosa en barcos sueltos llamados *navíos de registro*, con los cuales se estableció un precedente que habría de servir, algunas décadas más tarde, para fundamentar la gradual liberación del tráfico mercantil.

Las cuestiones comerciales no fueron las únicas que reflejaron las nuevas circunstancias. La corona emprendió a partir de 1714 una reorganización de las agencias de gobierno encargadas de manejar los asuntos americanos. Durante los siguientes veinte años los destinos de Nueva España fueron encomendados a dos virreyes sucesivos (los marqueses de Valero y Casafuerte) que lograron un gobierno estable, bien coordinado, y gradualmente más eficiente. Otros virreyes posteriores fueron por lo regular gente más capacitada que el promedio de sus predecesores. También hubo cambios notables en el estilo y el lenguaje del gobierno, y puede hablarse de una mayor burocratización.

Un hecho de gran importancia fue el establecimiento del Tribunal de la Acordada en 1719. Con él se formó el primer cuerpo policial efectivo del país, explicable como la respuesta al alarmante número de salteadores que asolaban los caminos de Nueva España. Su mayor significado, sin embargo, radica en haber sido la primera muestra concreta de una nueva filosofía de gobierno que ponía énfasis en la efectividad de una autoridad superior y en la necesidad de proveerle los medios necesarios para hacerse valer. Cabe anotar que en Nueva España las únicas fuerzas armadas existentes hasta este momento eran la guardia del virrey y diversos cuerpos de milicias locales, algunos eventuales y otros organizados de manera más permanente, cuyo fin era el de defender las costas y las fronteras norteñas (o al menos aparentarlo). Ninguno estaba compuesto por militares de profesión ni mucho menos existía la estructura jerárquica y organizada propia de un ejército moderno.

Otro acontecimiento relevante fue la epidemia de tifo, o *matlazáhuatl*, que abarcó de 1736 a 1739, menos mortífera que sus precedentes del siglo XVI pero más extendida geográficamente como consecuencia del mayor intercambio de personas y bienes. La epidemia no fue tan intensa como para revertir la tendencia demográfica, que iba en ascenso desde mediados del siglo anterior, pero fue muy significativa por sus consecuencias económicas y porque dio pie a una intervención oficial con diferentes proyectos sobre el mejor modo de controlarla, lo que puede tomarse como uno más de los primeros ejemplos de la actitud cambiante o modernizadora del gobierno.

Conviene anotar que hacia 1750 la población de Nueva España era algo superior a los cuatro y medio millones de habitantes, de los cuales la mitad o algo más estaban ligados a los pueblos de indios (es decir, los matriculados como tributarios y sus dependientes) y el resto era básicamente población criolla o mestiza (o mulata y de combinaciones diversas, a la que ya era común denominar gente de *casta*). Dentro de esta cifra, las dimensiones de ciertos grupos particulares no eran muy grandes. Los individuos de origen africano, incluidos esclavos y libertos, rondaban los 10 000 en total, y los españoles peninsulares no rebasaban en un momento dado la cifra de 20 000. En ciertas áreas, en particular el Bajío, Nueva Galicia y el Norte, los mestizos constituían la mayoría.

Con la creciente presencia de mestizos y mulatos en el medio rural se vivió un aumento significativo en el número de pobladores libres que también eran pequeños propietarios (es decir, no tributarios y no incorporados ni en los pueblos de indios ni en las haciendas). Por lo común se les conocía con el nombre de *rancheros* debido a su asentamiento original en *ranchos* o localidades pequeñas e informales. Algunos se acomodaban como arrendatarios de tierras de las haciendas. En ciertos casos, estos rancheros, dándose cuenta de las ventajas legales de formalizar sus asentamientos, se organizaron corporativamente como pueblos de indios —aunque ni su composición social ni su historia fueran afines a la de los antiguos y verdaderos pueblos de indios. Comoquiera que fuese, su presencia cada vez más importante estaba produciendo algunos cambios en la estructura social, cada vez más compleja, del medio rural.

En esta etapa de la vida novohispana fueron muy llamativos los acontecimientos del Norte, y no sólo por los auges mineros que se comentarán más adelante. Debe resaltarse el apogeo de la actividad misionera, con los jesuitas principalmente en Sonora y los franciscanos en Texas (colonizado de manera definitiva a partir de 1715). Aparte de sus funciones religiosas y de organización política local, algunas de las misiones llegaron a consolidarse como localidades estables y relativamente populosas, y como tales alentaron la inmigración de pobladores diversos que se instalaron en sus inmediaciones (algo con lo que los misioneros nunca simpatizaron). Las redes de intercambio se hicieron más densas y frecuentadas, y en ellas participaron diversos grupos de yaquis, ópatas, tarahumaras y otros al lado de una población mestiza de ascendencia muy variada y con gran movilidad social.

También importante para el Norte fue la ocupación de Tamaulipas o Nuevo Santander a partir de 1748, que merece individualizarse por dos razones. La primera es que con ella se llenó uno de los grandes espacios que la expansión aún no había penetrado, sembrándolo de pequeñas poblaciones. La segunda, y más significativa, es que en Tamaulipas se inauguró un nuevo modelo de colonización, ejecutado bajo el control del gobierno, planificado con rigor y organizado con lineamientos casi militares: un ejemplo más del espíritu innovador con que las autoridades abordaban sus proyectos.

Con todo, la densidad de población en el Norte permaneció muy baja, y grandes latifundios tomaron el control de extensísimas zonas desocupadas. Entre todas estas circunstancias habría de cobrar forma un patrón cultural que es lo que, con el tiempo, se ha entendido como una forma de vida típicamente norteña, distinta en algunos aspectos de la del centro del país. Pero una generalización como ésta, aunque válida hasta cierto punto, no debe ocultar las grandes diferencias que el Norte fue creando en su seno a lo largo de su historia. Muestra de ello fue el caso de excepción que se dio en la región del Nayar (es decir, la sierra de los coras y los huicholes), enclave relativamente céntrico que había permanecido fuera del control español y que no fue conquistado sino hasta 1722. Puede decirse que, al igual que veinticinco años atrás en el Petén, el gobierno cubría sus asignaturas pendientes.

Pero las nuevas prioridades que se habían puesto sobre la mesa eran costosas y se enfrentaban con la cada vez más evidente debilidad económica de la corona. Por fortuna para ella, Nueva España continuaba viviendo una apreciable bonanza económica fundada en su comercio, en su rica producción agrícola y, de manera especial, en un nuevo y muy conspicuo auge minero, representado por el descubrimiento de yacimientos de plata no sólo en localidades norteñas, como Guanaceví, Cusihuiriáchic, Batopilas, Chihuahua y Álamos, sino también, y sobre todo, en lugares cercanos al centro del país, como Guanajuato, Real del Monte y Taxco. De las riquísimas minas de estos sitios surgieron grandes y ostentosas fortunas que la metrópoli no dejó de percibir.

Siempre buscando nuevas y lucrativas fuentes de ingreso, y a tono con su política de venta de oficios públicos, la corona dio un paso más allá y procedió a ofrecer posiciones de mayor valor, como por ejemplo en las audiencias. La ocasión sirvió a los criollos para mejorar su posición y sus contactos. Al mismo tiempo la corona abrió la puerta a la adquisición de nuevos y rutilantes títulos de nobleza. Con ello se creó un nuevo elemento de desigualdad en la ya de por sí heterogénea estructura social novohispana (que poco antes de 1700 contaba sólo con tres antiguas familias tituladas, pero habrían de ser catorce en 1759). La nueva nobleza estuvo integrada sobre todo por mineros, peninsulares en su mayoría, o por individuos que habían hecho méritos —y dinero— en las arduas tareas del Septentrión.

* * *

A mediados del siglo XVIII Nueva España era un país que había alcanzado suficiente solidez como para encontrar en él, no obstante su situación colonial, muchos de los elementos de identidad que habrían de expresarse más tarde en el México independiente. La consolidación de una identidad nacional o, en términos más generales, "americana", fue una preocupación fundamental de la cultura criolla y mestiza. Historiadores que recogieron los enfoques indigenistas sembrados en el siglo anterior, como José Joaquín Granados Gálvez, revivieron, y en gran medida crearon, la idea de la gran nación tolteca —inicio de la historia de la "tierra de Anáhuac"— y de la legítima monarquía o "Imperio Mexicano". De aquí sólo faltaría un paso para definir como "mexicana" a la nacionalidad que cobraba forma en Nueva España.

Naturalmente, tales intentos de conformación de una identidad se restringían a una elite intelectual muy reducida —tal vez poco más de mil personas. El común de la gente estaba lejos de tener conciencia de estas cuestiones, máxime que aun la educación más elemental era de alcances reducidos y no tocaba, ni de lejos, temas históricos. Esta falta de conciencia no significaba ausencia de denominadores comunes, muchos de los cuales quedaron ya referidos al hablar de la etapa precedente. El culto a la virgen de Guadalupe, cada vez más popular, fue un excelente catalizador ideológico. Pero las identidades más fuertes se apoyaban e.1 sentimientos regionales y, en el caso de la población indígena, en la individualidad de los pueblos, que a pesar de su evolución y fragmentaciones seguían siendo el referente básico, y a menudo el único, de la vida social y cultural. La identidad corporativa, cabe señalar, era muy fuerte en todas sus expresiones y, como tal, significaba un contrapeso frente a cualquier otra.

En el terreno económico también se dejaban ver, alternativamente, muestras tanto de integración como de falta de ella.

Los insumos y los productos de la actividad minera cubrían circuitos amplios que abarcaban casi todo el país, las operaciones de crédito —sustentadas en libranzas, consignaciones, pagarés y otros instrumentos— se extendían de un extremo a otro, y las hipotecas que respaldaban la actividad agropecuaria enlazaban a los centros urbanos con todas las regiones. El abasto de carne a las ciudades implicaba desplazar partidas de ganado a lo largo de distancias tan grandes como la que hay entre Sinaloa y la ciudad de México. Intercambios como éstos contribuían, de un modo u otro, a armar un entramado global. Pero, pasando a otras expresiones de la vida económica, la mayoría de los productos agrícolas y manufacturas tenían un mercado que rara vez rebasaba el ámbito de sus regiones, y las diferencias entre unas y otras en materia de precios y disponibilidad de bienes eran muy grandes. Además, especialmente en ranchos y pueblos de indios, la economía dominante era de subsistencia.

Las redes de comunicación eran completas en un sentido; incompletas en otro. Por un lado, casi toda Nueva España se podía recorrer a pie o en montura por veredas y caminos de herradura que tapizaban todos sus espacios (planos o montañosos) con excepción de las áreas selváticas o las muy deshabitadas, y el libre tránsito sólo se entorpecía en la temporada de lluvias. Por otro, los caminos carreteros, puentes y otros elementos necesarios para el transporte masivo y económico de mercaderías diversas eran pocos y malos, y estaban circunscritos a la zona central y partes del Norte. Había una movilidad espacial relativamente amplia, pero de personas más que de bienes.

Al combinar este panorama con el de la movilidad social, la Nueva España de mediados del siglo XVIII ofrecía un cuadro no menos contrastado. Las nítidas categorías sociales de los tiempos de la conquista —españoles e indios— todavía eran reconocibles en ciertos grupos de población que mantenían su distancia social o su aislamiento cultural. Pero, salvo estas excepciones, tales categorías eran ya inoperantes: la población se había mezclado demasiado como para que tuviera sentido trazar linderos sociales en esos términos, y continuaba mezclándose tanto racial como culturalmente. La legislación permitía conservar diferencias que a muchos convenía recalcar en busca de privilegios diversos, pero era un reflejo engañoso de la realidad social. En cambio, lo que se anunciaba en esta etapa de la historia colonial era el surgimiento de clases sociales determinadas más por su posición económica que por cualesquiera otras consideraciones. La distancia entre ricos y pobres —muy pocos los primeros, muchos los segundos—, sus intereses encontrados y sus diferentes percepciones de la realidad habrían de tener un peso importante en la historia de los últimos años de Nueva España, pero igual lo habrían de tener las afinidades que unirían por un lado a las elites más privilegiadas y por otro a tributarios, peones, rancheros, artesanos y el personal más humilde del gobierno y la iglesia. Estas diferencias socioeconómicas se hicieron más críticas a medida que la corona se alejó de su interés por mantener el principio de legitimidad basada en la justicia y se preocupó más por afirmar su poder y saciar su apetito fiscal.

CONCLUSIÓN

España sufrió muchas pérdidas al apoyar a Francia contra Inglaterra durante la llamada Guerra de los Siete Años (1756-1763), acontecimiento europeo que tuvo repercusiones importantes en el continente americano. Los ingleses se apoderaron de La Habana en 1762, y esto provocó la fractura definitiva del sistema de flotas y un gran nerviosismo en el gobierno español. Cuando se firmó la paz España recuperó La Habana y pudo reanudar sus operaciones comerciales, pero la experiencia había sido traumática. Tal como había ocurrido después de la derrota de la Armada Invencible en 1588, en España creció la preocupación por subsanar las debilidades del imperio y procurar devolverle algo del brillo que había perdido. Y también, igual que casi dos siglos atrás, la corona echó mano de los recursos que podía obtener de sus posesiones ultramarinas. Pero, fuera de esas similitudes, las circunstancias eran muy diferentes. En primer lugar, las potencias europeas habían modificado su concepción del poder y del estado, abandonando muchas de sus antiguas perspectivas patrimonialistas para dar lugar a lo que se conoció como "despotismo ilustrado", es decir, la exaltación de un gobierno autoritario, centralizado, eficiente, racionalista y preocupado por el avance material, pero también interesado, si no es que obsesionado, por ampliar su base fiscal a toda costa. Además, en 1759 el trono de España había sido ocupado por un monarca sumamente activo, Carlos III. Él y sus ministros se encargarían de llevar a cabo un sinnúmero de ajustes y reformas, juntamente con un relevo de las personalidades del gobierno. Una nueva generación de funcionarios, oriundos de España y muchos de ellos con formación militar y experiencia en las duras condiciones del Septentrión, habría de sustituir a la burocracia colonial, que a ojos de los flamantes ilustrados era ineficiente y corrupta. Y no se habría de tolerar que tantas posiciones de poder permanecieran en manos de criollos.

Teniendo en cuenta que Nueva España se había conducido durante el siglo XVII con una considerable dosis de autonomía, y que había logrado que buena parte de la riqueza que generaba permaneciera en suelo americano, las acciones e intenciones de la corona auguraban cambios sustanciales y un reclamo de esa riqueza. Es comprensible que algunos historiadores hayan definido estos años de mediados del siglo XVIII como aquellos en los que el gobierno ilustrado, desde su perspectiva, pondría fin a los tiempos de la impotencia para dar principio a los tiempos de la autoridad.

LAS REFORMAS BORBÓNICAS

Luis Jáuregui

Desde los primeros años del siglo XVIII, la corona española emprendió cambios en la manera de administrar sus vastas posesiones americanas. En la primera mitad del siglo, las reformas fueron más bien tímidas, después se aplicaron innovaciones de gran vigor que comúnmente se conocen como "reformas borbónicas". Tímidas y audaces, todas respondieron al deseo de la dinastía borbónica en España de retomar los hilos del poder en América —particularmente en Nueva España, la posesión más rica—iniciando así un proceso de modernización que duraría prácticamente todo el siglo.

La modernización borbónica tuvo sus bases en una forma de pensamiento y sistema de valores que se conoce como *Ilustración*. Las características principales del movimiento ilustrado son la confianza en la razón humana, el descrédito de las tradiciones, la oposición a la ignorancia, la defensa del conocimiento científico y tecnológico como medios para transformar el mundo, y la búsqueda, mediante la razón y no tanto la religión, de una solución a los problemas sociales. En pocas palabras, la Ilustración siguió un ideal reformista. Su aplicación fue un proceso de modernización aplicado en el siglo XVIII por prácticamente todos los monarcas europeos, de ahí la forma de gobierno conocida como "despotismo ilustrado".

Debido a que chocaba con una sociedad apegada a valores tradicionales, la Ilustración en España llegó por conducto de la aristocracia, funcionarios y eclesiásticos; uno de éstos fue Benito

Jerónimo Feijoo, quien con una prosa amena y directa cuestionó —siempre dentro de los límites de la fe católica— ideas comunes que consideraba erróneas. Los escritos del padre Feijoo fueron muy populares, leídos y comentados por laicos y eclesiásticos. Por otro lado, el ejercicio del poder por parte de la dinastía de los borbones fue un claro ejemplo de despotismo ilustrado. Los ministros de Carlos III (1759-1788) y de su hijo Carlos IV (1788-1808) influyeron en el ánimo reformista de ambos monarcas; además, difundieron las ideas ilustradas mediante las llamadas Sociedades Económicas de Amigos del País y la naciente prensa periódica.

En América las nuevas ideas se aplicaron dentro del molde de una forma de gobierno ilustrada con un monarca absoluto cuya autoridad no se cuestionaba. Por este motivo, en el transcurso de los años se aplicaron cambios modernizadores sobre las formas de gobierno virreinal; los más destacados ocurrieron entre 1760 y 1808 y se conocen como las "reformas borbónicas". Éstas fueron una estrategia del gobierno imperial para lograr el desarrollo de los intereses materiales y el aumento de la riqueza de la monarquía mediante cambios importantes en aspectos fiscales, militares y comerciales, así como el fomento a diversas actividades productivas. En el ámbito de las reformas también se diluyeron privilegios, se mejoró en algo la condición del indio y se extendió la cultura. En este último caso, la corona tuvo mucho que ver, pues envió desde Europa a personajes ilustrados para desarrollar las ciencias, las artes y la industria. Pero también los americanos tuvieron que ver en la adopción de nuevas ideas, toda vez que, de manera disimulada, tuvieron acceso a ideas ilustradas emancipadoras y hasta revolucionarias. La mayor cultura y prosperidad hicieron más claro a los criollos que el dominio español estaba plagado de abusos y defectos. Así, el periodo de las reformas borbónicas en Nueva España no sólo fue importante por el crecimiento económico logrado y por la apertura al mundo atlántico; también fue un periodo de crisis de una sociedad que se percató de que era distinta.

UNA VISIÓN DE CONJUNTO

En Nueva España el reformismo de los borbones se inició con tres visitas (inspecciones a personas y oficinas) que ordenara el rey Felipe V (1700-1746) y que reflejaban la clara conciencia de la corona de que la situación administrativa del virreinato era deplorable. Gracias a que la economía mostraba un desempeño vigoroso, se llevaron a cabo entonces cambios de corte administrativo que le permitieran a la corona contar con recursos para realizar otros de mayor envergadura. Estos primeros cambios consistieron en la llamada "centralización de los ingresos reales", esto es, la transferencia del cobro de impuestos de manos de particulares a las de los funcionarios del rey.

La ocupación de La Habana por la armada inglesa en 1762 marcó la necesidad de emprender una segunda etapa de reformas, más enérgica que la anterior; a ello contribuyó en gran medida que, unos años antes, había llegado al trono Carlos III de Borbón. Ciertamente, el nuevo monarca contaba con amplia experiencia en las artes de gobierno; sin embargo, fueron las circunstancias las que lo obligaron a emprender la reorganización político-administrativa de los virreinatos, que en buena parte continuaba anclada en ordenamientos de fines del siglo XVI. Las circunstancias fueron de índole internacional y principalmente de características bélicas. Por lo mismo, las reformas que acometiera Carlos III tuvieron que ver con el fortalecimiento del sistema defensivo, particularmente en el Caribe y el norte de Nueva España, así como con la centralización del poder en manos de los funcionarios del rey. Estas dos tareas requerían fuertes cantidades de recursos fiscales, para lo cual también se emprendió una reforma de fondo en la administración de la real hacienda novohispana.

A diferencia de la mayoría de los virreyes de los siglos anteriores, los que gobernaron Nueva España durante el reinado de Carlos III fueron hombres extraordinarios: ninguno era noble de nacimiento y todos llegaron a tan alta posición por mérito propio; más importante aún, a todos los impulsaba el afán de renovación del imperio en general y de Nueva España en particular. Como si esto no fuera suficiente, la corona española ordenó a mediados de la década de 1770 una inspección general de todas las cajas reales de Nueva España: la célebre visita de José de Gálvez (1765-1771). A partir de que este personaje es nombrado ministro de Indias en 1776, en Nueva España se empiezan a aplicar con fuerza las medidas correctivas que durante su visita había detectado como necesarias. Es en este periodo que se emprende la formación de cuerpos de defensa virreinales y se establece la Comandancia General de las Provincias Internas (1776). También en aquellos años se intenta disminuir el poder de virrey y comienza la reforma en la administración provincial con el establecimiento de los intendentes y subdelegados (1786).

A pesar del ímpetu inicial que recibe este programa modernizador, con la muerte de Gálvez en 1786 —y con la llegada al trono de Carlos IV, quien debió enfrentar circunstancias internacionales más adversas que su padre— se observa un cambio en el reformismo borbónico en el que dicho impulso se ve distorsionado respecto a su intención inicial. Por el lado económico, este cambio también se explica por el relativo freno que muestra el desempeño de la economía novohispana comparado con las dos décadas anteriores, por el hecho de que la real hacienda, habiendo extraído en exceso recursos fiscales de la población novohispana, comienza a recurrir, en mayor proporción que en el pasado, a préstamos y donativos y porque, con motivo de conflictos internacionales, Nueva España se ve "beneficiada" con el llamado "comercio neutral" (1796-1802 y 1804-1808).

Las reformas borbónicas también tuvieron impacto en los aspectos sociales y culturales. Fue en estos años que la población resintió el dominio español; un dominio que sólo permitía el progreso a los más privilegiados, y aun a ellos les costó, y mucho, apoyar a la corona. Los criollos, a pesar de los resentimientos que acumularon durante el periodo, se beneficiaron de los grandes avances en las instituciones culturales y de la apertura a otras sociedades del mundo atlántico. A los indígenas también les pesó el dominio español pero más les afectaron las varias crisis de subsistencia que hubo en esos años, particularmente las de 1785-1787 y 1808-1810. Hacia la primera década del siglo XIX, Nueva España era la caja de caudales del monarca español, contaba con una economía en vías de consolidación y con una identidad propia. La presión que la corona aplicó sobre los novohispanos en los últimos años del periodo borbónico empobreció a una parte de la población y nulificó las posibilidades de crecimiento económico futuro de la colonia y del México independiente. Lo que no hicieron el gobierno español y sus últimos virreyes fue acabar con el sentimiento de que la situación podía cambiar en favor de los novohispanos.

La visión de conjunto de las principales reformas que emprendieron los ilustrados borbones proporciona un marco de referencia para los últimos años de la Nueva España y los primeros decenios del México independiente. Puede incluso decirse que, así como en el periodo de las reformas borbónicas se estableció la mayoría de las divisiones geográficas que tendría una porción del México republicano, y así como en aquellos años nacieron los agravios contra la dominación española, así también se puede decir que en la prosperidad borbónica de Nueva España se gestó la decadencia económica del México independiente.

LAS PRIMERAS REFORMAS DE LA DINASTÍA BORBÓNICA

Para el gobierno imperial en España era insostenible la situación de su posesión más rica en América. Tres accidentadas visitas parciales (1710-1715, 1716 y 1729-1733) habían mostrado la necesidad de modificar el estado de las cosas: por ejemplo desde 1711 se venía haciendo notar a las autoridades metropolitanas que la renta de alcabalas (impuestos internos cobrados por el tránsito de una mercancía por un *suelo alcabalatorio*) proporcionaría más dinero si fuera administrada por un funcionario de la corona que si se arrendaba a alguna corporación (comerciantes o cabildos civiles). El problema era que, casi siempre, los virreyes decidían otorgar la renta a una corporación en lugar de que quedara en manos de la corona.

Para el caso de las alcabalas, como para muchas otras rentas (casa de moneda, tributos, pólvora, tabaco, naipes, derecho de ensaye, bulas, pulque, etc.), la situación comienza a cambiar en 1732 con la incorporación a la corona de los cargos más importantes de la Casa de Moneda de la ciudad de México; esto significaba que los mismos dejaban de venderse al mejor postor. El proceso de centralización de rentas continuó durante casi todo el siglo; el ejemplo más importante de este proceso fue la incorporación de las alcabalas a la administración fiscal novohispana, un cambio que llevó varios años (1754-1776) y que se vio temporalmente suspendido por decisión del visitador Gálvez. El proceso de centralización consistía en ya no "vender" por un monto fijo la función del cobro de impuestos a entidades particulares, lo que obligaba a la corona a asumir esta tarea, brindándole la posibilidad de incrementar la recaudación y reducir gastos.

Cierto es que para lograr esta centralización de rentas la corona debió desembolsar fuertes cantidades de dinero, a la vez que fue necesario hacer más sólida la estructura administrativa del erario novohispano. Para ello fue muy útil que la economía virreinal venía mostrando un buen desempeño desde finales del siglo XVII. En particular, midiéndola por los impuestos que pagaba, la actividad minera creció razonablemente hasta 1750; como toda la economía, mostró un estancamiento durante los años intermedios del siglo, para crecer espectacularmente en los decenios de 1770 y 1780.

Costosos como fueron, los primeros cambios prometían, para mediados de siglo, incrementos importantes en los ingresos del erario novohispano. El golpe que recibiera España en su hegemonía atlántica a fines de la Guerra de los Siete Años (1756-1763) fue la circunstancia que aceleró el proceso de reforma. Por una parte los ingresos se reducían, y ejemplo de ello fue que, junto con La Habana, en Filipinas había caído Manila, lo que suspendió por varios años la llegada del galeón procedente del Lejano Oriente y los recursos que aportaba al erario novohispano. Por otro lado, los gastos se incrementaban fuertemente pues había que poner a cubierto militar toda la zona de las Antillas Mayores, en particular el puerto de La Habana. Con la ocupación de este último, los ingleses habían llegado muy cerca de la principal fuente de riquezas, que era la Nueva España; por lo mismo, en 1764 se diseñó un plan para fortificar Veracruz, asegurar el camino de allí a la ciudad de México y formar un pie considerable de tropas veteranas y milicianas. En noviembre de ese año desembarcó en Nueva España el primer ejército permanente —el Regimiento de América— al mando del comandante Juan de Villalba.

De forma simultánea, se preparaba una visita que analizara la situación administrativa y judicial del virreinato. Para esta tarea se designó al malagueño José de Gálvez.

LA VISITA GENERAL A LOS TRIBUNALES Y CAJAS REALES DE NUEVA ESPAÑA

Al visitador Gálvez no se le pidió únicamente un diagnóstico; también se le dieron amplios poderes para reformar todo lo que exigiera un cambio. Dos eran, sin embargo las instrucciones principales: incrementar la riqueza del erario novohispano y prevenir abusos y dispendios para la mejor administración de las rentas. En atención a la primera tarea, el visitador consolidó el establecimiento del monopolio real de tabaco. Esto significaba que la corona se hacía cargo exclusivo de sembrar, procesar y vender el tabaco, principalmente en forma de cigarrillos que en Nueva España se consumían ampliamente, sobre todo entre las mujeres. En términos de valor, la empresa del tabaco fue la segunda mayor actividad productiva del virreinato, sólo superada por la rica actividad minera. Por otro lado, Gálvez también legalizó la situación del aguardiente de caña, pues dado que su producción estaba prohibida, el consumo ilegal era enorme, con la consecuente pérdida en derechos para las finanzas del rey. Asimismo, el visitador estableció la Contaduría General de Propios y Arbitrios, con la cual la corona pasaba a administrar los recursos de los pueblos, villas y núcleos urbanos. La medida centralizaba todos estos recursos en las arcas reales, y aunque en realidad no eran del rey, varios años después fueron una tentación muy grande en momentos en que fue urgente el financiamiento de las guerras imperiales.

La designación como virrey de Francisco de Croix (1766-1771), quien compartía ideas reformistas con Gálvez, facilitó la visita. Ambos acordaron la inspección del Nuevo Santander, que desde su fundación (1748) se había dejado casi en el olvido. Asimismo, meses después el visitador realizaría personalmente una inspección a las vastas tierras del noroeste novohispano; el objeto era diseñar una estrategia que permitiera aumentar la población de esta zona, pacificar a los indios y explotar sus yacimientos mineros.

Entre tanto, las erogaciones del erario virreinal crecían desmesuradamente, lo cual se explica por el incremento en el gasto de situados (cantidad destinada al pago de gastos de defensa) y por la necesidad de aplacar los tumultos de 1767, ocasionados por la expulsión de los jesuitas, tema que se abordará más adelante.

El virrey dejó hacer al visitador, quien se dio a la tarea de inspeccionar cajas reales y tribunales, juzgar a los corruptos, removerlos de su encargo y, de ser necesario, cerrar oficinas, como fue el caso de la tesorería de Acapulco que sólo funcionaba tres meses del año. En el ámbito del objetivo de incrementar la riqueza del erario real, Gálvez y Croix defendieron una causa que aparentemente iba en contra de los intereses de la corona: la reducción en el precio del azogue (que era un monopolio real) para así fomentar la minería, toda vez que era éste un ingrediente indispensable para el procesamiento del mineral argentífero. Como algunas otras de las propuestas de Gálvez, ésta vendría con los años a mostrar su efectividad en materia de impulso a la actividad económica y, luego, a los ingresos de la real hacienda.

* * *

El regalismo, como subordinación de la autoridad eclesiástica al rey, fue el sello del gobierno borbónico. Para Carlos III y sus ministros, los privilegios que tenía la iglesia eran incompatibles con los intereses del Estado. La intención era entonces terminar con la vieja metáfora de que el rey era el padre y la iglesia la madre de la familia hispánica, para desarrollar una concepción masculina de la política, con una sola cabeza, y ésa era la del rey. Los escritores y políticos ilustrados en España defendieron esta postura que sometía a escrutinio toda la estructura legal de la iglesia y su participación en la vida de la sociedad. La posición no hubiera tenido éxito si no hubiera contado con el apoyo de un sector de la iglesia, al cual se le llamaba jansenista. Fue este grupo el que consideró extravagantes, sobredoradas y de mal gusto las iglesias del barroco tardío, defendiendo la sencillez y sobriedad del estilo neoclásico. Fueron también los jansenistas, tanto en Europa como en América, los que atacaron severamente a los jesuitas —quienes defendían el poder del papa y buscaban mantener su independencia ante la autoridad de los obispos.

La expulsión de los jesuitas de Nueva España no fue consecuencia de un planteamiento ideológico originado en el virreinato sino de un decreto emitido por el monarca español a inicios de 1767 que respondía al deseo de terminar con la resistencia que esa orden religiosa presentaba al poder del rey, toda vez que defendía la obediencia absoluta al papa.

Los jesuitas en Nueva España ciertamente contaban con grandes y muy eficientes unidades de producción agrícola; también eran importantes terratenientes urbanos; sin embargo, su mayor influencia en el virreinato provenía de su labor educativa. Ésta se basaba en un método que convertía al educando en un pensador disciplinado; tal forma de educar resultaba peligrosa en aquellos tiempos del siglo XVIII, cuando la ciencia y la filosofía se modernizaban, aun a pesar de los esfuerzos de la Inquisición.

Cuando se recibió el real decreto, las casi coincidentes formas de pensar de Gálvez y de Croix permitieron que la expulsión de los religiosos se hiciera de manera sorprendentemente rápida y ordenada, tal como lo disponía el monarca: "pues... deben saber los súbditos del gran monarca que ocupa el trono de España que nacieron para callar y obedecer, y no para discurrir ni opinar en los altos asuntos del soberano". La expulsión de la Compañía de Jesús provocó disturbios entre la población, o al menos ésa fue la excusa de los levantamientos. San Luis de la Paz, San Luis Potosí, Guanajuato y Valladolid de Michoacán fueron víctimas de un visitador Gálvez (comisionado por el virrey) ejerciendo una dura represión que bien mostraba su obediencia ciega a la corona y su deseo de extirpar a toda costa cualquier indicio de sedición.

El asunto de los jesuitas en 1767 fue uno de los golpes más evidentes de la corona al privilegio eclesiástico. Otro fue la reglamentación en torno a la capacidad del Estado para juzgar y condenar a los miembros del clero que infringieran la ley civil. La expulsión de los jesuitas agravió a la parte educada de la sociedad; aquella que se vio beneficiada por los colegios jesuitas en veintiún poblaciones de Nueva España desde Chihuahua hasta Mérida, un grupo social que aprendió de esos clérigos tanto primeras letras como gramática latina y estudios superiores de filosofía y ciencias. El segundo "golpe" afectó a toda la población novohispana, en particular a la clase más pobre e ignorante, que veía en el sacerdote a un ser semidivino, en categoría aparte de los laicos. A final de cuentas, toda la estrategia borbónica contra la iglesia sólo sirvió para debilitar el régimen colonial.

* * *

El periodo de esplendor económico más importante de la historia de Nueva España se inicia en la década de 1770, después de un lapso de estancamiento que, a juzgar por las estadísticas, había comenzado alrededor de 1750. El inicio de los años de prosperidad coincide con el mandato del virrey Antonio María de Bucareli (1771-1779). La bonanza se explica en parte importante por el aumento demográfico: entre 1742 y 1810 el número de habitantes en Nueva España pasó de 3.3 a 6.1 millones de personas, un enorme incremento que se dio sobre todo en la población indígena. Ésta vivía predominantemente en las zonas rurales o en alrededor de 4 682 localidades cuya población oscilaba entre 2 000 y 3 000 habitantes.

A pesar de que la mayoría de la población vivía en zonas rurales, el número de villas, "pequeños núcleos urbanos" y ciudades creció durante el periodo. La intendencia de México, donde se asentaba la capital virreinal, contaba con un elevado porcentaje de población urbana; en situación similar estaban las intendencias de Guanajuato y Puebla. Por el contrario, Oaxaca y Guadalajara (que en parte comprendía el actual estado de Jalisco) presentan un predominio rural, pues las concentraciones urbanas se reducían a uno o dos núcleos en cada intendencia. Algo parecido sucedía con las provincias de Valladolid (Michoacán) y Veracruz.

En cuanto a la estructura de la población, la mayoría eran jóvenes menores de 16 años; la esperanza de vida era de entre 55 y 58 años para la población blanca, expectativa que se redu-

124 NUEVA HISTORIA MÍNIMA DE MÉXICO

cía en el grupo indígena y en las castas. Al respecto es pertinente señalar que las autoridades virreinales eran conscientes de que se debían mejorar las condiciones de vida de la población, toda vez que —aparte de las consideraciones humanas— las epidemias habían sido demasiado dañinas para los más pobres, con efectos nocivos sobre las capacidades de crecimiento económico virreinal. El ánimo más importante en el sentido de poner al día las condiciones higiénicas de las capitales de las intendencias provino del segundo virrey Revillagigedo (1789-1894). Las principales medidas adoptadas fueron el establecimiento de cementerios, la prohibición de los entierros en las iglesias, la normativa sobre ropas usadas, el establecimiento de lazaretos, etc. Pocos años después, en 1802 llegó al virreinato la vacuna contra la viruela. Para el proceso de inoculación a la población se eligieron los curatos como centros sanitarios y el clero fue el encargado de su administración.

EL PODER DEL VIRREY Y LA ORDENANZA DE INTENDENTES

Como una medida más prudente que opositora, Bucareli en cierta forma interrumpió las reformas que Gálvez pretendía aplicar en Nueva España. Tenía razón, pues cuando se hizo cargo del gobierno eran aún reducidos los recursos de la real hacienda y muy elevadas las deudas, particularmente de situados. Cinco años después reportaba un incremento sustancial de los ingresos netos como resultado de un rígido plan de ahorros. Una parte importante de este último fue la dilación, primero, y después la abierta oposición al establecimiento de los intendentes en el virreinato bajo su gobierno.

Heredado de la Francia del siglo XVII, el sistema de las intendencias se venía aplicando desde hacía varios años en otros virreinatos americanos. En su visita, Gálvez tenía como uno de sus propósitos establecer intendentes —gobernantes de provincia— y subdelegados —subordinados de aquellos que debían suplir a los alcaldes mayores. La oposición de Bucareli a este programa administrativo no sólo respondía a consideraciones prácticas, había también un importante trasfondo político pues con el nuevo esquema el virrey perdía una parte de su poder: esta última era la intención de Gálvez.

Los virreyes tenían diversas funciones, entre ellas la de juez, administrador, vigilante, cobrador de impuestos, capitán general, para el desempeño de las cuales contaban con un cuerpo de funcionarios locales denominados corregidores o alcaldes mayores. Estos empleados de la corona no percibían sueldo (o era muy reducido), lo que los obligaba a dedicarse a actividades no relacionadas con su empleo. Una de ellas era el *repartimiento de mercancías*, que consistía en que los alcaldes mayores, como intermediarios de los comerciantes del consulado de México, vendían a los indígenas mercancías de importación o de producción virreinal a precios altos, a cambio de productos locales a precios bajos. Esta situación no podía ser tolerada por un gobernante ilustrado pues dificultaba la aplicación de medidas de gobierno sobre la población, toda vez que, en lugar de buscar que éstas se cumplieran, los alcaldes mayores se ocupaban de sus negocios propios.

La propuesta de Gálvez era la creación de un grupo de colaboradores que descargaran las tareas del virrey; doce hombres que se harían cargo de cobrar impuestos, hacer justicia, organizar milicias y administrar las ciudades y los pueblos de su jurisdicción. A cada una de estas tareas se les llamaba *causas*: así, los intendentes debían conocer de las causas de hacienda, justicia, guerra y policía (este último era en la época un concepto mucho más amplio que la mera persecución de la delincuencia). Por otro lado, Gálvez tenía también en mente la militarización de la zona norte del virreinato y la creación de una oficina encargada exclusivamente de cuestiones fiscales: la Superintendencia de Real Hacienda. Ambas propuestas buscaban restar funciones al

virrey. A todos estos cambios se opuso Bucareli y logró suspen-
derlos durante su gobierno, tanto porque el ministro de Indias
en España tampoco los veía con buenos ojos como porque los
hacía innecesarios el buen desempeño fiscal de Nueva España.
En 1776, José de Gálvez fue nombrado titular del Ministerio de
Indias. A partir de entonces y hasta su muerte diez años después se aplicaron en Nueva España todas las propuestas que resultaron de su visita. Así, el virreinato experimentó un aluvión
de reformas prácticamente desde que el malagueño ocupó su
nuevo cargo. Por ejemplo, en 1776 se creó la Comandancia General de Provincias Internas que si bien propició el progreso
material, demográfico y cultural de los vastos territorios norteños, nunca salió totalmente del dominio del virrey en la ciudad
de México.

Los últimos años del decenio de 1770 son de profundos
cambios. Por una parte, se le concede a Nueva España mayor libertad para realizar intercambios comerciales, aunque limitados
a Perú y Nueva Granada. Por otro lado, en lo administrativo,
Gálvez asesta otro golpe a la autoridad del virrey con la creación
de la Superintendencia de Real Hacienda, que es encargada a un
antiguo colaborador suyo. Esta medida pretendía establecer un
"dominio tecnócrata" que apoyara las necesidades financieras
del gobierno metropolitano. Esto significaba separar la función
de recaudación de impuestos y de asignación de recursos de
manos del virrey y sus colaboradores, de manera que sólo con-
tinuaran siendo *jueces*, para entregarla al nuevo cuerpo de funcionarios —superintendente de hacienda e intendentes. Este
proyecto fracasó porque no fue bien diseñado y con el tiempo
mostró múltiples vacíos legales para su ejecución.

En atención al proyecto tecnócrata, la Ordenanza de Intendentes llegó a Nueva España —el último virreinato donde se
aplicó— en una coyuntura imperial sumamente difícil: acababa
de establecerse cuando muere el ministro de Indias José de Gálvez (1787), y está en plena aplicación (1788) cuando muere Car-

los III, el más reformador de los borbones. De cualquier modo, continuó la aplicación del reglamento, con la cual se intentó una división más racional del virreinato en sustitución de la confusión y desunión características del pasado. Según la ordenanza, a cada una de las doce intendencias (Durango, Guadalajara, Guanajuato, Mérida, México, Oaxaca, Puebla, San Luis Potosí, Sonora/Sinaloa, Valladolid, Veracruz y Zacatecas) se le asignaría un número grande de jurisdicciones ya establecidas (gobernaciones, alcaldías mayores y corregimientos), a cada una de las cuales se le llamó *distrito*. La aplicación del programa intendencial estuvo plagada de problemas técnicos que en parte se explican porque quienes lo diseñaron desconocían las fronteras de cada jurisdicción. El resultado fue que no se alcanzó la tan deseada organización del territorio virreinal. Aun así, las intendencias borbónicas fueron la base de la división territorial para la constitución republicana de México.

* * *

Los años ochenta son de esplendor cultural, característico, entre otros factores, de una economía que crece, aunque con desigualdades. Por iniciativa del virrey Matías de Gálvez, hermano del ministro de Indias, se funda en la ciudad de México la Real Academia de Bellas Artes de San Carlos y ve la luz el periódico *La Gaceta de México*. En materia urbanística, este virrey divide la capital en cuarteles y establece los alcaldes de barrio. El hijo de este mandatario, Bernardo de Gálvez (virrey entre junio de 1785 y noviembre de 1786), ordena la instalación del alumbrado de la ciudad de México que llegó a tener características similares al de Madrid.

Por otro lado, resultado del afán ilustrado por las expediciones científicas, el virrey Manuel Antonio Flores (1787-1789) empieza en la ciudad de México la construcción del Jardín Botánico, que concluyó su sucesor, el segundo virrey Revillagigedo. A este último corresponde el inicio de las obras de construcción del Colegio de Minería, encargadas al valenciano Manuel Tolsá. Este establecimiento fue pionero en los métodos educativos superiores y en sus planes de estudio se incorporaron las más modernas corrientes de las ciencias y las nuevas técnicas experimentales. Su edificio, inaugurado en 1811, es aún hoy día uno de los más espléndidos de la ciudad de México.

EL CAMBIO DE RUMBO. LOS AÑOS NOVENTA

El proyecto modernizador borbónico buscaba la centralización del poder. Sin embargo, la Ordenanza de Intendentes no aclaraba del todo esta intención; más bien lo que buscaba la corona era simplificar la administración del virreinato. Con este ordenamiento los nuevos funcionarios llegaron a sustituir a los alcaldes mayores/corregidores. En este proceso se prohibió el repartimiento de mercancías toda vez que, a diferencia del caso de los alcaldes mayores, los subdelegados sí recibían sueldo. En algunas zonas fue fácil la eliminación del repartimiento; en otras ni las leyes ni los hombres pudieron destruir un viejo sistema que, para evitar el castigo, sólo cambió de nombre.

Los intendentes y subdelegados llegaron para controlar a un mayor número de novohispanos, por tal motivo la ordenanza y las leyes complementarias hallaron resistencia; de ahí que la muerte en 1786 de José de Gálvez, su principal defensor, propiciara que la corona cediera a presiones. Así, antes de que la ordenanza se aplicara cabalmente, ya se declaraban impracticables algunas de sus reglas y en muchos casos se regresó a la situación previa, lo que le hizo perder coherencia a la totalidad del ordenamiento y a algunos de sus artículos más importantes.

Tanto el establecimiento de las intendencias y subdelegaciones como la centralización de rentas comenzada años atrás, fueron útiles para la recaudación fiscal que se tratará más adelante. Sin embargo, una vez que se echó a andar, el nuevo esquema administrativo estuvo plagado de dificultades. Antes que nada, el segundo Revillagigedo, el más ilustrado de los virreyes de Carlos IV, defendía las intendencias pero no estaba de acuerdo con que se le restara poder a su encargo. Esta concepción se impuso y después de 1789 las iniciativas de los intendentes debieron ser autorizadas por el mandatario virreinal. En segundo término, la circunscripción territorial de las doce intendencias novohispanas se superpuso con la de los obispados y con la de las jurisdicciones de algunas rentas centralizadas. Considerando este último caso puede decirse que las intendencias "llegaron tarde", pues en Nueva España existía ya un edificio rentístico al cual se le traslapó el de los intendentes. Un poco de imaginación permite comprender las dificultades que había entre, por ejemplo, los intendentes de San Luis Potosí y Zacatecas cuando la mitad de las alcabalas de esta última correspondían a la intendencia potosina. El asunto se complica aún más si se considera que ambos intendentes debían rendir cuentas a la Dirección General de Alcabalas y Pulques (en la ciudad de México), cuando según la ley sólo debían hacerlo al Ministerio de Hacienda (en España) y, después de las reformas de Revillagigedo en 1789, al virrey en Nueva España. Este último problema se reflejó en espectaculares pleitos entre intendentes y la administración central del virreinato.

Con todo y sus problemas, fueron sobresalientes los resultados de este y otros componentes del plan reformista. Según los datos, entre 1765 y 1804 las rentas reales se multiplicaron por cuatro. Esto se explica por varios factores: un aumento en el número de impuestos (ya fueran ordinarios o extraordinarios); un incremento en las tasas de los impuestos; una mayor presión fiscal resultado de los cambios administrativos, y el crecimiento económico. Independientemente de la causa, fue enorme el impacto de esta extracción de recursos; de hecho se calcula que los novohispanos pagaban 70% más impuestos per cápita que los habitantes de la metrópoli.

En el decenio de 1790 la carga fiscal sobre la población novohispana fue particularmente pesada. Y es que a la corona le resultaba ya políticamente imposible sacar dinero de los impuestos ordinarios. Así, con motivo de los conflictos bélicos en los que se vio inmiscuido el imperio español (la guerra contra los franceses en 1793 y el conflicto con Inglaterra en 1796), la corona debió solicitar préstamos y donativos. Éstos se diferenciaban de los impuestos tradicionales porque el monarca se comprometía a pagar réditos por estas aportaciones.

Y así fue hasta pocos años antes de la consumación de la independencia; el rey pagaba intereses a los "recaudadores" más efectivos del virreinato: el consulado de México, los recién creados (1795) consulados de Veracruz y Guadalajara y el Tribunal de Minería. Sin embargo, cuando las urgencias fueron muchas, el monarca, con la ayuda de sus intendentes, echó mano de los dineros que no eran suyos pero que por ley estaban bajo su custodia. Este dinero se hallaba en las cuentas de propios y arbitrios (recursos de pueblos, villas y núcleos urbanos), de bienes de comunidades indígenas (el "ahorro" de los pueblos indios para sus emergencias), montepíos (dinero de los funcionarios civiles y militares para sus viudas), etc. Este dinero nunca fue reembolsado —y mucho menos se pagaron réditos. Algunas cuentas desaparecieron en la etapa liberal (1808-1814; 1820-1821), otras debieron comenzar de nuevo después de 1821.

LA CONSOLIDACIÓN DE VALES REALES
Y LA ECONOMÍA NOVOHISPANA

Una de las situaciones financieras más desesperadas de la corona fue cuando debió "estabilizar" el precio de muchísimos papeles de deuda firmados por el rey (vales reales) que circulaban, casi como dinero, en España.[1] La llamada "consolidación de vales reales" tenía por objeto que, en la metrópoli, la iglesia vendiera sus propiedades y "prestara" el dinero al real erario. En Nueva España la iglesia no tenía muchas propiedades y las ricas haciendas jesuitas habían pasado a las arcas de la real hacienda con el nombre de *temporalidades*. Lo que sí tenía era mucho dinero que recibía de ricos y pobres para la celebración de misas por el sufragio de sus almas. El Juzgado de Capellanías y Obras Pías prestaba así este dinero para que pudieran operar haciendas, ranchos y obrajes. Fue este dinero el que debía "recoger" la iglesia de sus deudores, para "prestarlo" a la real hacienda.

El decreto de Consolidación de Vales Reales fue promulgado en Nueva España a fines de 1804 y su impacto fue enorme: se redujo la disponibilidad de crédito y de capital para que trabajaran múltiples unidades de producción; se agotaron los fondos de ahorros, y muchas personas e instituciones cayeron en la pobreza. El decreto fue suspendido a principios de 1809 como consecuencia del golpe de Estado contra el virrey José de Iturrigaray (1803-1808); empero, sus efectos fueron duraderos pues mermaron la capacidad de la economía para recuperarse en el corto y mediano plazos.

En todo caso, la enorme extracción de recursos que experimentó Nueva España durante la época borbónica habla de una economía que, a la vez que creció considerablemente, fue sangrada de ese crecimiento por las autoridades metropolitanas. El

[1] Esto es, el monarca pidió préstamos a sus súbditos y a cambio emitió vales reales (papeles, con la firma del rey, que llevaban impreso el valor de lo prestado). Éstos fueron utilizados por las personas como si fuera dinero. En un principio, el valor al que eran aceptados era el que estaba impreso en el papel. Sin embargo, con el tiempo y al ser emitidos cada vez más papeles, el valor comenzó a ser menor. El deseo de la corona de "estabilizar el precio" respondía a que, si nadie aceptaba vales reales o los aceptaba a precio muy reducido, la corona ya no podía pedir prestado, al menos no mediante el mecanismo de los papeles de deuda.

mencionado aumento de la población significó una mayor demanda de mercado. El aumento en el número de habitantes provocó un mayor número de intercambios comerciales, lo que a su vez benefició a la actividad agropecuaria. En este sentido, durante el periodo se observa que la agricultura estuvo más orientada al mercado de los núcleos urbanos, y ya no tanto a la actividad minera. Este último, por su parte, mostró un importante crecimiento a partir de 1772, mismo que duraría, en términos generales, hasta 1795. El dinamismo de la minería respondió a la política de fomento de la corona: precios especiales para el azogue y la pólvora y exención de alcabala a la comercialización de los implementos directamente relacionados con la actividad. Otro elemento que explica el crecimiento minero fue la relativa liberalización del comercio que por esos años comenzaron a experimentar las posesiones americanas. Y es que ante la baja de los beneficios provenientes de la actividad mercantil, los comerciantes reorientaron sus inversiones hacia la explotación de yacimientos mineros.

Con todo y el relativo aumento en el número de intercambios mercantiles, es importante señalar que ello no significó que en la época se formara *un solo* mercado novohispano. Había más bien varios mercados donde se producía lo que se demandaba en la región. Así, por ejemplo, la intendencia de Oaxaca producía el maíz que se consumía allí mismo, y no valía la pena llevarlo hasta la intendencia de Durango. Esto, sin embargo, no sucedía con algunos productos cuyo precio sí ameritaba el costo que implicaba transportarlo largas distancias, por caminos muy malos y con elevados pagos alcabalatorios. Estos productos eran la plata, algunos textiles y aguardientes; más importante aún eran las mercancías importadas, introducidas por Veracruz, y que llegaban a venderse en Chihuahua y aun más al norte. La satisfacción del mercado de productos importados se logró tanto por la liberalización del comercio exterior, que llegó a su máxima condición en 1789, como por el llamado *comer-*

cio neutral que debió aceptar España en vista del bloqueo de sus puertos por parte de Inglaterra durante las guerras que sostuvieron estas dos naciones. Esta forma de comercio consistió en el permiso que la corona española dio a países no involucrados en el conflicto para que entraran y salieran de puertos novohispanos. La utilidad de esta medida era que el imprescindible azogue llegara al virreinato y que las autoridades metropolitanas pudieran hacer uso del dinero que generaba esta rica colonia. Este proceso funcionaba así: el rey de España pedía dinero prestado a un financiero, por ejemplo francés, y éste cobraba el préstamo en la tesorería de la ciudad de México, donde se hallaban los recursos provenientes de los impuestos ordinarios, préstamos, donativos y, después del decreto de consolidación de vales reales, la iglesia, que había cobrado a los productores novohispanos para prestarle al rey. Por cierto, estos recursos acabaron en las arcas francesas de Napoleón Bonaparte, como resultado de un acuerdo que la monarquía española había suscrito con él (1803) para apoyarlo en sus campañas bélicas contra Inglaterra. Así, una parte importante del ahorro de los novohispanos financió un conflicto en el que poco tenían que ver los habitantes del virreinato.

Hacia el interior, Nueva España contaba con un mercado más dinámico. El Bajío y Michoacán continuaron abasteciendo a la minería y cada vez proporcionaban más manufacturas a centros urbanos del virreinato y las Antillas. Puebla abastecía de harinas a esta última región y si bien la competencia norteamericana acabó con este negocio con motivo del comercio neutral, su producción textil logró colocarse en Zacatecas, Sinaloa, Durango, Oaxaca y Guatemala.

El crecimiento demográfico y de la capital de la intendencia de Guadalajara la colocaron en un lugar muy importante de la economía novohispana; en el periodo se expandieron sus centros manufactureros y se intensificaron los intercambios mercantiles en los que participaban activamente las comunidades indígenas.

El progreso de Guadalajara respondió en buena parte al impulso que le dio a su economía el Consulado de Comerciantes de esa ciudad creado en 1795. A diferencia del de México, esta corporación aplicó desde el principio formas más liberales de intercambio económico. Gracias a ello, la feria más grande de Nueva España, la de San Juan de los Lagos, abastecida principalmente por el consulado tapatío, se constituyó en el centro de abasto de zonas mineras y urbanas del lejano norte. Este último, particularmente el noroeste, experimentó un intenso crecimiento económico por el descubrimiento de nuevos yacimientos mineros.

Por otro lado, la economía de la intendencia de San Luis Potosí (que comprendía los estados actuales de San Luis Potosí, Coahuila, Nuevo León, Tamaulipas y una porción de Texas) creció cada vez más por el aumento relativo de sus zonas urbanas, entre las que se hallaban Saltillo, Monterrey y varios poblados en la colonia de Nuevo Santander. Ante la falta de yacimientos mineros de importancia, exceptuando los del actual estado de San Luis Potosí, la economía de esta región mostró un crecimiento relativo por su especialización en la producción de bienes que le permitieron una mayor vinculación mercantil con el centro del virreinato; el caso más importante fue el de la ganadería y sus productos derivados, actividad para la cual la ciudad de México, los valles centrales y el Bajío eran ya para fines de siglo un gran mercado. En caso similar se hallaba la porción norte de Oaxaca que abastecía de ganados y azúcar a los mercados centrales. En esta intendencia, particularmente en la zona de la Mixteca Alta, continuó la producción del tinte de grana cochinilla que se exportaba a otros países donde era cada vez más demandada; de ahí que en esta región no desapareciera el repartimiento de mercancías pues todavía era un negocio demasiado jugoso para obedecer el mandato real. Los valles alrededor de la ciudad de Oaxaca sostenían su economía mediante el abasto a esta última y el comercio con la zona del istmo, Chiapas y Guatemala. Yucatán recibió, a su vez, de parte de la corona un tratamiento distinto del resto de Nueva España; por ejemplo, le fue concedida la libertad comercial en 1770, creando en la provincia una especie de derecho para gozar de una situación especial, lo que produjo constantes problemas durante el siglo xix. Desde el puerto de Campeche, Yucatán se convirtió en abastecedor de productos regionales al resto del virreinato, Cuba y Nueva Orleans; su crecimiento demográfico lo obligó a importar productos de estas y otras regiones.

EL SENTIMIENTO NACIONALISTA NOVOHISPANO

El proceso de cambio en las estructuras de gobierno, las nuevas formas de educación, las instituciones culturales y la apertura —casi clandestina— al pensamiento europeo y norteamericano, así como las condiciones económicas, necesariamente implicaron una modificación en la forma de pensar de los novohispanos. Y cómo no iba a ser así si durante todo el periodo hubo una constante confrontación entre las cuestiones de política española y las necesidades interiores del virreinato. Al principio, antes de los noventa, se llevaron a cabo labores de todo tipo, por ejemplo, obras públicas y fundaciones de entidades culturales. Esta etapa termina cuando la corona teme que a Nueva España lleguen las ideas libertarias de la Revolución francesa. En el decenio de los noventa comienzan a marcarse las diferencias entre peninsulares y americanos y surge el recelo entre ambos. A pesar de los esfuerzos del gobierno, empiezan a utilizarse palabras como libertad, progreso, nación. Fueron tiempos de cambios en las formas de pensar de los novohispanos. Contra la idea en España de que en América no se hacía nada que valiera la pena, desde mediados de siglo en el virreinato se enaltecía en múltiples escritos la capacidad de sus habitantes para crear todo tipo de obras intelectuales.

El reformismo borbónico hizo mucho para acendrar el sentimiento criollo, pues en múltiples instituciones recién creadas (la

Academia de Bellas Artes de San Carlos, el Tribunal y el Colegio de Minería, el Real Jardín Botánico) se designaba a peninsulares para su dirección mientras que a los criollos se les daba el oficio de ayudante. Igualmente, los altos cargos burocráticos fueron ocupados por peninsulares. En este caso, empero, se dieron alianzas entre, por ejemplo, intendentes y grupos locales económicamente poderosos; alianzas que surgieron cuando se trató de defender alguna situación de mando o privilegio económico. A la hora de la verdad, al inicio de la guerra de independencia, predominó en los burócratas su lealtad hacia las autoridades peninsulares.

Un elemento importante que explica el sentimiento nacionalista fue el comercio neutral que puso a los novohispanos en contacto con los extranjeros, lo que les permitió adquirir una mayor seguridad en sí mismos. El apuntalamiento de esta confianza la dio, curiosamente, uno de los virreyes más venales del periodo colonial, José de Iturrigaray, con la creación de las milicias provinciales (cuerpos militares formados por los habitantes de las provincias). Esta medida, orientada a la defensa de Nueva España con motivo de la guerra entre España e Inglaterra iniciada a fines de 1804, creó entre los novohispanos la conciencia del poder militar de la nación.

En estas condiciones, los últimos años borbónicos (1808-1809) fueron muy difíciles: entre muchos otros acontecimientos, el virreinato se descapitalizó y se intensificó el descontento con motivo de la sequía de esos mismo años. El decreto y aplicación de la consolidación tuvo efectos económicos, pero más grave fue la crisis de confianza que creó entre la población novohispana hacia los gobiernos virreinal y metropolitano. El primer aviso (1808) fue el intento frustrado de revolución liberal en Valladolid de Michoacán. El segundo (1810) marcó el comienzo de un fin muy largo y de consecuencias duraderas. Con todo y este final tan complicado, el periodo de las reformas borbónicas fue uno de auge económico y cultural que no se volvería a ver en los siguientes cien años.

DE LA INDEPENDENCIA
A LA CONSOLIDACIÓN REPUBLICANA

Josefina Zoraida Vázquez

Este capítulo comprende el periodo que va de 1808 a 1876, es decir, el del camino desde la independencia y la fundación de un Estado nacional hasta su consolidación como república, después de vencer la intervención francesa y el último intento monarquista. Se trata de un periodo de transición en el que el liberalismo y el nacionalismo empiezan a imponerse en el escenario internacional y se forjan los nuevos estados-nación, fenómeno en el cual las naciones iberoamericanas fueron pioneras.

Las revoluciones norteamericana y francesa, después extendidas a las colonias iberoamericanas, introdujeron nuevos principios en la vida política y en las relaciones entre los estados. Estos nuevos principios, calificados en 1812 de liberales, rechazaban las monarquías absolutas, estableciendo que la soberanía residía en el pueblo, por lo que sus representantes debían elegir el gobierno, ejercido por tres poderes distintos: legislativo, ejecutivo y judicial, como medio para garantizar los derechos y las libertades de los individuos. Al adjudicar a los hombres mayores de edad el derecho de elegir y poder ser elegidos como representantes, de súbditos se convertían en ciudadanos. Estos principios afectaron la organización y las relaciones internas de los países, pero también las relaciones internacionales, que dejaron de ser entre dinastías, basadas en la soberanía monárquica y la exclusividad de mercados, para fincarse en los principios de libertad de comercio y de protección del individuo y de la propiedad privada, promotoras de tolerancia religiosa, de la reciprocidad de trato y de los derechos marítimos de países neutrales, aun en tiempo de guerra. Era natural que un cambio tan drástico exigiera una larga transición para imponerse, contexto que rodeó a las independencias iberoamericanas.

En Nueva España los cambios "modernizadores" impuestos por las reformas borbónicas ya habían alterado las relaciones sociales, políticas y económicas construidas a lo largo de más de dos siglos, lo que generó un malestar general y un anhelo de autonomía de los novohispanos que se habría de incrementar ante las crecientes exigencias económicas de la metrópoli que afectaban a todos los grupos sociales. De esa forma, el quiebre de la monarquía en 1808 y la revolución liberal española, que se mencionarán más adelante, se convirtieron en coyuntura favorable para la independencia, al permitir que los americanos expresaran sus agravios y experimentaran el constitucionalismo liberal español, influencia que permearía el pensamiento político americano durante las primeras cuatro décadas de la vida nacional.

Al igual que otros virreinatos hispanoamericanos, en Nueva España la independencia se logró después de una larga lucha, por lo que el Estado mexicano nacería endeble, endeudado, con una economía paralizada, una sociedad dividida y una completa desorganización. Para colmo, su fama de prosperidad y riqueza lo convirtió en blanco de las ambiciones de los nuevos poderes comerciales. No obstante, el optimismo por recuperar su viejo brillo patrocinó el surgimiento de dos proyectos de nación que lucharían por imponerse, hasta que el esquema republicano liberal triunfara.

LA REVOLUCIÓN DE INDEPENDENCIA

La sociedad novohispana estaba formaba por un mosaico humano. Sólo 17.5% lo formaban los peninsulares y los criollos, sus descendientes, habitantes de las ciudades. El grupo peninsular era minúsculo y la población distinguía entre los burócratas y los residentes permanentes. El grupo criollo era el más educado y 5% era propietario de grandes fortunas, algunos hasta con títulos nobiliarios; pero la mayoría la formaban rancheros, comerciantes, empresarios, funcionarios, religiosos y militares medios, aspirantes a los altos puestos. Alrededor de 60% de la población la representaban los indígenas, que mantenían sus estructuras corporativas. Del pequeño grupo de nobles indígenas que hablaba "castilla" procedían los caciques, gobernadores, hacendados y comerciantes, pero la mayoría monolingüe era la principal fuerza de trabajo y pagaba tributo. Las alteraciones climáticas periódicas y el desarrollo de la hacienda habían llevado a muchos de sus miembros a buscar protección en el peonaje. Casi 22% de la población lo constituían las castas, mezcla de españoles, criollos, indios, negros, mulatos y mestizos, carentes de tierra e imposibilitados para los cargos públicos y para el grado de maestro en los gremios. Desempeñaban toda actividad no prohibida expresamente: mineros, sirvientes, artesanos, capataces, arrieros, mayordomos. Algunos se habían desplazado al norte en busca de fortuna y otros eran mendigos, léperos y malhechores que pululaban en ciudades y centros mineros. Apenas 0.5% era población negra, en parte esclava en haciendas azucareras.

La ciudad de México disfrutaba de tranquilidad cuando el 8 de junio de 1808 llegó la noticia de que Carlos IV había abdicado en favor de su hijo Fernando. Apenas se preparaba la celebración del evento cuando una nueva noticia alteró los ánimos: la corona había quedado en poder de Napoleón. Al estupor sucedió la preocupación por las consecuencias que el hecho tendría para Nueva España.

El acontecimiento se había producido dentro de un complejo contexto en el que Napoleón trataba de imponer el bloqueo continental contra su enemiga, Gran Bretaña, por lo que había forzado a España a consentir que los ejércitos franceses atravesaran su territorio para someter a Portugal, aliada de los británicos. Antes de delegar la corona de España en su hermano José, Napoleón convocó una asamblea de representantes y concedió a los españoles una carta constitucional que les garantizaba ciertos derechos y otorgaba igualdad a los americanos. Sin embargo, el pueblo español rechazó la imposición y se levantó en armas. Para organizar la ofensiva se formaron juntas regionales que, por necesidades de coordinación y representación, se unificaron en una junta suprema. Pero ésta fue incapaz de cumplir con su cometido y nombró una regencia que convocó elecciones a Cortes, es decir, la reunión de los representantes de la nobleza, el clero y el pueblo, para que debatieran cómo se gobernaría el imperio en ausencia del rey legítimo.

Aunque los novohispanos habían jurado fidelidad a Fernando VII, el ayuntamiento de México, al igual que los de otras partes del imperio, consideró que por ausencia del rey la soberanía se había revertido al reino, lo que hacía indispensable convocar una junta de ayuntamientos para decidir su gobierno. El virrey José de Iturrigaray otorgó su anuencia, pero los oidores del real acuerdo (que era presidido por el virrey) se opusieron ante el temor de que se pretendiera la independencia. Era verdad que algunos individuos simpatizaban con la idea, convencidos de que el reino tenía recursos para proveer la felicidad de sus habitantes, pero la gran mayoría aspiraba a una autonomía a la que creían tener derecho.

Mientras el reino convocaba una junta similar a las de la península, algunos burócratas y comerciantes peninsulares prepararon un golpe de Estado. En la medianoche del 15 de septiembre de 1808, unos 300 hombres al mando del rico hacendado Gabriel de Yermo penetraron al palacio y apresaron al virrey y su familia. Los líderes del ayuntamiento también fueron apresados. Al mismo tiempo, en la sala de acuerdos se declaraba virrey al militar más viejo del reino. El golpe no sólo infringía las vías del derecho, sino que mostraba las de la violencia. El reacio ejemplo de los peninsulares provocó la frustración criolla que se manifestó en conspiraciones, en el marco de una sequía que produjo escasez de granos. Después de que la junta de Sevilla nombrara virrey al arzobispo Francisco Xavier Lizana, surgió la primera conspiración en Valladolid. No tardó en ser descubierta, pero el arzobispo-virrey, con lenidad, sólo desterró a los implicados. Sin embargo, la conspiración ya se había extendido a Querétaro, próspero cruce de caminos. En casa de los corregidores Miguel y Josefa Domínguez se organizaban "tertulias literarias" a las que asistían los capitanes Ignacio Allende y Juan Aldama, algunos sacerdotes y comerciantes y el cura de Dolores, Miguel Hidalgo, hombre ilustrado y ex rector del Colegio de San Nicolás de Valladolid. Los conspiradores planeaban iniciar una insurrección en diciembre, al tiempo de la feria de San Juan de los Lagos, pero al ser denunciados, Allende, Aldama e Hidalgo no tuvieron otra alternativa que lanzarse a la lucha. Como ese 16 de septiembre era domingo, el cura llamó a misa, pero una vez reunidos los feligreses los convocó a unirse y *luchar contra el mal gobierno*. Peones, campesinos y artesanos, con todo y sus mujeres y niños, aprestaron hondas, palos, instrumentos de labranza o armas, cuando las tenían, y siguieron al cura.

Esa misma noche, las huestes ocuparon San Miguel el Grande y unos días después, en Celaya, aquella muchedumbre nombró a Hidalgo generalísimo y a Allende teniente general. En el santuario de Atotonilco, Hidalgo dio a ese ejército su primera bandera: una imagen de la virgen de Guadalupe. Dos semanas más tarde, los insurgentes estaban a las puertas de la rica ciudad de Guanajuato. Hidalgo emplazó al intendente Juan Antonio Riaño a rendirse, pero éste decidió atrincherarse en la alhóndiga de Granaditas con los vecinos ricos y sus caudales. Hidalgo dio la orden de ataque y, tras una larga resistencia, la muchedumbre invadió la alhóndiga y con furia se lanzó a una cruenta matanza y saqueo que Hidalgo y Allende no pudieron contener. El infortunado suceso le restaría simpatizantes al movimiento y retardaría su triunfo.

Para entonces se había recibido en la capital la convocatoria para elegir a los 17 diputados que representarían a Nueva España en las Cortes de Cádiz, lo que provocó efervescencia social. El arzobispo había sido sustituido por don Francisco Xavier Venegas, cuya mala suerte lo hizo estrenarse como virrey unos días antes de que estallara el movimiento, obligándolo a organizar la defensa sin conocimiento del reino. De inmediato ordenó al general Félix María Calleja avanzar hacia México y traer la virgen de los Remedios a la capital.

A pesar del temor que despertó la violencia, las desigualdades e injusticias extendieron la insurrección por todo el territorio novohispano. José María Morelos, cura de Carácuaro, se presentó ante Miguel Hidalgo y recibió el encargo de tomar Acapulco. José Antonio Torres asaltó Guadalajara y por otras partes se repitió algo semejante. En cambio, Manuel Abad y Queipo, obispo electo de Valladolid, gran promotor de una solución justa a los problemas sociales novohispanos, rechazó la violencia del movimiento y excomulgó a Hidalgo. Al enterarse de que los insurgentes marchaban hacia Valladolid, huyó mientras las autoridades entregaban la ciudad para evitar la suerte de Guanajuato y el cabildo catedralicio levantaba la excomunión a don Miguel.

Para fines de octubre, las huestes de Hidalgo estaban en el monte de las Cruces, a las puertas de la ciudad de México, donde el 30 de octubre aquella muchedumbre heterogénea se enfrentó y derrotó a mil criollos realistas. La ciudad se sobrecogió. Hidalgo buscó entrevistarse con el virrey pero terminó por ordenar la retirada, sin que sepamos por qué: ¿lo ocasionó la falta de apoyo de los pueblos indios del valle de Toluca? ¿Lo inspiró el temor de repetir los excesos de Guanajuato? ¿Temió verse acorralado por las tropas de Calleja? Lo cierto es que la etapa de las victorias había terminado, pues unos días después los insurgentes tropezaban con el ejército realista en Aculco y fueron derrotados. Allende, inconforme con la dirección de Hidalgo, marchó rumbo a Guanajuato, mientras el cura siguió camino a Guadalajara.

La ciudad recibió entusiasmada a Hidalgo. Éste, sin calibrar su precaria situación y con el título de alteza serenísima, organizó su gobierno, promovió la expansión del movimiento, ordenó la publicación del periódico El Despertador Americano, decretó la abolición de la esclavitud, del tributo indígena y de los estancos, y declaró que las tierras comunales eran de uso exclusivo de los indígenas. Por desgracia, también autorizó la ejecución de españoles prisioneros. Allende no tardó en llegar derrotado, al tiempo que las tropas de Calleja y de José de la Cruz, recién llegado de España, avanzaban hacia Guadalajara. Aunque estaba convencido de la imposibilidad de la defensa, Allende tuvo que organizarla. El desastre se consumó el 17 de enero de 1811 en Puente de Calderón, donde 5 000 realistas disciplinados derrotaron a 90 000 insurgentes.

Los jefes insurgentes lograron escapar y decidieron marchar al norte en busca de la ayuda norteamericana. En la hacienda de Pabellón, Allende y Aldama le arrebataron el mando a Hidalgo y, en Saltillo, decidieron dejar a Ignacio López Rayón al frente de la lucha. Pero una traición facilitó que Allende, Aldama, Hidalgo y José Mariano Jiménez fueran aprehendidos y conducidos a Chihuahua, donde fueron procesados y condenados. En sus dos procesos, Hidalgo enfrentó con honestidad la culpa de haber desatado la violencia y ordenado, sin juicio, la muerte de muchos españoles, porque "ni había para qué, pues estaban inocentes". Las cabezas de los cuatro jefes fueron enviadas a Guanajuato y se colocaron en las esquinas de la alhóndiga de Granaditas, pero el movimiento había herido de muerte al virreinato al romper el orden colonial y afectar hondamente la economía y la administración fiscal.

Mientras tanto, las Cortes españolas se reunían en Cádiz, con el fin de decidir el gobierno del imperio en ausencia del rey legítimo. Los debates y las noticias sobre las Cortes en la península eran leídas ávidamente por los novohispanos y con ello se politizaban. Tras largas discusiones se promulgó la Constitución de 1812, que fue jurada en México en septiembre. La nueva ley suprema establecía la monarquía constitucional, con división de poderes, libertad de imprenta, abolición del tributo, el establecimiento de diputaciones provinciales (seis en la Nueva España) y ayuntamientos constitucionales en toda población de mil o más habitantes, que debían organizar milicias cívicas para mantener el orden y contribuir a la defensa en caso de peligro. Se abolían los virreyes, que eran sustituidos por jefes políticos. La constitución satisfacía algunos de los anhelos criollos de libertad y representación, pero no les otorgaba la igualdad y la autonomía con que soñaban.

Como los americanos aprovecharon la libertad de prensa para difundir ideas libertarias en periódicos, hojas volantes y folletos, Venegas la suspendió. Mientras tanto, el plan de Calleja para combatir a los insurgentes había logrado cierto éxito, lo que aseguró que fuera nombrado jefe político, sucediendo a Venegas. Calleja difundió la constitución como instrumento contrarrevolucionario, pero celebró su abolición a la vuelta al trono de Fernando VII en 1814, ya que restringía sus poderes. De todas formas, los novohispanos ya habían experimentado su conversión en ciudadanos.

Al frente de los insurgentes, Rayón instaló en Zitácuaro una Suprema Junta Gubernativa de América. Los insurgentes contaban con el apoyo de la sociedad secreta de los "Guadalupes", que les enviaba dinero, información y consejos, pero Calleja no tardó en desalojarlos de Zitácuaro. Por entonces empezaba a destacar como gran caudillo el cura Morelos. Sus antecedentes de arriero lo habían familiarizado con gentes y caminos, y su natural talento militar lo hizo optar por formar un ejército poco numeroso, pero disciplinado y entrenado, al tiempo que su sentido común le permitía sacar provecho de las precarias condiciones en que se movía. Con Hermenegildo Galeana y Mariano Matamoros, sus inapreciables colaboradores, y con fieles seguidores como Nicolás Bravo, Manuel Mier y Terán, Guadalupe Victoria y Vicente Guerrero logró apoderarse de Chilpancingo, Tixtla, Chilapa, Taxco, Izúcar y Cuautla. En este lugar resistió dos meses el sitio de Calleja, del cual logró escapar milagrosamente y reponerse. Una vez que los insurgentes dominaron un extenso territorio, Morelos procedió a convocar un congreso para que ejerciera la soberanía y organizara el gobierno. El congreso se inauguró el 14 de septiembre de 1813 en Chilpancingo con la lectura de los "Sentimientos a la Nación", en los que Morelos declaró que la América era libre, que la soberanía dimanaba del pueblo y el gobierno debía dividirse en tres poderes, con leyes iguales para todos, *que moderaran la opulencia y la indigencia*. Después de firmar la declaración de independencia, el congreso confirió el poder ejecutivo a Morelos, quien adoptó el título de Siervo de la Nación. La constitución redactada por el congreso, inspirada en buena parte en la española de 1812, se promulgó en Apatzingán el 22 de octubre de 1814. Por desgracia, el congreso se arrogó todo el poder y quitó a Morelos la libertad de acción. La lucha continuaba; aunque Morelos logró tomar Acapulco, fracasó en Valladolid y, acorralado, cayó prisionero el 5 de noviembre de 1815; después de enfrentar los procesos y la degradación eclesiástica fue fusilado el 22 de diciembre en San Cristóbal Ecatepec.

Para ese momento, el reino mostraba las huellas de los años de guerra. Su centro estaba devastado por la miseria y la ruina. El dominio ejercido por los insurgentes en amplias áreas había desarticulado la administración y el cobro de impuestos. Las necesidades de la lucha habían favorecido que los jefes militares

—tanto insurgentes como realistas— ejercieran amplias facultades fiscales y judiciales, que servirían como base de su futuro
poder político. De todas maneras, como la Nueva España parecía haberse pacificado, el gobierno español optó por experimentar una política de conciliación. Juan Ruiz de Apodaca fue nombrado virrey en 1816 y de inmediato ofreció una amnistía a los
insurgentes, que muchos aceptaron. En medio de un orden que
parecía haberse restaurado, en 1817 tuvo lugar el fugaz intento
liberador encabezado por el padre Servando Teresa de Mier y el
capitán español Francisco Xavier Mina. Con 300 mercenarios,
Mina se introdujo hasta el Bajío, pero fue derrotado por las tropas realistas y fusilado el 11 de noviembre de ese año. Mier fue
encarcelado en San Juan de Ulúa.

El viejo prestigio de la corona se había desgastado ante su
incapacidad para restaurar el orden, cuando en enero de 1820
se presentó una coyuntura favorable para consumar la independencia. En la península, el comandante Rafael de Riego se pro-
nunciaba por la restauración de la Constitución de 1812 en los
primeros días de enero y forzaba al rey a jurarla, con lo que provocó que todo el imperio lo hiciera y se convocaran las elecciones a Cortes.

Para entonces, los diez años de lucha habían transformado
tanto a la Nueva España que incluso los peninsulares se inclinaban por la independencia, aunque cada grupo por razones diferentes. Las altas jerarquías del ejército y la iglesia la favorecían,
temerosas de que el radicalismo de las nuevas Cortes abolieran
sus privilegios, entre ellos sus fueros. Otros grupos deseaban
una constitución adecuada al reino, mientras algunos más preferían el establecimiento de una república. Por lo pronto, el orden
constitucional liberó a los insurgentes encarcelados y la vigencia de la libertad de imprenta permitió la aparición de publicaciones subversivas. Esto, sumado a las elecciones de diputados
a Cortes, de diputados provinciales y de ayuntamientos constitucionales, volvió a alterar los ánimos.

En este contexto surgió un plan independentista dentro de las filas realistas. Su autor, Agustín de Iturbide, un militar criollo nacido en Valladolid, simpatizaba con la autonomía pero había rechazado el curso violento del movimiento insurgente. Desde 1815 había expresado la facilidad con la que podría lograrse la independencia de unirse los americanos de los dos ejércitos beligerantes. Don Agustín no había sufrido una sola derrota, pero una acusación había interrumpido su carrera y, aunque fue relevado de aquélla, prefirió volver a la vida privada. La experiencia de la guerra y su retiro le permitieron reflexionar sobre la situación, y su acceso a amplias capas de la población lo familiarizó con los diversos puntos de vista de los novohispanos, mismos que fue conjugando en un plan para consumar de manera pacífica la independencia. Su prestigio hizo que el grupo opositor a la constitución se le acercara pero, contrariamente a la interpretación tradicional, Iturbide no se sumó a esa corriente sino que buscó un apoyo general. Al ofrecerle Apodaca el mando del sur para liquidar a Guerrero, Iturbide vio la oportunidad de lograr su objetivo, por lo que informó sobre sus planes a los diputados novohispanos que marchaban rumbo a España.

Iturbide confiaba en vencer a Guerrero o lograr que se acogiera al indulto, pero como la empresa resultara más complicada lo invitó a unírsele. Guerrero, a su vez, consciente de su aislamiento, había llegado también a una conclusión semejante: la independencia sólo era posible en unión con un jefe realista. Al principio desconfió de su viejo enemigo, pero el plan y las seguridades que le ofreció Iturbide terminaron por convencerlo, por lo que pidió a sus tropas que lo reconocieran "como el primer jefe de los ejércitos nacionales".

Para lograr el consenso, Iturbide había fundamentado el plan sobre tres garantías: religión, unión e independencia, que resumían los empeños criollos de 1808 y los de los insurgentes; la de unión buscaba tranquilizar a los peninsulares. El 24 de febrero de 1821, en Iguala, se proclamó el plan. Se enviaron copias al rey, a todas las autoridades civiles y militares del reino y a los jefes realistas e insurgentes. El plan fue recibido con entusiasmo por la población y el ejército, a excepción de jefes militares y autoridades de la capital, y algunos comandantes peninsulares.

Mientras tanto, en Madrid, los diputados novohispanos habían logrado que se nombrara al liberal Juan de O'Donojú jefe político de Nueva España. También, en un último intento por lograr la autonomía dentro del imperio español, presentaron una proposición federalista en junio de 1821 que ni siquiera fue discutida, por lo que se retiraron. O'Donojú llegó a Veracruz en julio, cuando el movimiento de Iguala ya se había extendido por todo el virreinato, lo que lo convenció de que la independencia era irreversible. Por tanto, informó al gobierno que era imposible contrarrestarla: "Nosotros mismos hemos experimentando lo que sabe hacer un pueblo cuando quiere ser libre". Convencido, decidió entrevistarse con Iturbide, con quien firmó los Tratados de Córdoba en los que reconocía la independencia y el establecimiento de un Imperio Mexicano, pero que salvaba la unión con España al ser encabezado por un miembro de la dinastía reinante. Enseguida, O'Donojú exigió la capitulación del ejército que ocupaba la capital, lo que permitió que el 27 de septiembre de 1821 una ciudad engalanada con arcos triunfales recibiera entusiasmada al libertador Iturbide, a Guerrero y al Ejército Trigarante. Desfiles, juegos pirotécnicos y canciones celebraron la independencia y al libertador, mientras el optimismo general disimulaba las contradicciones existentes entre realistas e insurgentes.

SE FUNDA EL ESTADO MEXICANO

La lucha y la Constitución de 1812 habían favorecido la desorganización de la Nueva España, cuyo enorme territorio, mal comunicado y con una población escasa y heterogénea, estaba expuesto por el norte al expansionismo de Estados Unidos. Aunque pleno de optimismo, el imperio, dividido, desorganizado, en bancarrota, con una enorme deuda de 45 millones de pesos y habitantes sin experiencia política, nacía sobre bases endebles. El reconocimiento de O'Donojú hizo que el camino del nuevo Estado pareciera expedito, pero aquél murió en octubre y privó a la nación de su experiencia y de la legitimidad que personificaba. Así, concluidos los festejos, la nación quedaba frente a la ardua tarea de controlar el territorio, reanudar el cobro regular de impuestos, despertar lealtad en los ciudadanos y lograr el reconocimiento internacional para regularizar sus relaciones con el exterior.

Iturbide constituyó una Junta Provisional Gubernativa con individuos simpatizantes de diversas propuestas pero sin insurgentes, también ausentes de la regencia de cinco miembros elegidos por la junta. Iturbide, como presidente de la regencia, de inmediato convocó la elección de diputados para el congreso nacional que debía redactar la constitución del imperio, pero, ignorando la convocatoria de 1810 para elegir diputados a Cortes, optó por una representación corporativa que favorecía a las elites. Elegidos los diputados, el congreso comenzó sus trabajos el 24 de febrero de 1822. En aquel entonces había llegado la feliz noticia de la anexión de la capitanía de Guatemala que, en bancarrota y amenazada de fragmentación, buscaba una salida; pero también llegó otra poco satisfactoria: las Cortes habían desconocido los Tratados de Córdoba. De inmediato, los monarquistas empezaron a enfrentarse al grupo que favorecía la coronación de Iturbide.

La situación era complicada. La rebaja de impuestos y la desorganización de su cobro, sumada a la percepción de que la independencia liberaba a los habitantes de su pago, hicieron escasear los recursos. La urgencia por pagar el sueldo de empleados y militares requería que el congreso legislara el arreglo de la hacienda pública y del ejército, amén de redactar la constitución, pero su inexperiencia distrajo a los diputados en formalismos.

El también inexperto Iturbide tampoco supo enfrentar la situación y, al chocar con los congresistas, amenazó con la renuncia. En medio de su popularidad, el rumor de su renuncia sirvió para que el sargento Pío Marcha instigara al regimiento Celaya a amotinarse la noche del 18 de mayo al grito de "¡Viva Agustín I, emperador de México!". El populacho de la capital no tardó en sumarse exigiendo que el congreso discutiera la propuesta. Éste, en lugar de negarse, deliberó esa noche en medio de la gritería y, como muchos diputados apoyaban la petición, una mayoría votó a favor de su coronación.

En medio de las privaciones y del descontento de los insurgentes republicanos, Iturbide se coronó el 21 de julio, aunque con menos facultades que cuando era presidente de la regencia. El descontento y la llegada de Mier, liberado de San Juan de Ulúa, dieron lugar a conspiraciones. El emperador procedió a encarcelar a los sospechosos, con lo que creó una situación tan crítica que varios diputados le aconsejaron disolver el congreso. Efectuada la disolución el 21 de octubre, Iturbide lo sustituyó por una junta nacional instituyente, elegida entre los mismos miembros del congreso.

Este suceso, unido al temor de las provincias frente al centralismo favorecido por Iturbide, más la imposición de préstamos forzosos, había producido un malestar que iba a aprovechar el joven brigadier Antonio López de Santa Anna para pronunciarse. El 2 de diciembre de 1822, desde Veracruz, desconoció a Iturbide, exigió la restauración del congreso y el establecimiento de un gobierno republicano. El plan apenas logró apoyo pero, en cambio, sirvió para que las sociedades secretas o logias masónicas armaran una coalición entre las tropas enviadas a combatirlo, mismas que el 2 de febrero de 1823 lanzaron el Plan de Casa Mata. Éste exigía la elección de un *nuevo* congreso y, como reconocía la autoridad de las diputaciones provinciales, conquistó el apoyo regional. Iturbide, confiado en que el plan no atentaba contra su persona, se limitó a reinstalar el congreso disuelto. Pero como el malestar no se acallara, abdicó el día 22 y el 11 de mayo se embarcó con su familia rumbo a Italia. El congreso no sólo decretó la ilegalidad del imperio, sino que declaró a Iturbide fuera de la ley si tocaba territorio nacional. Este decreto establecía que, al intentar volver al territorio mexicano en 1824, Iturbide fuera fusilado.

Fracasado el experimento político monárquico, el país se encontró sin ejecutivo. El congreso reinstalado no dudó en asumir el poder total y el 31 de marzo nombró un triunvirato formado por Pedro Celestino Negrete, Guadalupe Victoria y Nicolás Bravo para ejercer como Supremo Poder Ejecutivo. Las diputaciones provinciales y el ejército se negaron a obedecerlo y exigieron una convocatoria para elegir un nuevo congreso, de acuerdo con el Plan de Casa Mata.

Centroamérica, que en la época virreinal se había administrado aparte, fue la única en separarse en forma permanente, pero como Guadalajara, Oaxaca, Yucatán y Zacatecas se declararon estados libres y soberanos, la desintegración pareció inminente. El poder ejecutivo nombró a Lucas Alamán secretario de Relaciones, quien, para impedir que el territorio se fragmentara, movilizó al ejército contra la provincia más virulenta, Guadalajara. Los representantes de ésta y Zacatecas acordaron reconocer la autoridad del congreso a condición de que el territorio se organizara como una federación. El congreso se resistió a hacerlo, pero el temor a la fragmentación, como la de los virreinatos meridionales, lo llevó a ceder y a convocar la elección de un nuevo congreso constituyente.

El nuevo congreso se instaló en noviembre de 1823 con una mayoría federalista pero dispuesta a mantener la unión. De esa manera, el acta del 31 de enero de 1824 constituyó los *Estados Unidos Mexicanos* y, después de largos debates, para septiembre tenía listo el texto de la Constitución de 1824, que fue jurada en octubre. En ella se establecía una república representativa, popular y federal formada por 19 estados, cuatro territorios y un Distrito Federal; mantenía la católica como religión de Estado, sin tolerancia de otra, y un gobierno dividido en tres poderes, con el legislativo como poder dominante. El ejecutivo quedó en manos de un presidente y un vicepresidente, y el poder judicial en las de tribunales y una Suprema Corte de Justicia. Se mantuvo el sistema electoral establecido por la constitución española. Como era un sistema indirecto, aunque en el primer nivel votaban casi todos los hombres mayores de edad, era restringido. El presidente de la república era elegido por las legislaturas estatales. Esta constitución tuvo influencia de la de Estados Unidos, pero la fundamental fue la de 1812.

El tradicional regionalismo determinó que el federalismo mexicano fuera más radical que el norteamericano, ya que al gobierno federal se le privó de autoridad fiscal sobre los ciudadanos. Aunque quedaron a su cargo el pago de la deuda, la defensa, el orden y la obtención del reconocimiento internacional, para cumplir con ello sólo se le adjudicó una contribución que debían pagar los estados —que pocos cumplieron—, más los impuestos de las aduanas y algunas menudencias.

La elección del ejecutivo favoreció a los ex insurgentes Guadalupe Victoria y Nicolás Bravo para la presidencia y vicepresidencia. La jura de los puestos se efectuó en un ambiente de optimismo, confiado en que el nuevo régimen político aseguraba el progreso. Esto contrastaba con la situación real del país: endeudado, desorganizado y necesitado de crédito y de reconocimiento internacional para funcionar. El imperio sólo había contado con el reconocimiento de Gran Colombia, Perú, Chile y Estados Unidos, pero requería urgentemente el de Gran Bretaña que, por su poderío político y financiero, era la única capaz de neutralizar la amenaza de reconquista y proveer el crédito necesario. Como Gran Bretaña se interesaba en la plata y el mercado mexicanos, en 1825 extendió el reconocimiento y en 1826 firmó un favorable tratado de amistad y comercio. El afán especulativo de los banqueros ingleses había permitido que antes del reconocimiento se obtuvieran dos préstamos. Aunque las condiciones fueron leoninas, los préstamos permitieron que funcionara la primera presidencia y que se pudiera expulsar a los españoles de San Juan de Ulúa, su último reducto en territorio mexicano. Por desgracia, el país no pudo pagar los intereses, con la consiguiente pérdida de crédito y la pesadilla que significó la deuda para todos los gobiernos.

La anhelada libertad de comercio se inauguró con la independencia y permitió la llegada de comerciantes europeos y norteamericanos. El comercio permaneció casi paralizado durante las primeras décadas, afectado por el marasmo económico, las malas comunicaciones, la inseguridad, el alto costo de la arriería y la falta de moneda flexible. Iturbide había recurrido a la emisión de papel moneda, pero fue suprimida por su caída. De esa manera, las libranzas sirvieron como sustituto. En 1829 se introdujo la moneda de cobre para favorecer transacciones menores, pero como no tardó en falsificarse en gran escala se retiraría en 1841, con enormes pérdidas para la hacienda pública.

Las grandes esperanzas que se pusieron en la libertad de comercio no tardaron en ser traicionadas por una realidad que destruyó la incipiente industrialización iniciada a fines del siglo XVIII. De todas maneras, los grandes paquebotes que llegaron con mercancía a puertos mexicanos procedentes de Europa y Estados Unidos animaron ciertas transacciones. Los británicos no tardaron en dominar el comercio de mayoreo de manta barata, hilazas, instrumentos y maquinaria, mientras que el de artículos de lujo se convirtió en coto francés. En los tratados internacionales se reservó el comercio de menudeo para los mexicanos, pero no se pudo evitar que franceses y españoles lo invadieran, lo que ocasionó graves problemas diplomáticos que forzaron al gobierno a eliminar su prohibición en 1842. La libertad de comercio también tuvo consecuencias políticas, ya que algunos comerciantes eran cónsules o vicecónsules de sus países y se inmiscuían o instigaban pronunciamientos, en especial en Veracruz y Tampico, para aprovechar los descuentos de impuestos que les hacían los rebeldes.

Las exportaciones mexicanas continuaron siendo principalmente de plata, aunque también salieron palo de tinte, añil, vainilla, cochinilla, henequén y azúcar. La mayor parte del comercio se hacía por Veracruz, Tampico, Matamoros, Campeche, Sisal, Mazatlán, Guaymas y San Blas, y estuvo azotado por el contrabando. Algunas rutas establecidas en el norte, en especial entre Santa Fe, Chihuahua y Texas con Estados Unidos, resultaron especialmente exitosas y, por desgracia, sirvieron para alimentar la ambición territorial del vecino del norte.

A pesar del estancamiento económico, el recuerdo del lustre novohispano, las ambiciones despertadas por la publicación del libro de Alejandro de Humboldt y la indispensable plata mexicana patrocinaron la llegada de capitales británicos y alemanes a la minería. Pero la inyección de capital y la introducción de la máquina de vapor no fueron suficientes para mantener la vieja producción que se redujo a la mitad. A excepción de Zacatecas, la recuperación de la minería fue lenta, pero logró exportar legalmente un promedio de 15 millones de pesos anuales de plata, y otro tanto de contrabando.

La agricultura, tan afectada por la pérdida de fuerza de trabajo, la inseguridad y el costo del transporte, también tardó en reponerse. Las haciendas permanecieron en manos criollas y sus dueños continuaron con la diversificación de sus empresas para defenderse de las fluctuaciones económicas. La producción de azúcar, café o henequén para exportación llevó a las grandes haciendas a invadir las tierras de los pueblos, lo que fue causa de insurrecciones rurales.

Tampoco pudo echarse a andar el sueño de construir ferrocarriles para solucionar el problema de las comunicaciones, pues estuvo obstaculizado por la falta de financiamiento y sólo se lograron construir 18 kilómetros de vía férrea. La misma suerte afectó la formación de una flota mercante; sólo los yucatecos contaron con una flota de pequeñas embarcaciones para el comercio de cabotaje.

La vida política tampoco conquistó la estabilidad y la plaga del faccionalismo producida por las logias masónicas y los pronunciamientos militares harían que pronto se esfumara la paz, aunque hay que advertir que, con excepción de las de 1832 y 1854, las revoluciones siempre afectaron áreas limitadas. La logia escocesa, introducida por el ejército español, se había difundido entre las clases altas, por lo que los radicales decidieron fundar otra más popular. El presidente Victoria la favoreció en busca de "equilibrio" y el ministro norteamericano Joel R. Poinsett la registró en Estados Unidos. Esta logia, conocida como yorquina, adoptó la retórica antiespañola, favorecida por las clases populares y fortalecida al descubrirse la conspiración del padre Joaquín Arenas, que promovía una vuelta al orden colonial. Este hecho incrementó los enfrentamientos entre masones, empantanando el funcionamiento del gobierno y orillando al vicepresidente Bravo a pronunciarse en 1827 contra las logias y la intromisión política del ministro Poinsett. La derrota de Bravo y su destierro aseguraron el predominio yorquino y la aprobación de las leyes de expulsión de españoles.

En un ambiente tenso, en 1828 se llevaron a cabo las elecciones para la primera sucesión presidencial y México no superó la prueba. El voto de las legislaturas favoreció a Manuel Gómez Pedraza, pero el general Santa Anna se pronunció en Veracruz a favor de Guerrero. Después de que un motín radical en la ciudad de México apoyara el levantamiento, Pedraza renunció. El congreso, sin autoridad constitucional, designó a Guerrero presidente y a Anastasio Bustamante vicepresidente.

En una presidencia fugaz y desgraciada, y con una hacienda exhausta, Guerrero tuvo que cumplir con la expulsión de españoles y hacer frente a la expedición de reconquista dirigida por Isidro Barradas. Los generales Mier y Terán y Santa Anna lograron derrotarla. A este éxito se sumó la promulgación del decreto de abolición de la esclavitud, sin que lograran neutralizar su impopularidad. En diciembre de 1829, el ejército de reserva que se había situado en Jalapa para apoyar la defensa desconoció a Guerrero y, en enero de 1830, el vicepresidente Bustamante asumió el ejecutivo, con Alamán como secretario de Relaciones. La administración de Bustamante se empeñó en dar fin a los levantamientos militares, ordenar la hacienda pública, normalizar el pago de la deuda británica y favorecer el desarrollo económico. Alamán puso en orden la hacienda pública y renegoció la deuda externa, además de empeñarse en promover el desarrollo económico y la industrialización. Para ello fundó el Banco de Avío e importó maquinaria textil, semillas de algodón, cabras y vicuñas finas. Sus esfuerzos y la difusión de conocimientos prácticos en periódicos como *El Mercurio* favorecieron la fundación de fábricas textiles que, para mediados de siglo, lograrían una módica producción, sin lograr competir con la inglesa.

Aunque todos reconocieron las habilidades de Alamán, desconfiaron de sus manipulaciones políticas que le habían permitido eliminar enemigos del régimen en algunos estados, lo que despertó el temor de los gobiernos estatales de que pretendiera centralizar la administración. A ese temor se sumó el descontento generado por el fusilamiento del general Guerrero y otros radicales en 1831. Santa Anna, que aspiraba a la presidencia, decidió aprovechar el malestar para pronunciarse en enero de 1832 y desencadenó una revolución tan costosa que condenó al gobierno a préstamos de la iglesia, la hipoteca de aduanas y la renta de casas de moneda y salinas, por lo que al final quedó a merced de los préstamos usurarios para poder funcionar a medias.

Santa Anna, con el apoyo de las milicias y las entradas de las aduanas de Veracruz y Tampico, triunfó sobre Bustamante y el ejército. Los estados condicionaron su apoyo a que volviera Gómez Pedraza y terminara el periodo para el que había sido elegido. Efectuadas las elecciones de 1833, resultaron elegidos Santa Anna y Valentín Gómez Farías, con un congreso radical e inexperto. Dado que Santa Anna estuvo constantemente en su hacienda o en la campaña militar contra el levantamiento de "religión y fueros" iniciado contra los gobernadores de Michoacán y el Estado de México, durante casi todo el primer año el ejecutivo lo ejerció el vicepresidente Gómez Farías.

Los radicales estaban decididos a emprender la reforma liberal y, para asegurarse de no tener opositores importantes, decretaron una ley que condenaba al destierro a una lista de sospechosos que podían serlo. Para octubre de 1833, y en medio de una epidemia de cólera, el congreso inició la promulgación de leyes que afectaban a la iglesia. Se eliminaron el uso de la fuerza pública para el cobro de diezmos y el cumplimiento de votos monásticos; la provisión de curatos vacantes por el gobierno; la clausura de la Universidad, y la laicidad de la educación superior. Gómez Farías suspendió la provisión de curatos por considerarla impolítica, pero el congreso exigió su vigencia y condenó al destierro a los obispos que se resistieran. La medida, sumada a la proscripción de ciudadanos, hizo estallar el descontento popular.

Las reformas religiosas habían contado con la aprobación de Santa Anna, pero cuando el congreso empezó a discutir la reorganización del ejército, aquél aprovechó el clamor general contra el vicepresidente y los radicales, y reasumió la presidencia. El general nombró un gabinete moderado y suspendió las reformas, a excepción de la supresión del pago de diezmos que tanto favorecía a los hacendados.

De hecho, desde 1829 privaba la inconstitucionalidad. El congreso había violado varias veces la ley suprema, el ejecutivo sólo funcionaba con poderes extraordinarios y la debilidad de la federación dificultaba el funcionamiento del gobierno; es decir, era urgente una reforma constitucional. En 1835, en medio de una situación crítica en la que los colonos texanos preparaban la secesión, el congreso federal aprobó un decreto que reducía la milicia cívica. Los estados de Zacatecas y de Coahuila y Texas decidieron desafiarlo y el ministro de Relaciones, José María Gutiérrez de Estrada, trató inútilmente de convencer al gobierno zacatecano de la legalidad de la ley y de la imposibilidad de hacer excepciones. Zacatecas aprestó su milicia para resistir el decreto, aunque a la llegada del ejército el comandante, la milicia y el gobernador huyeron, lo que permitió que la capital del estado fuera ocupada sin violencia. Sin embargo, los hechos parecieron darle la razón a los enemigos del federalismo.

ANTE LAS AMENAZAS EXTRANJERAS
SE EXPERIMENTAN EL CENTRALISMO Y LA DICTADURA

El desafío zacatecano y la amenaza de secesión texana generalizaron la percepción de que el federalismo favorecía la desintegración del territorio nacional. Así, aunque el congreso elegido en 1834 empezó a debatir la reforma de la constitución, terminó por ceder al clamor que pedía al legislativo convertirse en constituyente y adoptar una "forma más análoga a sus necesidades y costumbres". Por tanto, mientras Santa Anna emprendía la expedición a Texas, los legisladores iniciaron la redacción de una nueva constitución. Los diputados procedieron a estudiar cuidadosamente los "errores" de la primera ley fundamental y a debatir la forma de corregirlos.

Las Siete Leyes, la primera constitución centralista, estuvo lista en diciembre de 1836. Aunque los federalistas la tacharon de conservadora, era de cuño liberal, pues preservaba la representación y la división de poderes, que aumentó con un cuarto, el Poder Conservador, encargado de vigilar a los otros. La percepción de que la extensa representación causaba inestabilidad llevó a reducirla. De esa manera se estableció un voto censitario, similar al que prevalecía en todos los países que contaban con representación, es decir, votaban y eran votados sólo aquellos que pagaban impuestos o tenían propiedades. La elección continuó siendo indirecta. Los estados perdieron su autonomía y se convirtieron en departamentos, con gobernantes elegidos por el ejecutivo nacional de una terna que le presentaban las juntas departamentales. Los congresos estatales se convirtieron en juntas departamentales de sólo siete diputados y los ayuntamientos se redujeron a aquellos que existían en 1808, además de los de pueblos con más de 8 000 almas y puertos con más de 4 000. La elección de presidente se hizo más complicada, pues se determinó que el Senado y la Suprema Corte de Justicia presentaran sus ternas, de las cuales la Cámara de Diputados escogería a tres que serían turnadas a las juntas departamentales; el voto de cada una de ellas sería considerado por la Cámara de Diputados, cuyo presidente declararía quién resultaba vencedor. La hacienda pública se centralizó para fortalecer al gobierno nacional, pero, aunque el periodo presidencial se amplió a ocho años y se suprimió la vicepresidencia, el ejecutivo continuó siendo muy débil, ya que estaba sometido al Poder Conservador, al Congreso y al Consejo de Gobierno. Aunque las Siete Leyes se juraron después del desastre de Texas, el pueblo mexicano, siempre confiado en los milagros, eligió presidente al general Anastasio Bustamante, en un ambiente de optimismo que veía el sistema como "un nuevo y prometedor comienzo".

La ignorancia atribuye al centralismo la independencia de Texas, pero su pérdida estaba anunciada por la entrada de colonos del expansivo vecino, y el interés de Estados Unidos por comprarlo, expresado por el ministro Poinsett desde 1825. La corona española había autorizado la entrada de los primeros colonos angloamericanos, preocupada por poblarlo y dar asilo a sus súbditos de la Luisiana y las Floridas —que había perdido—, a quienes autorizó a trasladarse a Texas con ciertos privilegios. Al independizarse México, el gobierno, deseoso de poblar el Septentrión, mantuvo esa política. Condicionó la entrada de colonos angloamericanos a los que fueran católicos, pero incrementó sus privilegios con la esperanza de convertirlos así en

ciudadanos leales. Se aprobaron concesiones de grandes territorios a algunos "empresarios", quienes se comprometían a po-
blarlos con colonos honestos que recibirían tierra prácticamente gratis, pagando a los empresarios sólo el deslinde y la división
de los terrenos. El estado de Coahuila y Texas cobró la titulación
de la propiedad y un simbólico pago. Por desgracia, la enorme
frontera, la lejanía y la falta de recursos favorecieron que una
mayoría protestante y esclavista entrara y violara las leyes, de
forma que en las colonias privaba la ilegalidad.

Es verdad que el Congreso Constituyente de 1824, al unir
Texas a Coahuila, provocó muchos problemas, pero para 1834
la mayoría se había resuelto. Las verdaderas fuentes de fricción
eran la esclavitud y la instalación de aduanas, una vez vencidos
los plazos de exención. Desde los debates de la constitución del
estado, el empresario anglosajón Esteban Austin había chanta-
jeado a los diputados que querían abolir la esclavitud, pregun-
tándoles con qué fondos iban a pagar a sus dueños el valor de
sus "propiedades". Por tanto, la Constitución de 1827 sólo se limitó a declarar que "en el estado nadie nace esclavo". En 1829,
Guerrero declaró la abolición de la esclavitud en México, pero
exentó de su vigencia a Texas, a condición de que no se impor-
tara ni un solo esclavo más. Pero el hecho de que en un futuro
cercano desapareciera la esclavitud inquietó a los colonos.

De cualquier forma, iba a ser la ley de colonización de
1830, que prohibía la inmigración de angloamericanos, la que
generalizó el descontento, mismo que aumentó al abrirse la primera aduana en 1832. En la villa de Anáhuac provocó una revuelta que desembocó en la reunión de la primera convención
de angloamericanos. Los especuladores anexionistas, llegados a
fines de los años veinte, se encargaron de utilizar hábilmente
"estos agravios" para azuzar a los colonos pacíficos. Una segunda convención decidió que Austin viajara a México para presentar al congreso algunas peticiones. Austin, que tenía muchos
amigos entre los diputados radicales de 1833, logró que se anu-

lara la prohibición de inmigración angloamericana, que se extendiera el plazo de exención de impuestos y que Coahuila hiciera reformas para aumentar la representación texana, autorizara el uso del inglés en trámites administrativos y judiciales y aprobara el juicio por jurado, es decir, tribunales en los que los transgresores de las leyes serían juzgados por los propios ciudadanos.

Pero la reapertura de la aduana en 1835, al vencerse el nuevo periodo de exención de impuestos, volvió a inquietar los ánimos. El comandante militar no supo resolver los problemas y los anexionistas volvieron a manipular el temor de los colonos al antiesclavismo mexicano para inclinarlos hacia la independencia. A fin de fortalecer su movimiento, los colonos hicieron un llamado a los norteamericanos para sumarse a su lucha por la libertad. Por tanto, en Estados Unidos se formaron miles de clubes que reclutaron voluntarios y reunieron armas y recursos. El presidente Andrew Jackson, a su vez, declaró la "neutralidad" en un problema interno mexicano, que además no respetó.

El gobierno optó por el envío de una expedición para someter la rebelión texana, al mando del general Santa Anna. La pobreza del erario y la improvisación del ejército propiciaron su mala organización y abastecimiento, pero la campaña se inició con éxito y en una sangrienta batalla se recuperó el fuerte del Álamo. Eso no impidió que, al mismo tiempo, los texanos declararan la independencia el 6 de marzo de 1836 y nombraran un gobierno provisional en el que el mexicano Lorenzo de Zavala fue designado vicepresidente. Santa Anna emprendió la persecución de tal gobierno y en un descuido cayó prisionero. El segundo al mando, el general Vicente Filisola, obedeció órdenes del presidente prisionero de retirar las tropas más allá del río Grande (más tarde Bravo), lo que aseguró la independencia de Texas y sus pretensiones de que ésa fuera la frontera del departamento. Las penurias mexicanas impedirían el envío de una nueva expedición, no sin que la recuperación de Texas se convirtiera en una obsesión que impediría al gobierno atender las advertencias británicas de reconocer la independencia, para evitar pérdidas mayores.

El centralismo no tardó en traicionar las esperanzas que había despertado. Apenas puesto en práctica, la supresión de ayuntamientos y la imposición del impuesto que todos los habitantes tenían que pagar (capitación) provocaron rebeliones rurales y levantamientos federalistas en el norte. De esa manera, la década centralista se convirtió en la de mayor inestabilidad del siglo e hizo más profunda la paralización económica. La debilidad del gobierno nacional propició intervenciones extranjeras, justificadas por reclamaciones que los gobiernos mexicanos habían descuidado. En su mayoría eran injustas o exageradas, como lo probaría el arbitraje internacional al que se sometieron las norteamericanas, que las redujo a 15%. En 1838, Francia las utilizó para bombardear y bloquear Veracruz y Tampico, obligando al país a endeudarse para pagar una indemnización muy injusta.

La escasez de fondos incrementó el endeudamiento del gobierno y forzó al congreso a decretar un impuesto de 15% a los artículos importados, lo que causó la quiebra de muchos comerciantes extranjeros y algunos mexicanos. De esa manera, antes de que se cumpliera el primer periodo presidencial, algunos buscaban solución a los problemas en una monarquía, "con un príncipe extranjero", o en la dictadura militar. José María Gutiérrez de Estrada, convencido de que se conspiraba para establecer esta última, se atrevió a sugerir la alternativa monárquica. El ejército hábilmente provocó el gran escándalo republicano que le abriría paso a la dictadura. En 1841, los comerciantes extranjeros instaron a los generales Antonio López de Santa Anna, Mariano Paredes y Gabriel Valencia a pronunciarse y, en octubre, se establecía la dictadura militar encabezada por Santa Anna. Los federalistas moderados apoyaron la dictadura a condición de que se convocara un nuevo congreso constitucional. Santa Anna lo convocó y los federalistas obtuvieron la mayoría, lo que selló su destino. En diciembre de 1842 el gobierno lo disolvió y lo sustituyó por una junta de notables que redactó las Bases Orgánicas. La nueva constitución centralista eliminó el Poder Conservador, fortaleció al ejecutivo y amplió la representación y las facultades de las representaciones departamentales que se denominaron asambleas legislativas. Mas la bancarrota hacendaria también imposibilitó su funcionamiento.

Una vez juradas las Bases Orgánicas y realizadas las elecciones en 1843, Santa Anna resultó elegido presidente, con un congreso de federalistas moderados empeñado en hacerlo cumplir con el orden constitucional. Por tanto, cuando en noviembre de 1844 intentó disolverlo, el congreso se resistió y el 5 de diciembre de 1844 desaforó a Santa Anna con el apoyo del poder judicial, el ayuntamiento y el populacho de la capital. El presidente del consejo de gobierno, José Joaquín de Herrera, de acuerdo con la ley asumió provisionalmente el ejecutivo. Herrera eligió un gabinete con distinguidos federalistas moderados y se empeñó en formar un gobierno honesto que reconciliara las facciones. Los moderados se daban cuenta de la imposibilidad de afrontar una guerra y optaron por negociar el reconocimiento de Texas para evitarla.

Pero el contexto nacional e internacional era adverso. México no sólo estaba amenazado por Estados Unidos sino también por España, cuya casa reinante había organizado una conspiración para instalar una monarquía en el país, con la anuencia de Francia y Gran Bretaña. Organizado por el ministro español, Salvador Bermúdez de Castro, el proyecto contó con la colaboración de ciudadanos influyentes, como Alamán.

El proyecto dividió aún más el escenario político. Por si fuera poco, para la década de 1840 la asimetría de México con su vecino se había multiplicado. La población norteamericana llegaba a los 20 millones, al tiempo que México apenas excedía los siete y carecía de elementos para hacer frente a un país dinámico que contaba con extensos recursos humanos y materiales. Por desgracia, la propuesta mexicana de iniciar la negociación de reconocimiento era extemporánea y, en junio de 1845, Texas aprobó la oferta norteamericana de anexarse a Estados Unidos, lo que sirvió para que los federalistas radicales acusaran a Herrera de pretender su venta y la de California.

En esa delicada situación, los monarquistas se acercaron al general Mariano Paredes y Arrillaga, comandante de la división de reserva, quien aprovecharía su apoyo para llegar al poder. El prestigio de honestidad y eficiencia de Paredes había permitido que contara con los recursos del gobierno, pues el fortalecimiento de su división era esencial para apoyar la defensa del norte amenazado. No obstante, al recibir la orden de marchar hacia la frontera, en lugar de obedecerla procedió a desconocer a Herrera, dirigiéndose hacia la capital para asaltar la presidencia. Su dictadura militarista resultó un gran fracaso, pues ni combatió la corrupción ni reordenó la hacienda ni fortaleció la defensa. Como era de esperarse, no tardó en estallar un movimiento federalista en Guadalajara y, a pesar de que el ejército norteamericano avanzaba sobre el territorio mexicano, Paredes distrajo unidades del ejército para combatir a los federalistas.

Paredes también trató de evitar la guerra, pero el presidente James Polk estaba decidido a adquirir California a cualquier costo. Polk prefería evitar la guerra para no atizar los problemas regionales; por tanto, en La Habana ofreció soborno al exiliado Santa Anna e intentó comprar el territorio. A fines de 1845, un comisionado de Polk se presentó en la capital con diversas ofertas pero no fue recibido. Apenas tuvo noticias del fracaso de la misión, Polk ordenó al general Zachary Taylor avanzar hacia el río Grande, es decir, a territorio mexicano o, en el peor de los casos, territorio en disputa. Al recibir la noticia de un incidente violento en marzo, Polk declaró la guerra el 12 de mayo de 1846, acusando a México de haber "derramado sangre norteamericana en suelo norteamericano", lo que era falso.

Para ese momento, ya habían tenido lugar las primeras derrotas mexicanas, el 8 y 9 de mayo. La noticia causó estupor en
la población y determinó el descrédito de la dictadura de Paredes y del centralismo. Sin considerar los inconvenientes de un
cambio político en medio de la guerra, el 4 de agosto un pronunciamiento federalista desconocía a Paredes y restauraba la
Constitución de 1824, lo que obstaculizó la organización de la
defensa. Por un lado, la restauración federalista le arrebataba facultades al gobierno y lo dejaba prácticamente solo al frente de
la guerra; por otro, la rebatiña de puestos en ayuntamientos, poderes estatales y federales distraía la atención del frente.

Una vez desencadenada la guerra, el resultado era previsible.
México carecía de todo: su armamento era obsoleto; sus oficiales,
poco profesionales; sus soldados, improvisados. Este ejército se
enfrentaban a uno tal vez menor, pero profesional, con servicios
de sanidad e intendencia, artillería moderna de largo alcance y
un caudal de voluntarios que podían entrenarse y renovarse periódicamente. Mientras el ejército mexicano tenía que desplazarse de sur a norte, Estados Unidos destacaba varios ejércitos y ata-
caba en forma simultánea diversos frentes, al tiempo que su
marina bloqueaba y ocupaba los puertos mexicanos, privando al
gobierno de los recursos de las aduanas que los invasores explo-
taron para sostener la guerra. Como se redujo el pago de impuestos, el comercio se animó. Precisamente para evitar que sus puertos fueran ocupados, Yucatán se declaró neutral ante la guerra.

Para enero de 1847, Nuevo México y California, poco poblados y casi sin defensa, habían sido anexados a Estados Unidos. La superioridad norteamericana aseguró las victorias y la
ocupación del norte y, después, del eje Veracruz-Puebla. El ejército mexicano, mal comido, mal armado, desmoralizado tanto
por la superioridad técnica del enemigo como por presenciar el
abandono de sus heridos, se mantuvo en la lucha contra soldados bien avituallados, lo que hizo su sacrificio casi inútil. Monterrey y Veracruz resistieron con pérdidas costosas y en la An-

gostura el ejército mexicano sostuvo durante dos días una lucha heroica que, al retirarse, se convirtió en derrota.

El ejército que desembarcó en Veracruz no tardó en ocupar Puebla, lo que hizo inevitable la caída de la ciudad de México. Después de cuatro derrotas en el valle de México, Santa Anna ordenó el retiro del ejército de la capital para evitarle penalidades, pero cuando el pueblo se dio cuenta del avance del enemigo trató de defenderla, lo que produjo un río de sangre y la declaración del estado de sitio. El 14 de septiembre de 1847, en Palacio Nacional ondeaba la bandera norteamericana.

Al día siguiente, en la villa de Guadalupe, Santa Anna renunciaba a la presidencia, que fue asumida por Manuel de la Peña y Peña, presidente de la Suprema Corte de Justicia, quien trasladó el gobierno a Querétaro. A pesar de la oposición activa de radicales y monarquistas, los moderados lograron reunir al congreso y a varios gobernadores para darle visos de cierta normalidad al gobierno.

Mientras tanto, las victorias habían generado en Estados Unidos un expansionismo estridente que clamaba por absorber todo México. Polk había enviado a Nicholas Trist para negociar la paz, pero ante las victorias norteamericanas le ordenó volver para que exigiera más territorio en el tratado de paz. La orden puso a Trist en un dilema moral; además, ya había aceptado la comunicación del gobierno mexicano con los nombres de los comisionados con los que negociaría: Luis G. Cuevas, Bernardo Couto y Miguel Atristáin. Instado por el general Winfield Scott, general en jefe del ejército que había marchado de Veracruz a México, y por el ministro británico, Trist decidió desobedecer e iniciar la difícil negociación que culminó el 2 de febrero de 1848 con la firma del tratado de paz en la villa de Guadalupe. Trist confesaría a su familia la vergüenza que lo había invadido "en todas las conferencias [ante]... *la iniquidad de la guerra*, como un abuso de poder de nuestra parte". En el tratado, México reconocía la pérdida de más de la mitad de su territorio. Se aprobó una *indemnización* de 15 millones de pesos por daños y el prorrateo de la deuda externa mexicana que correspondía a los territorios perdidos, pues éstos habían sido conquistados por la fuerza de las armas. Los comisionados lograron salvar Baja California y Tehuantepec y asegurar los derechos de los mexicanos que vivían en las tierras perdidas. En el artículo XI, el único favorable a México, Estados Unidos se comprometía a defender la frontera del ataque de los indios de las praderas, pero esto nunca se cumplió. Al presentar el tratado al congreso, De la Peña subrayó que se había firmado para recuperar las zonas ocupadas y que "la república sobreviviera a su desgracia".

A pesar de la hostilidad de monarquistas y radicales, el gobierno llevó a cabo las elecciones y logró que el congreso reunido en Querétaro aprobara el tratado en mayo. La elección presidencial favoreció a Herrera, quien en junio restablecía el gobierno en la ciudad de México. Herrera emprendió la reorganización del país en una atmósfera de depresión general, con amenazas de pronunciamientos monarquistas y federalistas, y enfrentando levantamientos indígenas en varios estados, en especial en Yucatán. Pero no era todo, el país sufría también ataques de indígenas y de filibusteros norteamericanos que buscaban nuevas tajadas de territorio.

El gobierno de Herrera logró reorganizar la administración y reducir el ejército, pero no neutralizar la polarización política entre federalistas moderados y radicales y monarquistas, amén del grupo que respondía al general Santa Anna. La amargura llevó a las facciones políticas a acusarse mutuamente por la derrota, lo que en cierta forma las obligó a definir sus principios. Así, en 1849 aparecía el partido conservador, con un programa estructurado por Alamán, que empujó a los federalistas a definirse como partido liberal.

En 1851, Herrera entregó pacíficamente la presidencia a su sucesor, Mariano Arista, quien, menos afortunado, sucumbió ante los ataques y pronunciamientos que lo llevaron a renunciar.

Después del interinato del presidente de la Suprema Corte de Justicia, un acuerdo militar impuso al general Manuel María Lombardini mientras los estados realizaban la elección del presidente provisional, quien convocaría un congreso. Para entonces, todos los partidos habían llegado a la conclusión de que era necesario un gobierno fuerte. De esa manera, realizadas las elecciones, los votos favorecieron al general Santa Anna, exiliado en Colombia.

El 20 de abril de 1853 volvió al poder el irresponsable veracruzano. El conservador Alamán le presentó un plan que se centraba en la necesidad de un gobierno fuerte pero responsable, sin representación alguna, con un ejército respetable, unido religiosamente y con apoyo europeo. El liberal Miguel Lerdo de Tejada le presentó otro que subrayaba medidas económicas para el desarrollo. Santa Anna, acostumbrado a mediar entre partidos, adoptó el plan conservador de Alamán, quien encabezó su gabinete, pero procuró poner en acción la política sugerida por su radical paisano Lerdo, a quien nombró oficial mayor del nuevo Ministerio de Fomento, Colonización, Industria y Comercio.

Santa Anna inició una política represiva y desterró al ex presidente Arista. Como los conservadores consideraban la dictadura como puente para establecer la monarquía, se emprendió la búsqueda de un monarca, la cual tuvo poca fortuna ante el delicado contexto de la política europea centrada en los problemas turcos. Alamán murió en junio de 1853 y, ya sin ese moderador, Santa Anna aumentó la censura y el destierro de liberales. No tardó en cobrarle gusto al poder y convirtió la dictadura en vitalicia, adoptando el título de Alteza Serenísima.

La dictadura enfrentó el eterno problema de la escasez financiera y el endeudamiento, y como el dictador no renunció a sus caprichos y veleidades, para pagarlos estableció nuevos y absurdos impuestos. No obstante, la dictadura tuvo sus aciertos, entre ellos la publicación del primer Código de Comercio y la labor del Ministerio de Fomento, que promovió la importación de maquinaria e impulsó comunicaciones y bibliotecas.

Santa Anna tuvo que enfrentar de nuevo el expansionismo norteamericano, insatisfecho a pesar de haberse engullido la mitad del territorio mexicano y que presionaba para hacerse del istmo de Tehuantepec, la Baja California y, de ser posible, los estados norteños. El nuevo ministro norteamericano, James Gadsden, conocedor de la penuria del gobierno, creyó que sería fácil conseguir la venta de una buena porción de territorio. El gobierno norteamericano utilizó como pretexto un error del mapa con el que se había negociado el Tratado de Guadalupe y la necesidad del territorio de la Mesilla para la construcción de un ferrocarril.

El gobierno no logró concretar ninguna alianza europea para neutralizar la amenaza norteamericana y temeroso Santa Anna de una nueva guerra aceptó negociar en diciembre de 1853. Estados Unidos aprovechó la firma de un nuevo tratado para obtener la meseta de la Mesilla y anular la cláusula que garantizaba la defensa de la frontera de ataques indígenas. Los 10 millones obtenidos le sirvieron a Santa Anna para mantenerse en el poder, pero el costo político del tratado fue alto y desacreditó completamente a la dictadura. Por otra parte, las esperanzas puestas en un gobierno "fuerte" se habían esfumado y, al año de su toma del poder, el repudio a la dictadura se había generalizado. El consabido pronunciamiento estalló en marzo de 1854 con el Plan de Ayutla, promovido por Juan Álvarez e Ignacio Comonfort. El plan desconocía el gobierno, repudiaba la venta de la Mesilla y exigía la elección de un congreso constituyente que reconstituyera una república representativa federal.

Aunque contaron con el apoyo moral de los liberales desterrados que residían en Nueva Orleans, por falta de recursos los rebeldes se limitaron a una guerra de guerrillas, mientras los pagos de la Mesilla permitieron a Santa Anna combatirlos, de manera que se mantuvo en el poder hasta agosto de 1855.

REFORMA LIBERAL, INTERVENCIÓN FRANCESA
Y TRIUNFO DEFINITIVO DE LA REPÚBLICA

La dictadura de Santa Anna radicalizó las posiciones políticas. Aunque los dos partidos compartían la aspiración de progreso, su idea de cómo alcanzarlo era diferente. Los conservadores consideraban que sólo podría lograrse mediante un sistema monárquico y una sociedad corporativa, apuntalados por una iglesia y un ejército fuertes. Los liberales, por su parte, pensaban que sólo una república representativa, federal y popular similar al modelo norteamericano podía garantizarla, por lo que consideraban urgente borrar toda herencia colonial, eliminar corporaciones y fueros, y desamortizar los bienes del clero y las propiedades comunales para convertir a México en un país de pequeños propietarios. Pero la forma de llevar a cabo esta tarea dividía a los liberales. Los moderados querían hacerlo lentamente para evitar toda resistencia violenta y por tanto se inclinaban por restaurar la Constitución de 1824, reformada. En cambio, los puros se inclinaban por una reforma drástica y, en consecuencia, por una nueva constitución.

El movimiento de Ayutla había logrado sostenerse gracias a la protección de las montañas del sur y el acceso al mar que ofrecía Acapulco, pero ante la urgencia de recursos el general Comonfort había viajado a Estados Unidos para conseguirlos, con poco éxito. No obstante, las circunstancias políticas lo favorecieron. En 1855 estalló un movimiento moderado en el Bajío, seguido de otro monarquista en San Luis Potosí que pretendía poner a Agustín de Iturbide hijo en el trono de un nuevo imperio. Esto auspició una coalición de liberales puros y moderados y el regreso de los desterrados, al tiempo que las huestes de Álvarez, que se habían extendido lentamente, avanzaban y hacían huir a Santa Anna el 17 de agosto de 1855.

Para el 16 de septiembre los liberales ocupaban la capital. El 14 de octubre, una junta de representantes estatales eligió presidente provisional a Juan Álvarez, quien formó su gabinete con liberales puros: Melchor Ocampo, Benito Juárez, Ponciano Arriaga y Guillermo Prieto, miembros de la generación que empezaba a descollar. Casi de inmediato daba inicio la reforma al promulgarse la Ley Juárez, que suprimía los fueros militar y eclesiástico, lo cual posibilitaba la igualdad civil ante la ley. La iglesia, que venía reorganizándose desde la década de 1840, comenzó el contraataque.

Juan Álvarez renunció a la presidencia el 11 de diciembre y fue relevado por el moderado Comonfort, quien de inmediato sustituyó el gabinete con moderados. No obstante, cuando Comonfort salió a combatir el movimiento poblano prorreligión y fueros, al vencerlo no dudó en imponerle un castigo ejemplar y expropió los bienes del obispado de Puebla. También promulgó dos leyes reformistas: la Ley Lerdo, que desamortizaba las fincas rústicas y urbanas propiedad de corporaciones civiles y religiosas, y la Ley Iglesias, que prohibía el cobro de obvenciones parroquiales a los pobres. Los decretos fueron repudiados por el arzobispo de México, por considerarlos un ataque a la iglesia.

Efectuadas las elecciones, el Congreso Constituyente se reunió el 14 de febrero de 1856. Aunque la mayoría era moderada, los puros dominaron los debates, que fueron ardientes. Los temas más polémicos fueron la educación y la tolerancia de cultos. Los liberales aspiraban al control de la educación para modelar a los ciudadanos del futuro pero, congruentes con sus convicciones, transigieron en la libertad de enseñanza. No se atrevieron a declarar la tolerancia religiosa ante el temor general de un movimiento popular, pero se eliminó la católica como religión de Estado y se declaró que no se prohibía "el ejercicio de culto alguno". Algunos liberales pretendieron la adopción del modelo anglosajón del juicio por jurado como institución democrática, pero no se aprobó. También se debatió una reforma agraria, pero al final en la constitución sólo se incluyó la Ley Lerdo, que aseguraba la propiedad individual de la tierra.

La constitución promulgada el 5 de febrero de 1857 no era radical, pero introdujo en forma sistemática los "derechos del hombre": libertad de educación y de trabajo; libertad de expresión, de petición, de asociación, de tránsito, de propiedad; igualdad ante la ley, y la garantía de no ser detenido más de tres días sin justificación. La constitución ratificaba la soberanía del pueblo constituido en "república representativa, democrática y federal formada por estados libres y soberanos en todo lo concerniente a su régimen interior", con un gobierno dividido en los tres poderes, con un legislativo unicameral como poder dominante. Mantuvo el sistema indirecto de elecciones y simplificó la del presidente de la república, que sería "indirecta en primer grado y en escrutinio secreto", es decir, elegido por los representantes designados por los ciudadanos.

Las elecciones convirtieron a Comonfort en presidente titular, pero sin recursos y sin la esperanza liberal de que la venta de bienes eclesiásticos solucionara los problemas financieros del Estado, ya que la Ley Lerdo había producido magros resultados por las facilidades de pago, los descuentos y la aceptación de pagos con bonos de deuda, carentes de valor. La ley estaba destinada para que los bienes favorecieran a los arrendatarios, pero sus escrúpulos o su pobreza aseguraron que terminaran en manos de especuladores.

A pesar de su moderación, la constitución dejó descontentos a los conservadores y resultó insuficiente para los puros. Esta circunstancia, que hizo flaquear a muchos políticos, favoreció la posición de Benito Juárez quien, por la firmeza de sus convicciones constitucionales, se mostró dispuesto a jugarse todo por la ley fundamental. Juárez pertenecía a una etnia monolingüe de la sierra oaxaqueña y se había educado en el seminario y en el Instituto de Ciencias de su estado. Su carrera había sido apoyada tanto por federalistas radicales como por centralistas. Su elección como diputado al congreso mexicano en 1847 le permitió entrar a la vida política nacional, aunque volvió a su estado para ocupar la gobernatura de 1847 a 1851 y nuevamente en 1856; al ser elegido presidente de la Suprema Corte de Justicia ese año, regresó a la capital en 1857.

El papa Pío IX condenó los actos del gobierno liberal inspiró al arzobispo Antonio Pelagio de Labastida a incitar una rebelión conservadora, por lo que fue desterrado. Esto hizo que muchos liberales sostuvieran la necesidad de una dictadura liberal de transición. En ese contexto, el general Félix Zuloaga en diciembre de 1857 se pronunció para exigir un nuevo congreso constituyente. El presidente Comonfort, que tenía dudas sobre la viabilidad de gobernar con la constitución, lo apoyó y encarceló a Juárez, que rechazaba ese golpe de Estado. Como unas semanas más tarde Zuloaga desconoció a Comonfort y se declaró presidente, éste renunció y liberó a don Benito, quien constitucionalmente lo sustituyó. La existencia de dos presidentes hizo inevitable la guerra civil.

El país se dividió. Los gobiernos de Colima, Guerrero, Guanajuato, Jalisco, Michoacán, Oaxaca, Querétaro, Veracruz y Zacatecas se declararon por la vía constitucional, pero la mayoría del ejército y del clero se alineó con Zuloaga quien, dueño de la capital, fue reconocido por los representantes extranjeros. Juárez, convencido de que para conquistar una paz duradera era indispensable el imperio de la legalidad, partió a Guadalajara, pero la amenaza conservadora lo obligó a trasladarse a Veracruz que, además de ser liberal, podía proporcionarle los recursos de la aduana.

Como el ejército apoyó al partido conservador, las fuerzas liberales se formaron con elementos populares procedentes de las guardias nacionales movilizadas para la defensa del territorio en 1846. Pero la improvisación tuvo sus costos y los ejércitos conservadores dominaron el centro del país, en especial una vez que el general Miguel Miramón sustituyó a Zuloaga en la presidencia. La estrategia de Miramón fue centrar sus ataques en Veracruz, al que sometió a dos sitios. El fracaso del primer intento lo llevó a proyectar un ataque simultáneo por tierra y por mar, para lo cual adquirió una nave que atacaría desde el mar, mientras él cercaba el puerto por tierra. Juárez aprovechó que Estados Unidos le había retirado el reconocimiento a los conservadores por negarse a vender territorio, para solicitar que la flota norteamericana detuviera la embarcación por piratería. Aunque el comandante no contaba con autorización, atendió la petición e hizo fracasar el sitio, aunque más tarde un tribunal norteamericano consideró que el acto había sido ilegal.

Para consolidar el apoyo de los puros y de la clase empresarial, tan interesada en los bienes del clero, Juárez y su gabinete de puros optaron por consolidar la reforma y el 12 de julio de 1859 empezaron a promulgar las Leyes de Reforma: nacionalización de bienes del clero, separación de la iglesia y del Estado, supresión de órdenes religiosas (cofradías, congregaciones y hermandades), matrimonio y registro civiles, secularización de cementerios y, finalmente, libertad de cultos.

La falta de recursos condujo a que los dos bandos comprometieran al país con acuerdos extranjeros. Washington aceptó apoyar a los liberales a cambio de una nueva compra de territorio, pero ésta ni siquiera se consideró. Los liberales aceptaron firmar el Tratado McLane-Ocampo por el que, a cambio de un préstamo de dos millones de pesos a México, concedía a los norteamericanos el libre tránsito por el istmo de Tehuantepec, con privilegios comerciales y con la posibilidad de intervención militar, en caso de necesidad. Por fortuna, el Senado norteamericano no lo aprobó.

Los conservadores, a su vez, recurrieron a los europeos y con los españoles firmaron el Tratado Mon-Almonte, que reconocía una Convención de 1853 firmada por Santa Anna, en la que se aceptaban deudas dudosas. Además contrataron un oneroso préstamo con el banquero suizo Jécker y enajenaron dinero de la representación británica, lo que los desacreditó con el

extranjero y aumentó las reclamaciones contra el gobierno me-
·xicano, así como sus deudas.

El fracaso del sitio de Veracruz facilitó el triunfo liberal. Las
victorias de Silao y Calpulalpan abrieron a los liberales las puertas de la capital. Juárez hizo su entrada el 11 de enero de 1861,
pero la paz distaba de haberse conquistado. Despechados por la
derrota, los conservadores incrementaron sus conspiraciones en
Europa y recurrieron al asesinato, cobrando como víctimas a
Ocampo, Leandro Valle y Santos Degollado. Por su parte, Juárez decretó la expulsión del delegado apostólico, del arzobispo,
de varios obispos y de los ministros de España, Guatemala y
Ecuador, que habían apoyado a los conservadores.

Las elecciones dieron el triunfo a Juárez quien, de inmediato, reorganizó la administración y la educación y decretó la
adopción del sistema métrico decimal. Pero la escasez de fondos
lo forzó a suspender el pago de las deudas del gobierno, tanto
los intereses de los préstamos usurarios británicos como los de
las reclamaciones españolas y francesas. La medida fue aprove-
chada por los monarquistas mexicanos residentes en Europa
para interesar al emperador de Francia, Napoleón III, en el proyecto de instaurar una monarquía en México. El emperador
francés soñaba con construir un imperio "latino" que sirviera de
muro de contención a la expansión anglosajona, de manera que
vio en la suspensión de pagos la coyuntura para intervenir y
convocó a Gran Bretaña y España para discutir el asunto. En
Londres, el 31 de octubre de 1861, los tres países firmaron una
convención que los comprometía a bloquear los puertos mexicanos del Golfo para presionar la reanudación de pagos, sin intervenir en la política interna.

La flota española llegó a Veracruz en diciembre y, en enero,
arribaron la francesa y la inglesa. Recibido el ultimátum, Juárez
envió al ministro Manuel Doblado a negociar con los interven-
cionistas. Para evitar las fiebres tropicales, Juárez autorizó el de-
sembarco de las tropas a condición de que se volvieran a embar-

car si no se llegaba a un acuerdo. Doblado aseguró que la suspensión era temporal y que los pagos se reanudarían en cuanto fuera posible. Los británicos y españoles aceptaron, pero los franceses no sólo se negaron, sino que en lugar de embarcarse, desembarcaron más hombres, entre ellos algunos monarquistas mexicanos, como Juan N. Almonte, hijo de Morelos.

El 17 de abril los franceses iniciaron su avance. En situación tan crítica, Juárez decretó una amnistía a los militares conservadores y autorizó la formación de guerrillas. Ignacio Zaragoza se preparó para defender Puebla del mejor ejército del mundo. El conde de Lorencez, confiado en la total superioridad de sus tropas, no atendió las advertencias de Almonte y el 4 y 5 de mayo las "gavillas" de Zaragoza lo derrotaron. La humillación sólo sirvió para que Napoleón enviara 30 000 soldados más con un nuevo mando.

Un año más tarde, las tropas mexicanas se concentraron en Puebla sin el general Zaragoza, que había muerto de tifo. Después de un largo sitio, la ciudad sucumbió ante los franceses. Juárez se vio forzado a abandonar la capital, que fue ocupada en junio. Los franceses convocaron una asamblea de notables que proclamó el imperio el 19 de julio y anunció que se invitaría a Maximiliano de Habsburgo a ocupar el trono mexicano. La regencia nombrada, formada con algunos destacados generales, civiles y eclesiásticos, entre ellos el arzobispo Labastida, resultó sólo decorativa, pues las decisiones las tomaba el mariscal Achile Bazaine, de acuerdo con las instrucciones de Napoleón III. Mientras llegaba el emperador, el ejército francés fue ocupando una a una las ciudades del país gracias a su superioridad militar. No obstante, el asedio de las guerrillas liberales, así como el encono popular alimentado por la arrogancia de las tropas francesas, hizo difícil mantener a éstas, por lo que hubo que recuperar algunas poblaciones una y otra vez.

Maximiliano, hermano del emperador de Austria y casado con Carlota Amalia, hija del rey de Bélgica, recibió en el castillo

de Miramar la visita de los monarquistas mexicanos. El archidu-
que puso como condición que fuera el pueblo mexicano el que
lo llamara, condición que los monarquistas cumplieron reco-
giendo miles de firmas. Una vez presentadas el 10 de abril de
1864, Maximiliano aceptó el trono. El emperador firmó dos tratados con Napoleón III, quien se
aseguró de que México pagara el costo de la aventura. Francia
mantendría 28 000 soldados y concedería un préstamo de 175
millones de francos, de los cuales Maximiliano sólo recibiría
ocho, pues el resto se destinaría a pagar la inflada deuda francesa, los gastos de guerra y los intereses. El tratado secreto acordó
que el ejército llegaría a 38 000 soldados y empezaría a reducirse a partir de 1865.

Después de visitar al papa, los nuevos emperadores se em-
barcaron rumbo a Veracruz adonde llegaron a fines de mayo de
1864. El liberal puerto los recibió con frialdad, lo que contras-
taría con el entusiasmo con que serían recibidos por "lo mejor
de la sociedad" de Orizaba, Puebla y la ciudad de México, que
se desvivió por agasajar a la real pareja.

Muchos liberales moderados colaboraron con el gobierno
imperial esperanzados de que éste lograra resolver los problemas que aquejaban al país desde 1821. Maximiliano, liberal
convencido, anunció que ejercería el patronato real y que no su-
primiría la tolerancia de cultos y la nacionalización de bienes
del clero, como le exigía el nuncio papal. Esta decisión lo privó
del apoyo de muchos conservadores y sirvió como motivo de
burla de los liberales. México parecía cobrar nueva vida al convertirse en asiento de la corte imperial. La capital se embelleció,
se alinearon las calles y se engalanaron con fresnos y alumbrado de gas. Apareció el gran paseo del imperio, más tarde rebau-
tizado por los liberales como de la Reforma, y se renovó el castillo de Chapultepec. El emperador se dio a la tarea de legislar.
Empezó por redactar el Estatuto del Imperio, que promulgó el
10 de abril de 1865, seguido por un código civil y una ley agra-

ria y de trabajo que devolvía sus tierras a los pueblos indios y las concedía a los que no las tenían. Esta ley aprobaba una jornada máxima de 10 horas, anulaba deudas mayores a 10 pesos, prohibía el castigo corporal y limitaba las tiendas de raya. La educación y la investigación científica también merecieron su atención, mientras la emperatriz promovía la educación femenina. Maximiliano decidió dividir el territorio en 50 departamentos y se preocupó por el desarrollo económico, de manera que firmó un contrato para la construcción del ferrocarril de México a Veracruz y autorizó el funcionamiento del Banco de Londres, México y Sudamérica, para facilitar los intercambios comerciales.

La ocupación francesa forzó a Juárez a desplazarse hacia el norte. El presidente tuvo que hacer frente no sólo a los franceses, sino también a los traidores. Durante 1864, los republicanos dominaban los estados del norte, Colima, Guerrero, Tabasco y Chiapas, pero hacia 1865 sólo retenían pequeños reductos aislados. En este contexto crítico, el general Jesús González Ortega, ministro de la Suprema Corte de Justicia, exigió desde Estados Unidos que Juárez le entregara la presidencia por haber concluido su periodo legal. Don Benito, con el convincente argumento de que el país estaba en guerra, extendió su mandato mientras el país estuviera ocupado, decisión que le costó perder el apoyo de muchos puros.

Para fines de 1865, las circunstancias empezaron a cambiar. El fin de la guerra civil en Estados Unidos permitió a los liberales contratar un préstamo de tres millones de pesos y logró que el vecino país protestara por la intervención en México. Las guerrillas republicanas, convertidas en verdaderos ejércitos, empezaron a avanzar.

Agotado el dinero del préstamo francés, el imperio se vio asediado por el eterno problema financiero y por el rumor de que Napoleón III retiraría sus tropas ante la amenaza que significaba la consolidación de la Confederación Alemana. Dominar un país tan grande era difícil y el derrumbe era previsible. Maximiliano intentó formar un ejército nacional y llamó a los generales conservadores que había enviado a Europa en misiones diplomáticas. Su hermano Francisco José accedió a enviarle 4 000 soldados austriacos, pero la protesta de Estados Unidos impidió que se embarcaran. La emperatriz ofreció viajar a Europa para exigir el cumplimiento de los tratados, pero ni Napoleón III ni el papa atendieron sus súplicas, lo que la llevó a perder la razón. La noticia convenció a Maximiliano de que sólo le quedaba abdicar, pero la oposición de sus ministros lo hizo desistir, aunque después lo abandonaron a su suerte.

Para principios de 1867, el rápido avance republicano dejó al imperio reducido a Puebla y Veracruz. El emperador se replegó a Querétaro, donde se le unieron Miguel Miramón y Tomás Mejía. Al tomar Porfirio Díaz el 2 de abril la ciudad de Puebla, Miramón propuso abandonar Querétaro, pero Maximiliano se negó a huir y decidió enfrentar el sitio. Una traición facilitó su aprehensión. Juárez y Lerdo se empeñaron en aplicarle la ley de 1862, por lo que fue juzgado por un consejo de guerra. Dos ilustres abogados lo defendieron, pero no pudieron evitar que fuera condenado a la pena máxima. De todo el mundo llegaron peticiones de clemencia para el Habsburgo, sin que Juárez cediera. Ante la muerte, el emperador mostró gran dignidad. Después de escribir a su madre y a su esposa enfrentó al pelotón que segó su vida junto con Miramón y Mejía en el cerro de las Campanas, el 19 de junio de 1867. Antes de recibir la descarga, Maximiliano hizo votos porque su sangre sellara "las desgracias de mi nueva patria".

Derrumbado el imperio, el 16 de julio de 1867 Juárez volvió a la ciudad de México y, esta vez, el pueblo, que valoraba su lucha por preservar la soberanía nacional, lo recibió con verdadero júbilo. El triunfo de la república anulaba finalmente la opción monarquista, aunque no daba fin a desórdenes y levantamientos, ahora generados por las ambiciones políticas de los propios liberales.

Juárez se apresuró a convocar elecciones para agosto. La desaparición del partido conservador de la contienda política enfrentó a tres liberales: Juárez, Sebastián Lerdo de Tejada y Porfirio Díaz, el héroe militar de la guerra. Aunque el triunfo favoreció a Juárez, sus enemigos se multiplicaron, tanto por su reelección como porque promovía la reforma de la constitución, lo que parecía contradecir su empeño en haberla defendido. La experiencia política de Juárez sin duda era singular, pues había gobernado durante casi 10 años en estado de guerra, con facultades extraordinarias y prácticamente sin congreso. Ello le había permitido fortalecer al ejecutivo, pero ahora se encontraba en situación diferente, pues la Constitución de 1857 mantenía la supremacía del legislativo que, por ser unicameral, era más temible. Por eso Juárez promovía la restauración del Senado para lograr mayor equilibrio. Al elegir un gabinete de civiles constitucionalistas, Juárez despertó el malestar del grupo militar que se sentía autor de la victoria y favorecía a Porfirio Díaz. Con tantos enemigos, don Benito y sus ministros se convirtieron en el centro de sátiras y caricaturas políticas, no obstante lo cual, la total libertad prensa se mantuvo durante toda la restauración de la república.

El triunfo tampoco redujo la complejidad del panorama, pues la larga lucha renovó la vieja confrontación entre las regiones y el centro, dado que ésta había fragmentado el poder debido a que los jefes militares habían gozado de amplias facultades fiscales. Para abolirlas e imponer el orden, el congreso apoyó a Juárez y con decreto las suprimió. Por otra parte, el castigo de funcionarios conservadores despertó resentimientos. Juárez trató de paliarlos para iniciar la reconciliación y en 1870 decretó una amplia amnistía que permitió el regreso del arzobispo Labastida, a quien se dispensó total respeto.

La república resentía los años de guerras y requería impulsar la economía. El comercio volvía a ser víctima del desorden, a pesar de que en la frontera norte la creación de una zona de libre comercio había animado las transacciones y creado un polo de desarrollo. Durante parte de la guerra de secesión de Estados Unidos, el algodón del vecino país se exportó por Matamoros y se vendieron harinas, alimentos y diversos artículos mexicanos a ese país. Esto permitió el crecimiento de Monterrey, Piedras Negras, Laredo y Matamoros.

La república también se vio acosada por la falta de recursos. La venta de los bienes del clero no había rendido los frutos esperados, aunque su venta había contribuido a sanear las finanzas públicas al absorber gran parte de los bonos circulantes de la deuda interna. Para el pragmático Juárez, la prioridad era la reorganización general y el arreglo de la hacienda pública, indispensable a fin de obtener los fondos necesarios para fomentar el desarrollo. Sus ministros José María Iglesias y Matías Romero emprendieron el estudio general de la hacienda pública y de la deuda. Después de analizar la deuda de 450 millones y ajustarla a 84 con el repudio de la deuda del imperio, establecieron un nuevo calendario de pagos. También procedieron a hacer ahorros, entre ellos la reducción del ejército a 20 000 hombres. Para 1870, Romero había logrado resumir los avatares de la hacienda pública desde la independencia y, con una idea clara de los ingresos y los egresos, por primera vez elaboró un presupuesto gubernamental.

Como buen liberal, comprometido con el desarrollo y el progreso, Juárez deseaba favorecer todas las ramas productivas: inversiones, comunicaciones (en especial líneas telegráficas, caminos y ferrocarriles) y colonización. No sólo aprobó algunos proyectos de inversión norteamericana, sino que reconoció el contrato que el imperio había firmado para construir el ferrocarril de Veracruz a México. Su ministro Romero ambicionaba fundar un banco nacional de emisión para uniformar la moneda circulante, pero la falta de fondos lo imposibilitó, de manera que tuvo que resignarse con el funcionamiento del Banco de Londres, México y Sudamérica.

Por su experiencia personal, Juárez le dio prioridad a la educación. Desde el principio se mostró dispuesto a promoverla como medio para alcanzar el anhelado progreso, integrar a las etnias indígenas y proporcionarles un lugar digno en la nación. Así, en el mismo 1867 promulgó una ley que declaraba gratuita y obligatoria la educación elemental, y fundaba la Escuela Nacional Preparatoria.

Normalizar las relaciones de México fue otra de sus preocupaciones fundamentales, pues la guerra había provocado la ruptura con Gran Bretaña, Francia y España, pero tropezó con un contexto internacional desfavorable. La distancia y falta de comunicaciones obstaculizaba el contacto con los países iberoamericanos, además de que existían problemas fronterizos con Guatemala; por esas razones, Juárez trató de evitar que algo nublara las relaciones con Estados Unidos. A pesar de las diferencias y de no haber contado con su apoyo durante la intervención, las relaciones entre los dos países estaban en uno de sus mejores momentos. La industrialización del vecino país, después de la guerra, había transformado el expansionismo territorial en uno financiero. Pero existían dos problemas entre ambas naciones: los cruces de nómadas y bandidos en la frontera y las reclamaciones. El primero se dejó pendiente, pues tanto Juárez como Lerdo no autorizaron que los norteamericanos cruzaran la frontera en persecución de "culpables". Juárez trató de resolver las reclamaciones y aceptó que se formara una comisión binacional para resolverlas. Ésta logró dictaminar las reclamaciones norteamericanas, pero dejó pendientes las mexicanas. En 1869 se presentó la oportunidad de ampliar las relaciones mexicanas con dos nuevos estados: el Reino de Italia y la Confederación Alemana del Norte.

Al llegar las elecciones de 1871, aunque la popularidad de don Benito había declinado, pudo reelegirse. Esta vez, Díaz no se resignó a la derrota y pronunció el Plan de La Noria el 8 de noviembre, "contra la reelección indefinida". A pesar de sus conexiones regionales, el movimiento progresó lentamente y los generales juaristas lograron contenerlo. La habilidad política de Juárez le permitió aprovechar la división de los liberales para sostenerse durante su última estación, a pesar de adversidades personales y una frágil salud. Juárez murió en la silla presidencial el 18 de julio de 1872.

De acuerdo con la constitución, Lerdo, presidente de la Suprema Corte, asumió el ejecutivo y concedió una amnistía general que dio fin al pronunciamiento de La Noria. Enseguida convocó elecciones, en las que fue elegido por aplastante mayoría. Don Sebastián compartía los mismos principios que Juárez y su habilidad le permitió restablecer el Senado y convertir las leyes de Reforma en constitucionales. En asuntos religiosos se mostró menos flexible y expulsó a las Hermanas de la Caridad, a pesar de su labor fundamental en la atención hospitalaria. Su "anticlericalismo" lo convirtió en blanco de ataques y fomentó rebeliones populares, a las que se sumaron las surgidas entre los yaquis de Cajeme y la del temible Manuel Lozada en Tepic, fusilado a fines de 1873. Lerdo también se enfrentó al Gran Círculo de Obreros de México, con motivo de huelgas textiles y mineras, y con los intereses comerciales, al negarse a otorgar una concesión para construir un ferrocarril que uniera México con Estados Unidos, a pesar de haber inaugurado el ferrocarril de Veracruz a México en 1873.

La sucesión presidencial volvió a ser causa de discordia. Lerdo aspiraba a ser reelegido, pero esta vez Díaz no esperó a que se efectuaran las elecciones y se adelantó a pronunciarse con el Plan de Tuxtepec, en el que acusaba a Lerdo de "violaciones a la constitución". Díaz había aprendido las lecciones de su fracaso con el movimiento de La Noria y en esta ocasión se preparó con cuidado. Aprovechó la intervención de Lerdo en las elecciones de Oaxaca para consolidar una alianza estatal en su contra. Asegurado el apoyo de su estado, Díaz se trasladó a Brownsville a fines de 1875, desde donde invitó a gobernadores y comandantes militares regionales a sumarse a la lucha. Pero como el movimiento se centró en el noreste y en Oaxaca, reformó su plan y ofreció el reconocimiento de títulos y honores militares a los que apoyaran el movimiento, con lo que multiplicó los centros de rebelión.

El general Mariano Escobedo mantuvo en jaque a los rebeldes y, efectuadas las elecciones en septiembre de 1876, Lerdo fue declarado electo. En ese momento, al movimiento tuxtepecano se sumó el desconocimiento que hizo el presidente de la Suprema Corte de Justicia, José María Iglesias, del resultado de las elecciones "por fraudes" y que inició una revuelta en Salamanca. Iglesias recibió poco apoyo, pero su rebelión favoreció la causa de Díaz, quien, al frente del ejército, el 11 de noviembre derrotaba a las tropas federales en el poblado de Tecoac. Al huir Lerdo se creó una confusión, pues varios gobernadores habían reconocido a Iglesias como presidente, por lo que fue necesaria una negociación entre los dos contendientes. Díaz ofreció reconocer a Iglesias como presidente provisional si dividía el gabinete entre los partidarios de ambos y él ocupaba la Secretaría de Guerra. Al no aceptar Iglesias, Díaz optó por una medida drástica y el 23 de noviembre ocupó la ciudad de México al frente de un ejército. Una semana más tarde asumía la presidencia.

LA LENTA TRANSFORMACIÓN
DE LA VIDA NACIONAL EN REPUBLICANA

Los seis y medio millones de habitantes del territorio novohispano que se convirtió en Estado independiente en 1821 constituían un conjunto heterogéneo unido por la experiencia histórica y la religión, en el que sólo una minoría hablaba castellano. En menor o mayor grado, casi toda la población había visto trastornada su vida por once años de lucha y presenció cómo se distorsionaba el orden de 300 años y se iniciaba un largo periodo de cambios. El liberalismo español había introducido conceptos nuevos, cuyo significado se acomodaba muchas veces a los tradicionales. El desencanto con la dependencia de España hacía que las elites y los grupos medios vieran con optimismo las promesas del nuevo orden, que acontecimientos dolorosos se encargarían de borrar. La escasa población, concentrada en el centro y en el sur, habitaba un enorme territorio que durante el imperio de Iturbide había alcanzado su mayor extensión, cuatro millones y medio de kilómetros cuadrados; había sido incapaz de crecer, afectada por las periódicas epidemias y las guerras, de manera que a mediados de siglo apenas rebasaba los siete millones y para la década de 1870, los nueve millones. No obstante, la capital alcanzaba el cuarto de millón de habitantes, seguida a gran distancia por Puebla, Guanajuato, Querétaro, Zacatecas y Guadalajara. La incapacidad de poblar las áreas septentrionales, sumada a los cambios políticos y las amenazas externas, redujo el territorio: Guatemala se separó en 1823; Texas se independizó en 1836; Estados Unidos conquistó Nuevo México y la Alta California entre 1846 y 1847, y en 1853 se vendió la Mesilla, de manera que al final del periodo la república había quedado reducida a 1 972 546 km². Los 19 estados, cuatro territorios y un distrito federal se habían convertido, para 1869, en 28 estados y un territorio.

A pesar de que hubo continuidades, la independencia y el establecimiento de la república afectaron a la sociedad corporativa desde el principio. La lucha misma permitió cierta movilidad, sobre todo de criollos y mestizos. De todas formas, la igualdad quedó como promesa al no lograr mitigarse la apabullante miseria popular, tan vergonzosa frente a la ostentosa opulencia de la minoría que detentaba la riqueza. Por otra parte, a todos afectó el cambio político. El desorden y la inseguridad de los caminos causaron pérdidas a los comerciantes e improductividad a las haciendas. El abandono produjo la inundación de muchas minas, que por falta de recursos se vendieron o se asociaron con capitales extranjeros. La burocracia perdió la seguridad de empleo con la independencia, de manera que con la esperanza de cobrar sueldos atrasados o de volver a tener empleo, sus miembros favorecieron los cambios de gobierno. Los profesionistas, a excepción de algunos médicos y abogados prósperos, pasaron a engrosar la burocracia. De todas formas, la salida de ricos peninsulares y las leyes para su expulsión permitieron que los criollos monopolizaran los niveles superiores de la población.

Los trabajadores mineros perdieron las ventajas de que habían gozado y fueron desplazados en los cargos técnicos por europeos; además, la entrada de textiles burdos afectó a los trabajadores de las viejas fábricas textiles. El resto de la población se ajustó a las limitaciones de los tiempos, mientras que léperos y pelados aprovechaban todo desorden para obtener un botín.

El clero resintió la pérdida de miembros por su participación en la lucha independentista, al tiempo que la lenta secularización de la vida hizo disminuir las vocaciones religiosas. Por otra parte, convertida en blanco favorito de los gobiernos de todas las tendencias, la iglesia vería decrecer sus rentas y capitales durante cuatro décadas, aunque el disfrute de esa riqueza lo siguieron teniendo 10 obispos y 177 canónigos, mientras que el clero regular y secular, reducido a unos 3 500 clérigos en 1825, vivía con penurias, a pesar de que sus feligreses resentían el pago de obvenciones.

El grupo verdaderamente favorecido por las guerras y los desórdenes fue el ejército. Por falta de financiamiento, los 75 000 soldados de 1821 se redujeron a 30 000, cifra insuficiente para vigilar un territorio tan grande. Como buena parte de la oficialía vivía de la política, sus ascensos derivaron de su participación en los pronunciamientos, lo que impidió que se profesionalizara y que el número de generales fuera exagerado para la escasa tropa. Padeció, como la burocracia, la constante impuntualidad en el pago de sus salarios, por lo que los oficiales buscaban contratas para el ejército, mientras la forzada tropa intentaba desertar a la menor ocasión.

Los nuevos ritos y festejos cívicos, que legitimaban el nuevo orden y que trataban de competir con las fiestas religiosas, se impusieron poco a poco. En realidad, los cambios más notables se produjeron en los puertos y en la capital con la llegada de extranjeros. El arribo de paquebotes no sólo significó la entrada de mercancías, sino también de novedades, modas e inventos, así como el aumento de facilidades para viajar a Estados Unidos y Europa. La nueva compañía de diligencias redujo la duración de los viajes internos: el de México a Veracruz pudo hacerse en siete días, a Guadalajara en 13 y a Santa Fe en un mes.

La fe en el progreso que había inspirado el iluminismo se mantuvo, confiada en que la educación resolvería los males nacionales. La tarea de alfabetizar a la población se confió a la Compañía Lancasteriana, fundada en 1822 por algunos notables. Llegaron también maestros extranjeros a ofrecerse como tutores o a establecer escuelas particulares. En cambio, las universidades perdieron su prestigio y fueron sustituidas por academias encargadas de difundir conocimientos científicos y por los nuevos institutos de ciencias y artes promovidos por los republicanos, los cuales iban a educar a la generación que haría su entrada a la política a mediados del siglo.

Los calendarios y almanaques cumplieron con la tarea de difundir noticias históricas y científicas. La politización iniciada en 1808 y la constitución del nuevo Estado favorecieron la impresión de periódicos, folletos y hojas volantes de carácter político, favoritos de grandes grupos que, ansiosos de enterarse, los pasaban de mano en mano o escuchaban su lectura en voz alta en pulquerías, cafés y plazas públicas. Este interés político le dio relevancia también al interés por la historia, tan bien representado por Servando Teresa de Mier, Carlos María de Bustamante, Lorenzo de Zavala, José María Luis Mora y Lucas Alamán. La literatura también se abriría paso y dejaría testimonio de los cambios sociales en las obras de José Joaquín Fernández de Lizardi, Manuel Eduardo de Gorostiza y Fernando Calderón. En cambio, las artes tardarían en recuperar brillo, a pesar de que el gobierno otorgó algunas becas para estudiar en Italia o Alemania. Sólo después de medio siglo llegaría el verdadero cambio al consolidarse la secularización de la sociedad. La iglesia, que con la independencia había perdido el control social ejercido durante el virreinato, perdería el registro de nacimientos, casamientos y muertes y sus bienes con la Reforma. Todo ello la imposibilitó para prestar los servicios sociales que había dispensado en sus hospitales, escuelas y asilos. Vendidos sus bienes raíces, muchos conventos fueron derribados o se destinaron a objetos distintos a los originales. Al ser cedidas algunas iglesias a denominaciones protestantes, las alteraciones del orden no se dejaron de presentar. No desaparecieron las escuelas confesionales privadas, pero la educación pública se secularizó en gran medida.

Las confrontaciones políticas obligaron a los intelectuales, procedentes en su mayoría del periodismo, a comprometerse desafiando la censura o combatiendo la dictadura. El ejercicio del periodismo permitió un fino análisis de los problemas nacionales, de manera que intelectuales liberales de talla publicaron importantes obras sobre cuestiones sociales. Así, Manuel Payno, conocido autor de novelas costumbristas, investigó a fondo la deuda pública, la desamortización y la Reforma; Miguel Lerdo de Tejada lo hizo con el comercio y la economía, y Melchor Ocampo con los problemas de la iglesia y el Estado. Por eso no es de extrañar que hacia las décadas de 1860 y 1870 la prensa alcanzara gran madurez y que los gobiernos liberales respetaran la libertad de prensa a pesar de sus excesos, mismos que la convirtieron en el "cuarto poder".

La honda ruptura provocada por las guerras propició que los restauradores de la república le dieran prioridad a la integración nacional mediante la educación y la cultura, como medio para evitar que una nueva contienda dividiera a los mexicanos. De esa manera, apenas reocupada la ciudad de México, el ministro de Justicia se apresuró a presentar un plan de instrucción pública, el cual resultó en las leyes de 1867 y 1869, que tanta relevancia le dio a la enseñanza elemental y que fundó una institución modelo de educación media: la Escuela Nacional Preparatoria. En ella se adoptó el método positivista de Augusto Comte para combatir la educación tradicional, al sustituir las explicaciones religiosas y metafísicas por las lógicas y científicas. Con ello se esperaba aclarar las mentes de los dirigentes del futuro. Juárez y Lerdo no se limitaron a cambios legislativos, sino que triplicaron las escuelas elementales. El empeño juarista de castellanizar a los indígenas para integrarlos a la vida nacional produjo gran oposición, mientras la adopción oficial del positivismo en la educación media y superior provocó un debate intelectual que se desarrolló durante los años de la restauración y el porfiriato, ya que muchos liberales lo consideraban contrario a sus principios.

Por otra parte, la intervención francesa despertó un nacionalismo que iba a permear todas las formas culturales, el arte, la literatura y la música. Ignacio Manuel Altamirano fue su principal promotor con sus tertulias literarias y su revista *Renacimiento*, cuyas páginas abrió a escritores liberales y conservadores, como Manuel Payno, Ignacio Ramírez, Guillermo Prieto, José Tomás de Cuéllar, Vicente Riva Palacio, Francisco Pimentel, José María Roa Bárcena y Anselmo de la Portilla. El ambiente favoreció la fundación de sociedades académicas, como la Sociedad Mexicana de Geografía y Estadística, el Liceo Mexicano y la Academia Mexicana de la Lengua.

El nacionalismo hizo florecer la novela costumbrista y la histórica, que empezaron a imprimirse por entregas. El estudio de la historia mantuvo su lugar privilegiado y la necesidad de promover la consolidación nacional hizo surgir los primeros textos escolares de historia "patria". Conservadores como Francisco de Arrangoiz, Manuel Orozco y Berra y Joaquín García Icazbalceta, al igual que los liberales Guillermo Prieto y Vicente Riva Palacio, interpretaban el pasado "nacional". De acuerdo con sus simpatías ideológicas se inclinaban por estudiar los acontecimientos contemporáneos o por desentrañar y reinterpretar el pasado lejano, tanto colonial como prehispánico.

Gracias a una lotería, la Academia de San Carlos se renovó durante la guerra con Estados Unidos y las artes plásticas recobraron poco a poco su importancia. Juárez rebautizó la Academia como Escuela Nacional de Bellas Artes y en ella el escultor Manuel Vilar y los pintores Pelegrín Clavé y Eugenio Landesio continuaron transmitiendo técnicas y estilos europeos. No obstante, no pudieron resistir el ardor nacionalista y terminaron por adoptarlo. De esa manera, los paisajes y temas históricos sustituyeron a los religiosos, mientras la litografía y la caricatura se convertían en instrumentos de ataque al servicio de la política. De lo que no hay duda es de que José María Velasco, con sus espléndidos paisajes mexicanos, fue la figura más destacada. Por supuesto que mientras las novedades conquistaban a los artistas capitalinos, en la provincia los artistas mantenían su frescura con bodegones y retratos como los de los costumbristas José María Estrada y Hermenegildo Bustos. La escultura se vio beneficiada por los encargos para las estatuas de los próceres que adornarían el paseo de la Reforma. La arquitectura, que había languidecido bastante durante las primeras décadas nacionales, al grado que sólo había permitido la construcción del Teatro Nacional, algunos mercados y establecimientos penitenciarios, se vería beneficiada por los conocimientos sobre el uso del fierro que traería el arquitecto Javier Cavallari.

La música también empezó a cobrar vuelo. La Sociedad Filarmónica, fundada en 1866, al triunfo de la república recibió el edificio de la clausurada Universidad como sede, donde impartió clases y ofreció conciertos y conferencias. Las marchas del popular Aniceto Ortega expresarían el toque nacionalista en la música.

Es posible que este nacionalismo inspirara el intento por describir todos los aspectos físicos del nuevo país, empeño que favoreció el estudio del territorio y sus recursos. El endiosamiento de la ciencia y la entrada del positivismo le dieron gran impulso a su ejercicio, con lo que las academias especializadas se multiplicaron e impulsaron la profesionalización al ser clausurada definitivamente la vieja Universidad en 1865.

La investigación científica también se benefició de la labor de médicos, naturalistas, geógrafos, químicos y geólogos, impulsada por la Comisión Científica, Literaria y Artística de México (1864-1869), al fomentar contactos y viajes científicos al Viejo Mundo. Aunque sus frutos se verían más tarde, la publicación de traducciones e informes en el *Boletín de la Sociedad Mexicana de Geografía y Estadística* sentaron las bases para su desarrollo.

* * *

La larga jornada iniciada a principios del siglo XIX, hacia el último tercio había afectado hondamente a la sociedad. La vieja sociedad corporativa había desaparecido al secularizarse con las reformas, de manera que empezaba a ser en verdad republicana. Con el cambio de costumbres, la vida social era distinta y los mismos desórdenes, "la bola" como los llamaban popularmente, con sus levas que llevaban a ciudadanos de un lugar a otro por todo el territorio, habían ampliado su castellanización, ahora propiciada por escuelas públicas que imponían la enseñanza de "la lengua nacional".

El fracaso de los experimentos políticos y las derrotas militares ante las amenazas extranjeras también habían dejado huella. La sociedad era ahora más desconfiada y cautelosa, aunque no había perdido su esperanza en el progreso. Triunfantes la república y el liberalismo, los mexicanos ansiaban conquistar una paz que permitiera el desarrollo material, de manera que estaban preparados para aceptar un esquema que les asegurara orden y progreso, y estaban dispuestos a pagar su costo, anhelo que Porfirio Díaz sabría aprovechar.

EL PORFIRIATO

Elisa Speckman Guerra

Porfirio Díaz gobernó el país durante 30 de los 34 años que corren entre 1877 y 1911; de ahí que esta etapa se conozca con el nombre de porfiriato. El periodo se delimita, entonces, a partir de dos sucesos políticos: comienza en 1877, cuando, meses después de derrotar a los lerdistas e iglesistas, Díaz inicia su primer mandato presidencial, y concluye en 1911, meses después de haber estallado la Revolución, cuando Díaz abandona el poder y sale rumbo al exilio.

Héroe de la lucha contra conservadores e imperialistas, Porfirio Díaz nació en Oaxaca en 1830, por lo que era más joven que Benito Juárez y que Sebastián Lerdo de Tejada. Además, a diferencia de ellos, optó por la carrera de las armas y llegó a obtener el grado de general. En tres ocasiones participó en la contienda por la presidencia, pero fue derrotado por Juárez y por Lerdo. Dos veces desconoció el resultado de las elecciones y se levantó en armas: la primera en 1871, con el Plan de la Noria, y la segunda en 1876, con el Plan de Tuxtepec. En ambas enarboló una bandera antiautoritarista y anticentralista, pues rechazaba el excesivo poder del presidente de la república frente a los poderes legislativo y judicial y frente a los gobiernos estatales. Además de oponerse a la reelección, pugnó por reducir las facultades del ejecutivo a los límites contemplados por la constitución y, en contraparte, por fortalecer los gobiernos de los estados o de los pueblos y, en este caso, por respetar su derecho para elegir a sus autoridades municipales y decidir sobre sus asuntos internos.

Como defensor y representante de intereses y grupos regionales contó con el apoyo de caciques o líderes locales; también con el de militares que habían sido desplazados por Juárez o Lerdo. Asimismo, obtuvo el favor de pueblos o colectividades campesinas que defendían su autonomía política y que, a cambio, aceptaban la desamortización o la división de sus tierras entre sus miembros, siempre y cuando se efectuara según sus costumbres y necesidades; por último, se granjeó la simpatía de grupos urbanos, que lo consideraban el único hombre capaz de preservar la unidad y la soberanía y de terminar con el estado de guerra que había azotado al país por más de cincuenta años.

En noviembre de 1876 entró triunfante a la ciudad de México y, tras la victoria electoral, ocupó la presidencia en 1877. En su primer periodo respetó la bandera antirreeleccionista: en 1878 promovió una reforma constitucional que prohibía la reelección inmediata y en 1880 entregó el poder a su compadre, Manuel González. Con ello aumentó su caudal político, que incrementó durante el gobierno gonzalista, pues estableció nuevos lazos y alianzas. De ahí que, otra vez como candidato único, ganara las elecciones para un segundo mandato (1884-1888). Sin embargo, en esta ocasión no planeaba abandonar la silla presidencial: en 1887 una nueva reforma constitucional permitió una reelección inmediata, es decir, que el presidente se reeligiera por una ocasión; ello le valió para el cuatrienio de 1888 a 1892. En 1890 se eliminó de la constitución toda restricción a la reelección y en 1903 el periodo presidencial se amplió a seis años, con lo que, sin mayor oposición, don Porfirio proclamó su triunfo electoral para los periodos 1892-1896, 1896-1900, 1900-1904 y 1904-1910.

A lo largo de esos años se produjeron muchos cambios, tantos que no resulta posible hablar llanamente de porfiriato; hay que referirse, al menos, a dos porfiriatos, más los años de crisis.

LA POLÍTICA PORFIRISTA

La primera etapa

El primer porfiriato comienza en 1877 y concluye en el inicio del tercer periodo presidencial de Porfirio Díaz (1888) o cuando se eliminó toda restricción legal a la reelección indefinida (1890). Se trata de una etapa de construcción, pacificación, unificación, conciliación y negociación, pero también de represión.

Al asumir el poder, don Porfirio tuvo que enfrentar diversos retos. Para empezar, faltaba mucho para consolidar el Estado y la nación. La Constitución promulgada en 1857, así como en general el proyecto liberal de Estado y de sociedad, no habían sido cabalmente aplicados. Como se dijo en el capítulo anterior, la carta magna contemplaba una sociedad de individuos iguales ante la ley y obligaba a los gobernantes a garantizar sus derechos. Asimismo, para evitar la concentración del poder, lo dividía en ejecutivo (responsable de ejecutar las leyes), legislativo (de elaborarlas) y judicial (de vigilar su aplicación), y encargaba al pueblo la elección de sus miembros (presidente y gobernadores, legisladores, magistrados de la Suprema Corte y de los tribunales superiores de justicia, así como algunos jueces). Por último, contemplaba la separación entre el Estado y las iglesias y, para garantizar la libertad de cultos, ponía en manos del gobierno actividades como la educación o la beneficencia.

Sin embargo, la aplicación de la constitución se había visto obstaculizada por la guerra entre los defensores del documento y sus detractores. Estas trabas no se eliminaron con la victoria republicana de 1867, pues subsistían diferentes proyectos de nación. Además, éste no era el único obstáculo. Existía un problema de gobernabilidad; por ejemplo, en la constitución el equilibrio de fuerzas no favorecía al ejecutivo, con lo cual era difícil que el presidente controlara la oposición de las corporaciones o que sometiera a los poderes regionales; por ello, Juárez y Lerdo concentraron un poder mayor que el contemplado por la ley. Además, para algunos la carta magna distaba mucho de la realidad del momento. Éste fue un argumento recurrente durante el porfiriato. Diversos intelectuales sostuvieron, entre otras cosas, que la constitución contemplaba una sociedad integrada por individuos, mientras que la sociedad mexicana era heterogénea y sus miembros se seguían sintiendo parte de alguno de los cuerpos y actuando por medio de ellos; por tanto, creían que su aplicación debía postergarse. En suma, faltaba mucho para la consolidación no sólo de las instituciones y de las prácticas contempladas por la constitución, sino también de un sistema político que mostrara su eficiencia. Además, si bien Juárez, Lerdo y Díaz habían gozado de gran popularidad en ciertas regiones, era necesario preservar la legitimidad y el consenso, y extenderlo a toda la nación; sobre todo, se requería cohesionar las fuerzas políticas y regionales, terminando con los riesgos de levantamiento o de fragmentación territorial.

Por otro lado, tampoco existía plena coherencia o identidad nacional. Algunas poblaciones permanecían aisladas y no se sentían parte de una unidad que los rebasaba y cuyos gobernantes, que tenían una cultura diferente, eran ajenos a sus problemas. Para colmo, las fronteras eran permeables y subsistía la amenaza de intervenciones extranjeras.

Los retos de Porfirio Díaz eran, entonces, unificar y cohesionar las fuerzas políticas y regionales, otorgar legitimidad y legalidad al régimen, respetando o aparentando respetar la constitución, y lograr el reconocimiento internacional.

Para lo primero adoptó una política similar a la que habían observado Juárez y Lerdo, y no siempre cumplió con su compromiso hacia los grupos regionales y las colectividades campesinas. Fundamentalmente tomó dos caminos. En primer lugar, el de la conciliación o la negociación. Conservó la lealtad de los grupos que lo apoyaron y atrajo a los viejos opositores. Así, incorporó al ejército a los soldados que habían defendido el Plan de Tuxtepec, pero también a los que habían sido desplazados por Juárez o por Lerdo, e incluso a los lerdistas e iglesistas. Se casó con Carmen, hija del ex lerdista Manuel Romero Rubio, y al hacerlo selló su compromiso con dicha facción. Incluyó en sus gabinetes a liberales de trayectoria militar, excluidos durante la República Restaurada, pero también a liberales de trayectoria política o intelectual, sin importar su filiación. Por ejemplo, para 1884 sólo un ministro de Estado puede ser calificado como porfirista; en cambio, había dos juaristas, dos lerdistas y un imperialista. Así, además de unificar las facciones liberales, Díaz atrajo a algunos imperialistas y, sobre todo, a la iglesia católica.

Para ese entonces la institución eclesiástica estaba muy debilitada. Se le prohibía tener bienes y se habían limitado sus ingresos, por lo que dependía económicamente del Estado. Además, había perdido parte de sus miembros, pues sólo se permitía la existencia del clero secular. Y también había perdido espacios de participación social, pues se prohibía que el culto se celebrara fuera de los templos y que los religiosos atendieran centros educativos, de beneficencia y hospitalarios. Esta situación cambió bajo el gobierno porfirista. Díaz no derogó las leyes antieclesiásticas, pero tampoco las aplicó todas. Admitió que la iglesia recuperara propiedades, que se reinstalara el clero regular (frailes y monjas) y que se fundaran congregaciones de vida activa, consagradas a la educación y a la atención de enfermos y menesterosos. Asimismo, las esposas de los funcionarios, entre ellas Carmen Romero Rubio, asistían a actos religiosos, y las festividades se celebraban públicamente y en ocasiones con gran pompa, como la coronación de la virgen de Guadalupe en 1895. A cambio, la jerarquía eclesiástica actuó en favor del caudillo, desconoció los levantamientos populares hechos en nombre de la religión y participó en la evangelización de yaquis y mayos. Por otro lado, al reintegrarse a la labor benéfica y educativa, cubrió espacios que el gobierno difícilmente podía llenar con recursos propios.

La relación de Díaz con las colectividades campesinas, así como con caciques o líderes regionales, fue más compleja y variable. En algunas regiones el presidente observó su acuerdo con los pueblos, respetó su autonomía política y frenó la desamortización. En otras localidades no detuvo la fragmentación de las propiedades corporativas ni tampoco la colonización, que pretendía incorporar a la producción y al mercado parcelas no cultivadas, otorgando una tercera parte a las compañías deslindadoras que las denunciaban. El problema es que estas compañías también denunciaron terrenos que sí eran trabajados pero cuyos dueños carecían de título de propiedad, entre ellos pueblos, que así perdieron sus tierras.

También variable era el vínculo de don Porfirio con gobernadores y caudillos. En forma general, el presidente buscó colocar a la cabeza de los estados hombres que le fueran leales y que contaran con el consenso de los otros grupos de la zona. Si sus partidarios —muchas veces caciques— cumplían con ambas condiciones, los separaba del poder militar pero los ayudaba a ocupar la gubernatura o a mantenerse en ella; si no cumplían con los requisitos, los alejaba de la esfera política, pero les brindaba medios para enriquecerse. Así se ganó a los líderes locales o los debilitó, y logró que las gubernaturas fueran ocupadas por hombres que le eran fieles, a quienes dejaba cierta libertad, pues no intervenía en su gestión si garantizaban la paz de la región.

Porfirio Díaz también concilió con el extranjero y alcanzó la tercera de sus metas: obtener el reconocimiento internacional. Logró restablecer las relaciones diplomáticas con Francia, Inglaterra, Alemania y Bélgica, que se habían roto tras la moratoria decretada por Juárez. Asimismo, se granjeó el favor de Estados Unidos. Las relaciones con el vecino del norte implicaban problemas de diversa índole: la deuda exterior mexicana; el paso de tribus indígenas y ladrones de ganado a territorio mexicano y el de las tropas que los perseguían; la existencia de una zona libre de impuestos que México había abierto en su frontera con el fin de atraer colonos y el contrabando que ello generaba, y la migración de trabajadores mexicanos a territorio norteamericano. A pesar de ello y gracias, entre otras cosas, al pago de la deuda y de compensaciones, y a las facilidades brindadas a los inversionistas, en 1878 Estados Unidos reconoció al gobierno de Díaz. Sin embargo, el presidente de México defendió con firmeza la soberanía nacional.

Ahora bien, cuando no pudo recurrir a la conciliación o la negociación, Porfirio Díaz optó por un segundo camino: la fuerza y la represión. Para ello utilizó al ejército, a la policía y a la policía rural. Por ejemplo, en 1879 el gobernador de Veracruz ordenó fusilar a nueve rebeldes lerdistas, quizá porque exageró la orden del presidente, quien le pidió que castigara a los cabecillas de la sublevación que a la vez fueran oficiales de la armada, aunque hay quienes dicen que existió otro telegrama con una somera instrucción: "Mátelos en caliente". También fueron ahogadas en sangre las rebeliones agrarias de Sonora y Yucatán, que se tratarán más adelante. Además, asaltantes de caminos y bandoleros, entre ellos Jesús Arriaga ("Chucho el Roto") y Heraclio Bernal ("El Rayo de Sinaloa"), fueron capturados o asesinados aplicándoles la "ley fuga".

Pasemos ahora al problema de la legalidad del régimen, es decir, su distancia o cercanía respecto a las normas constitucionales. Al igual que intervenía en el nombramiento de gobernadores, don Porfirio negociaba las elecciones de diputados, senadores y magistrados federales. Estas elecciones eran indirectas; esto significa que los varones nacidos en México (pues las mujeres no podían votar), hijos de mexicanos o extranjeros naturalizados, mayores de 18 años si eran casados y de 21 si no lo eran, y con un "modo honesto de vivir", votaban para elegir a los electores, quienes a su vez votaban para elegir a los representantes. Sin embargo, las votaciones federales solían ser una farsa: el día de la elección las urnas estaban desiertas y las papeletas no eran llenadas por los votantes. A pesar de ello nunca dejaron de practicarse; cada vez se publicaban listas de candidatos, se montaban casillas, se imprimían y se contaban los votos. Se trataba de rituales que pretendían mostrar la eficacia del sistema político y legitimaban el régimen. Y lo mismo sucedía en algunas elecciones estatales, que en ciertos casos también eran indirectas. Así, si en el plano electoral las leyes no siempre se cumplían, existía un interés por brindar una apariencia de legalidad o de respetar, al menos, las formas. Y lo mismo sucedía en otros campos. Otro caso es el de las leyes de carácter anticlerical ya que no siempre se aplicaron. Con todo, a pesar de la insistencia de la jerarquía eclesiástica, no se derogaron y constituían para la iglesia católica una amenaza constante. Por ejemplo, se permitió la reinstalación del clero regular, pero de cuando en cuando las autoridades clausuraban algún convento "clandestino".

En suma, el régimen osciló entre la legalidad y la apariencia de legalidad. Por otra parte, además de los cambios legislativos y del uso de la fuerza, en esta primera etapa, gracias a la negociación y a la conciliación, Porfirio Díaz obtuvo el reconocimiento internacional y avanzó en la cohesión nacional, al vincularse con individuos de diversos partidos, regiones y sectores sociales. Dado que en la forma predominante de hacer política los individuos representaban a colectividades (su familia, su pueblo, su hacienda, sus compañeros de oficio), al atraer personas el presidente atrajo grupos. Aprovechó los vínculos de sus partidarios y logró colocarse en la cúspide de una pirámide de lealtades. Por tanto, en lugar de que los grupos de influencia pudieran convertirse en núcleos de desintegración, unió las cadenas de fidelidades para fincar su edificio político.

La segunda etapa

La segunda etapa, que comienza entre 1888 y 1890 y concluye hacia 1908, se caracteriza por un acentuado centralismo y por un gobierno cada vez más personalista y autoritario por parte de Porfirio Díaz y de los gobernadores de los estados.

El cambio de rumbo estuvo acompañado por un relevo en el personal político, pues murieron muchos de los hombres que acompañaron a Díaz en su ascenso al poder y los primeros años de su gobierno. Pero el relevo también respondió a un nuevo juego de fuerzas. Tres figuras —Joaquín Baranda, José Yves Limantour y Bernardo Reyes— desempeñaron un papel importante en la pugna y fractura de la elite porfirista, y representaron a diversos grupos y regiones, formas de hacer política e ideas de nación.

Baranda, que fue el primero en integrarse al gabinete, fungió como ministro de Justicia desde 1882; antes había sido gobernador de Campeche y tenía fuertes vínculos en esta región; también los tenía, por medio de sus hermanos, en Tabasco y Yucatán, y, gracias a Teodoro Dehesa, en Veracruz. Representaba a los liberales de la etapa de la Reforma, de trayectoria civil y civilista, que querían un aparato político limitado.

El segundo en incorporarse al gabinete —pero el último en integrarse al escenario político— fue Limantour, ministro de Hacienda entre 1893 y 1911. Era miembro del grupo de los "científicos", conformado por figuras como Justo Sierra, Miguel y Pablo Macedo, Rosendo Pineda, Joaquín Casasús o Francisco Bulnes. Se trataba de profesionistas destacados, algunos pertenecientes a familias acaudaladas y otros vinculados a ellas, reunidos originalmente en torno a Manuel Romero Rubio, y fundadores de la Unión Liberal, asociación que defendía un gobierno de instituciones y que pugnaba por fortalecer las existentes, para lo cual propuso reformas como la creación de la vicepresidencia. Por otro lado, de acuerdo con la filosofía positivista, los "científicos" consideraban que el método científico debía aplicarse al estudio de la sociedad y a la resolución de sus problemas; en otras palabras, pensaban que el estudio sistemático de la sociedad les permitiría comprender las leyes que regían su funcionamiento y conducirlas, con lo cual podrían eliminar las trabas que obstaculizaban el progreso social. La insistencia en la adopción de una "política científica" emanada de este método y a cargo de un grupo capacitado para idearla y aplicarla, les valió el sobrenombre de "científicos". Además, creían que el país necesitaba un gobierno fuerte, capaz de fomentar la economía y reformar la sociedad; de ahí su interés por impulsar programas de salud o de educación. En cuanto a sus vínculos, representaban a grupos de capitalinos económicamente poderosos, pero estaban desligados del interior del país y de los sectores medios o populares.

Bernardo Reyes fue el tercero en ingresar al gabinete, aunque para ese momento contaba con una larga experiencia política: en 1876 ya era coronel y en 1889 gobernador de Nuevo León, además de que desde los inicios del porfiriato tuvo una fuerte presencia en el noroeste del país. Fue ministro de Guerra entre 1900 y 1902 y representaba a los porfiristas clásicos: militares surgidos de las clases medias o bajas de la provincia, en estrecho contacto con los estados. Además de contar con el apoyo del ejército, gozaba de la simpatía de los grupos que apoyó durante su gestión como gobernador de Nuevo León: empresarios, pequeña burguesía y clases medias, e incluso de los trabajadores organizados, pues promovió una política de protección al obrero.

Durante algunos años Díaz logró mediar entre los grupos, pero la ruptura fue inevitable cuando tuvo que elegir a un sucesor. Ello ocurrió en 1898. Se decidió por Limantour y creyó que Reyes y Baranda lo aceptarían. Sin embargo, el ministro de Justicia se opuso y tuvo que renunciar al gabinete, con lo que su grupo perdió presencia, una presencia de por sí débil y mucho menor que la de las otras dos facciones.

Dos años más tarde, el presidente seguía intentando gobernar con "científicos" y reyistas, manteniendo el equilibrio entre ambos, pero a la vez aprovechando la debilidad originada por el constante enfrentamiento. Es decir, deseaba explotar lo que cada uno le daba: los "científicos" su habilidad para fomentar la economía y sus relaciones con empresarios, banqueros e inversionistas de la capital; y los reyistas su presencia en el noroeste, su influencia en la milicia y su capacidad para responder a las expectativas de los empresarios, pero también de grupos medios y obreros. Al mismo tiempo capitalizaba la división entre ambas facciones —pues el constante enfrentamiento impedía que se fortalecieran—, y esto lo demandaba como mediador. De ahí que nombrara a Reyes ministro de Guerra, mientras que Limantour lo era de Hacienda.

Una vez tomada la decisión a favor de un grupo, las pugnas se agudizaron. En 1902 Limantour negó recursos para la renovación y modernización del ejército, además de criticar la Segunda Reserva, cuerpo creado por Reyes e integrado por un número creciente de civiles, que recibían instrucción militar los fines de semana. Temeroso de la fuerza que el ejército profesional y la milicia cívica podrían otorgarle al ministro de Guerra, don Porfirio le pidió que regresara al gobierno de Nuevo León, hizo cambios en el ejército y desmovilizó a la guardia civil.

Ya para 1903 o 1904 el dominio de los "científicos" era patente. Los hombres que habían acompañado a Díaz en su ascenso al poder, liberales de trayectoria intelectual y militar, habían sido desplazados del gabinete. Por otro lado, los "científicos" impusieron a su candidato a la vicepresidencia en las elecciones de 1904. Era la primera vez que se elegía a un vicepresidente, que sucedería al presidente en caso de ausencia o de muerte, lo cual, considerando que Díaz tenía 73 años, resultaba probable. Así, al elegir a un vicepresidente se estaba eligiendo al sucesor del caudillo. Para ocupar el cargo Limantour propuso a Ramón Corral, y Díaz lo impuso.

La elite se había fraccionado y el presidente no pudo cohesionarla ni conciliar. Al inclinarse por los "científicos", desplazar a los viejos liberales y enemistarse con algunos sectores del ejército, perdió contactos con regiones y grupos, que se quedaron al margen del juego político. A un lado se habían quedado también diversos sectores en ascenso, que no encontraban acomodo en un sistema político paralizado, pues casi todo estaba acordado, negociado y repartido. Asimismo, el pacto con los gobernadores o poderes regionales obligó al presidente a desconocer su compromiso con los pueblos y en general con los campesinos, y el pacto con los inversionistas y empresarios lo llevó a desconocer las demandas obreras. Todo ello explica que tuviera que recurrir, de forma creciente, a la imposición, el autoritarismo y la represión.

Por otra parte, en esta segunda etapa resulta más obvia, aunque no nueva, la violación a la autonomía de los poderes legislativo y judicial. Como ya se dijo, los legisladores y magistrados, tanto federales como estatales, eran nombrados tras la negociación con el presidente o sus allegados, y eran reelegidos una y otra vez; sólo abandonaban el cargo si se enemistaban con su elector o si éste les ofrecía un mejor puesto. De ahí que le debieran lealtad y carecieran de autonomía. Por ello, el Congreso tendía a aprobar las iniciativas del ejecutivo. Por su parte, la Suprema Corte se abstuvo de participar en la política y se limitó a fungir como tribunal de amparo o de última instancia, cuando podría haberse erigido en tribunal constitucional y vigilar la legalidad o la correcta aplicación de las leyes federales, juzgando, entre otras cosas, la validez de las elecciones.

También perdieron independencia los gobernadores estatales. Si bien conservaron ciertos espacios de acción (por ejemplo, en la elección de diputados podían elegir entre los candidatos seleccionados por Díaz o nombrar a los suplentes, quienes muchas veces eran los que asistían a las sesiones), y no siempre aceptaban las decisiones del poder federal (por ejemplo, defendieron su derecho a legislar en materia educativa y aceptaron la uniformidad de los planes de estudio pero les dieron un matiz regionalista), era clara una creciente intervención del centro en la política y en la economía de las regiones.

Además la centralización se reprodujo en los estados, es decir, los mandatarios estatales gobernaron de forma igualmente personalista y autoritaria. Los jefes políticos, que eran autoridades situadas entre los gobernadores y los presidentes municipales, dependían del presidente de la república o del gobernador. Y a su vez los jefes políticos intervenían en los consejos municipales. De ahí que en esta etapa se redujera aún más la autonomía de los pueblos y que sólo en algunas regiones los municipios conservaran algo de libertad.

De forma paralela, se recrudeció el control y la represión de los opositores al régimen. Surgió una oposición política, partidaria, que se remonta a los orígenes del Partido Liberal Mexicano. La oposición también se manifestaba en la prensa. Existían periódicos oficialistas, como El Imparcial, que concentró el subsidio gubernamental, se centró en la noticia y dejó de lado los editoriales de opinión. Gracias a una moderna maquinaria, al bajo costo de los ejemplares, al sensacionalismo y al empleo de imágenes, logró multiplicar sus lectores y superar, por mucho, el tiraje de los antiguos diarios. Pero también hubo periódicos no oficialistas —liberales, católicos u obreros—, algunos de los cuales se modernizaron siguiendo la ruta de El Imparcial, pero otros seguían imprimiendo pocos ejemplares y con maquinaria vieja. Todos sin embargo tenían algo en común: publicaban notas criticando la política de Díaz y, en consecuencia, fueron objeto de represión. con frecuencia sus directores, redactores e incluso impresores eran encarcelados. No hay mejor ejemplo que Filomeno Mata, director de El Diario del Hogar, quien estuvo preso tantas veces que, según se cuenta, cuando le pedían su domicilio daba tanto el de su casa como el de la cárcel de Belén, pues nunca sabía en cuál de los dos estaría.

También se recrudeció la represión de una protesta social que iba en aumento, como se verá más adelante. El descontento tomó diversos matices: manifestaciones callejeras, ataques a edificios públicos, saqueos o bandidaje, huelgas obreras o rebeliones agrarias. Y, más que en otro periodo, para reprimirlos se recurrió a la fuerza: fue ésta la etapa en que cientos de hombres, mujeres y niños yaquis fueron deportados a campos de trabajo en Oaxaca y Yucatán, y de la matanza de mineros en Cananea y obreros en Río Blanco.

Por último, Díaz reorientó sus relaciones con el exterior. Desde el principio había mostrado cautela hacia Estados Unidos y estaba consciente de la amenaza de expansión, ahora más económica que territorial. Esta cautela, expresada en su famosa frase "pobre México, tan lejos de Dios y tan cerca de Estados Unidos", se acentuó por dos razones: la cada vez mayor influencia estadounidense en el Caribe y Centroamérica, especialmente Guatemala (con la cual México tenía viejos problemas por límites fronterizos y tránsito de población), y su creciente peso en la economía mexicana. Para evitar que adquiriera demasiada injerencia cultivó relaciones diplomáticas y económicas con Inglaterra, Francia y Japón. Y se opuso a que Estados Unidos se convirtiera en guardián de América Latina frente a la amenaza europea o en árbitro entre los países americanos, sosteniendo que dicha tarea correspondía a las propias naciones americanas.

Los últimos años

Diversos fueron los factores que propiciaron el derrumbe del régimen porfirista. De hecho, más que hablar de una crisis hay que hablar de varias crisis, que se remontan a los primeros años del siglo y que, como se verá más adelante, afectan los planos económico, social y cultural, y que influyen en lo político.

El régimen porfirista estaba envejecido: el presidente tenía 80 años; la edad promedio de los miembros del gabinete era de 67, y parecida era la de gobernadores, magistrados y legisladores. Díaz no era el único que llevaba tantos años en el poder, pues la reelección se practicaba en todos niveles. Era el caso de los gobiernos estatales: Teodoro Dehesa estuvo al mando de Veracruz por 15 años, Mucio P. Martínez gobernó 17 años en Puebla, casi los mismos que Francisco Cañedo en Sinaloa y Joaquín Obregón González en Guanajuato. Como se dijo, el régimen también estaba paralizado, pues había perdido la capacidad de conciliar y de dar cabida a nuevos sectores políticos o sociales. Y, por si esto fuera poco, también estaba fraccionado. La división entre "científicos" y reyistas no sólo no desapareció con el retorno de Reyes a Nuevo León, sino que resurgió en la víspera de las elecciones de 1910.

En 1908 Díaz concedió una entrevista a un periodista norteamericano llamado James Creelman. En ella declaró que no competiría en la contienda electoral que se avecinaba y que permitiría que ésta se desarrollara en completa libertad, pues consideraba que México estaba preparado para la democracia. Ello agitó la opinión pública y promovió el debate político aunque, al parecer, para los hombres cercanos al caudillo quedó claro que se trataba de una declaración para el exterior y que, nuevamente, lo que se jugaba era la vicepresidencia. En ese momento, con un presidente cada vez mayor, la vicepresidencia prometía garantizar el camino a la sucesión.

En 1909 los "científicos", apoyados por Díaz, propusieron de nuevo a Corral. Los reyistas se movilizaron y promovieron a Reyes, y fundaron clubes de apoyo a lo largo del país, integrados por clases medias y obreros. Sin embargo, quizá por lealtad a Díaz o por su renuencia a dirigir o promover siquiera un movimiento armado que terminara con la paz, Reyes desalentó a sus seguidores y aceptó una comisión que le encargó el presidente en Europa.

Entonces las oposiciones se radicalizaron. Así sucedió con el reyismo (pues los seguidores de Reyes continuaron con el movimiento cuando éste partió al extranjero), la oposición liberal o el maderismo. Estos grupos eran muy diferentes. Variaban tanto el origen de los dirigentes y de sus fuerzas de apoyo como su programa, pero para ese momento compartían varias demandas: apego a la constitución y a la legalidad, respeto al voto y no reelección, y, en diferentes grados, protección legal de campesinos y obreros.

Pese a este ambiente, las elecciones se celebraron según la tradición y se proclamó el triunfo de Díaz y de Corral. Menos de seis meses después estalló la revolución y, menos de un año después, en mayo de 1911, don Porfirio se veía obligado a abandonar no sólo la presidencia sino el país, embarcándose hacia Francia. Con ello terminaba el porfiriato pues, como se explicó, el inicio y el final dependen de la historia política y, concretamente, del ascenso y la caída de Porfirio Díaz.

Esta etapa resultó de suma importancia para la consolidación del Estado-nación, a pesar de que Porfirio Díaz no respondió de manera cabal a su programa ni cumplió con todos sus retos. Los dos lemas del régimen fueron "orden y progreso" y "poca política, mucha administración". Ciertamente se alcanzó un cierto orden —no completo ni ajeno a alzamientos o rebeliones— pero para ello no se requirió poca política. Si bien don Porfirio recurrió a la fuerza, logró obtener y mantener el poder gracias a sus lazos personales y clientelistas, a su capacidad de negociación, y a su habilidad para conciliar y hacer que los actores políticos dependieran de su intervención. Así, avanzó mucho en la incorporación de fuerzas políticas y regionales. Por otra parte, no se apegó a la legalidad ni respetó las leyes electorales, no aplicó todas las leyes antieclesiásticas, violó garantías individuales (como la libertad de expresión) o no las garantizó (permitió la existencia del peonaje por deudas, que atentaba contra la libertad de trabajo e incluso contra la libertad por nacimiento, ya que las deudas se heredaban); pero a la vez avanzó en la aplicación de otras áreas del proyecto liberal e incluso de la constitución. Por ejemplo, hizo valer aspectos importantes de las Leyes de Reforma y del proyecto de secularización (como el respeto a la libertad de religión), continuó con el establecimiento del derecho y la justicia modernas (concluyó el proceso de codificación y reguló el amparo frente a sentencias judiciales) y dio pasos decisivos para el proyecto económico defendido por los liberales. Por último, ganó en la unificación del país, en la creación de una identidad nacional y en la defensa de la soberanía.

De ahí que podamos afirmar que en esta etapa se originaron o se afianzaron muchas de las instituciones políticas del siglo xx. Y lo mismo ocurrió en los ámbitos de la economía, la sociedad y la cultura.

LAS FINANZAS PÚBLICAS
Y EL DESARROLLO ECONÓMICO

Porfirio Díaz heredó una hacienda pública en quiebra. Las deudas con el extranjero y con prestamistas nacionales eran considerables; los ingresos aduanales se entregaban a los acreedores de la nación; algunos impuestos pertenecían a los estados y no beneficiaban a la federación, y los contribuyentes se oponían a la creación de nuevas cargas fiscales. Para el arreglo de las finanzas los ministros de Hacienda (entre los cuales destacan Matías Romero, Manuel Dublán y José Yves Limantour) recurrieron a diversas vías. Redujeron los gastos públicos y administraron los recursos de forma cuidadosa. Ejercieron un mayor control de los ingresos. Crearon nuevos impuestos que, a diferencia de la etapa anterior, no gravaban u obstaculizaban el comercio. Por último, gracias a un nuevo préstamo, reestructuraron la deuda interna y externa, lo cual a su vez les permitió ganar la confian-

za del exterior y de los inversionistas y obtener otros emprésti-
tos e inversiones. Es decir, una parte de la deuda se pagó con el
dinero obtenido del extranjero, y para la otra parte se llegó a un
acuerdo con los acreedores con el fin de diferir los pagos y establecer una tasa de interés fija. Con ello pudo calcularse el monto del débito y convertirlo en deuda de largo plazo. Gracias a
todo esto, con los años los gastos no superaron a los ingresos e
incluso, a partir de 1894, se registró un superávit.

Por otro lado, la transformación en los sistemas productivos fue sorprendente. En respuesta a un contexto internacional
favorable, tanto Díaz como González buscaron que el país se
ligara a la economía internacional como exportador de productos agrícolas o minerales, pero también fomentaron el desarrollo de la industria y del comercio interior. Al comenzar el porfiriato el mercado nacional estaba restringido y subsistían
unidades económicas, en ocasiones regionales y en otras locales, que producían casi todo lo que consumían y, por tanto,
compraban o vendían muy poco. Era necesario multiplicar la
producción y estimular los vínculos comerciales a lo largo del
país y más allá de sus fronteras. Para ello se necesitaba una infraestructura legal, inversiones o instituciones crediticias, circulante, medios de transporte y comunicaciones.

Empezaremos por las leyes. En esta etapa se expidió un código comercial que permitió contar con una reglamentación clara, coherente y reunida en un solo cuerpo. Además se eliminaron las alcabalas, que eran impuestos al tránsito de mercancías,
que encarecían los productos y obstaculizaban el intercambio a
distancia. A ello se unió una política de subsidio a la industria
o a la construcción de obras públicas y de transporte, así como,
en ciertos años y para algunos sectores industriales, una política proteccionista que gravaba los productos extranjeros que
competían con los mexicanos.

Mayor reto implicaba la obtención de recursos gubernamentales o privados. En los primeros años el Estado no tenía di-

nero. Sólo hasta la segunda etapa del porfiriato, una vez logrado el superávit, pudo invertir en obras públicas y en comunicaciones. Por otro lado existieron fortunas de origen nacional, que se formaron e invirtieron en distintas regiones, pero fueron escasas. Por ello, en la primera etapa fue imperativo recurrir al exterior. El gobierno federal y los estatales ofrecieron generosas concesiones y una legislación que garantizaba un amplio margen de utilidades. Gracias a ello atrajeron un considerable monto de inversiones.

Muchos de estos recursos se emplearon en puertos y, sobre todo, en ferrocarriles. Cuando Díaz llegó al poder únicamente existía la línea que comunicaba a México con Veracruz y que medía 640 kilómetros. El resto de los trayectos se recorrían en caballo o mula, con lo cual los viajes resultaban lentos, sólo podían hacerse en algunas temporadas del año y sufrían el ataque de bandoleros. Durante el porfiriato las vías aumentaron a un ritmo de 12% al año: en 1885 existían 5 852 kilómetros y para 1910, 19 280 kilómetros. Con el fin de atraer la inversión, el gobierno federal otorgaba dinero por kilómetro construido, además de que, con frecuencia, los gobiernos estatales ofrecían exención de impuestos y tierras. Las líneas se construyeron fundamentalmente con capital estadounidense (42%), pero para contrarrestar su influencia y garantizar la competencia el gobierno promovió contratos con Inglaterra (que llegó a controlar el 35%). Además, entre 1902 y 1903 compró el Ferrocarril Nacional Mexicano y el Interoceánico y en 1906 rescató de la quiebra al Ferrocarril Central Mexicano; tal fusión marca el origen de los Ferrocarriles Nacionales de México y del monopolio estatal.

Puertos y ferrocarriles favorecieron el comercio exterior, pero también el interior. México comerciaba con Estados Unidos, Europa y el Caribe; exportaba metales y productos agropecuarios en un volumen creciente, que pasó de 40.5 millones de pesos en 1877 a 287 en 1910. Importaba, también en cantidades crecientes, maquinaria y herramientas, artículos manufacturados y algunos comestibles. De hecho, el trazado ferroviario, realizado por las compañías extranjeras, respondió al interés por fomentar el intercambio comercial con Estados Unidos. A pesar de ello el ferrocarril trajo también enormes beneficios al comercio nacional. Al integrar las zonas comunicadas por las vías permitió un comercio a bajo costo y durante todo el año, por lo que se multiplicaron los intercambios y fue posible producir para mercados lejanos, lo cual favoreció la especialización de las regiones. El aumento en el comercio vino acompañado por una multiplicación de la producción agrícola, minera e industrial. En la agricultura el sector que experimentó mayor desarrollo fue el de exportación, con la producción de henequén, caucho y café. Estos productos se cultivaban en haciendas que se beneficiaron del fomento, del crédito, de los ferrocarriles y de modernas formas de cultivo. En cambio, la agricultura destinada a la producción de alimentos sufrió un retroceso. La producción de trigo, cebada, frijol y chile en 1910 era la misma que en 1877, a pesar del notable aumento de la población. De ahí que los alimentos se encarecieran y que productos como el maíz tuvieran que importarse.

También experimentó un impresionante desarrollo la minería de exportación, que se concentró en los estados de Sonora, Chihuahua, Sinaloa y Durango. Gracias a capitales extranjeros aumentó la extracción de oro y plata; además, la producción se diversificó, pues las nuevas tecnologías y el abaratamiento del transporte hicieron rentable la extracción de cobre, zinc y plomo, que tenían gran demanda en la industria europea y norteamericana. A principios del siglo XX, a ello se sumó la explotación petrolera.

Otro sector de gran importancia fue la industria, que se transformó a finales del siglo XIX. Durante el porfiriato, sobre todo en algunas regiones, subsistieron los talleres artesanales, manejados por un maestro, con escasos trabajadores y con herramientas poco sofisticadas. Pero estos talleres fueron poco a poco desplazados por industrias manufactureras, muchas veces de propiedad familiar, que operaban con máquinas o herramientas especializadas, y en las cuales los trabajadores se dividían las distintas fases de la producción. A partir de 1890, a éstas se sumaron las industrias modernas, propiedad de sociedades de empresarios, que operaban con máquinas movidas por energía hidráulica, vapor o electricidad, y que tenían una mayor productividad. En general, las fábricas se concentraban en Nuevo León, Jalisco, Puebla, Veracruz y la ciudad de México, y se dedicaban a la producción de cerámica, cigarros, calzado, cerveza, textiles, papel o vidrio. Así, la industria que más se desarrolló fue la ligera, orientada a la producción de bienes de consumo. Sin embargo, a pesar de que el sector industrial era eficiente y crecía paulatinamente, su desarrollo se veía limitado por un ineficaz sistema financiero, el desabasto de materias primas o la insuficiente capacidad de consumo de la sociedad mexicana. También lo afectó la carencia de maquinaria y bienes de producción, pues la industria pesada experimentó un desarrollo menor y más tardío. Destaca en este campo la Fundidora de Fierro y Acero de Monterrey, que se creó en respuesta a la demanda proveniente, sobre todo, de los ferrocarriles.

El contraste entre la agricultura de exportación y la de consumo, y entre la industria ligera y pesada refleja un aspecto de la desigualdad imperante en el plano de la economía. A ello se sumó la desigualdad geográfica, pues algunas regiones se desarrollaron más que otras. Entre ellas el norte, que contó con una economía diversificada (agricultura, ganadería, minería e industria), con una población mayoritariamente urbana, con relaciones salariales modernas y con el mayor índice de alfabetización del país. También hubo una desigualdad entre periodos, pues las etapas de prosperidad se vieron opacadas por épocas de crisis; por ejemplo, la ocurrida en la década de 1890 por la caída del precio de la plata, o en 1907-1908 por el retiro de capitales y el descenso en el precio de las exportaciones como consecuencia de la crisis internacional.

En suma, en esta etapa México se convirtió en un importante exportador de materias primas, además de que se produjo en el país la primera revolución industrial. Sin embargo, se trató de un desarrollo desigual, que benefició sólo a algunos sectores, regiones y grupos.

SOCIEDADES RURALES Y URBANAS

Los cambios en la sociedad no fueron menos importantes. Se produjo un crecimiento demográfico sin precedente. Si, en cifras aproximadas, en 1877 el país tenía nueve millones de habitantes, en 1895 contaba con 13 y para 1910 con 15. En el aumento de la población influyeron el fin de los enfrentamientos civiles, la ampliación de los mercados y la mejor distribución de alimentos, y, para algunos sectores de la sociedad, los avances en la higiene y la medicina.

Además de creciente era una población dinámica, pues fue una época de migración. Algunos estados o territorios del norte del país (Chihuahua, Coahuila, Durango, Nuevo León y Tamaulipas), del centro (Distrito Federal y Puebla), de la costa del Golfo (Veracruz) y del Pacífico Norte (Sonora y Tepic), recibieron una gran cantidad de migrantes, provenientes principalmente de los estados de México, Guanajuato, Jalisco, Michoacán, Hidalgo, Zacatecas y San Luis Potosí.

Si bien los migrantes se dirigían sobre todo a las ciudades, un gran porcentaje de la población seguía habitando en localidades que contaban con menos de 15 000 habitantes; por ejemplo, hacia 1900 se ubicaba en este tipo de asentamientos el 90% de ella. Así, la mayoría de los mexicanos vivía en y del campo, distribuidos en haciendas, pequeñas poblaciones o pueblos y ranchos.

Las haciendas tendieron a concentrar la tierra a costa de la propiedad corporativa, por lo que los latifundios aumentaron de tamaño como consecuencia de la desamortización y el deslinde. Si bien algunas leyes pretendieron terminar con el despojo de tierras comunales, para 1910 muchas propiedades habían cambiado de manos. A pesar de ello subsistió la propiedad colectiva. Los terrenos menos fértiles y poco comunicados no despertaron el interés de los deslindadores, por lo que quedaron en poder de los pueblos; en otros casos, éstos las dividieron para asegurar la posesión, pero siguieron distribuyendo el trabajo según lo acostumbrado. Por otra parte, si bien la desamortización y el deslinde favorecieron a los hacendados, también campesinos ricos o usureros sacaron provecho del proceso, con lo que se reforzó la mediana propiedad. De ahí la coexistencia de hacienda o latifundio, propiedad corporativa y rancherías.

En esta sociedad rural —o sociedades rurales, pues la situación cambiaba a lo largo del país— los hacendados ocuparon la cúspide de la pirámide. Algunos eran mexicanos y otros extranjeros, y no siempre residían en el campo, pues muchos dejaban sus tierras a cargo de un administrador para vivir en las ciudades. En la parte intermedia se contaban rancheros o pequeños propietarios, comerciantes o artesanos, y algunos empleados de las haciendas, como el administrador, el mayordomo o técnicos de maquinaria agrícola. En la parte inferior estaban los campesinos sin tierra, que trabajaban para los rancheros prósperos y, en mayor proporción, para los latifundistas. Entre ellos se cuentan los peones acasillados, que vivían en la hacienda o alrededor del casco y que recibían un salario fijo; trabajadores temporales, contratados sólo cuando existía necesidad de mano de obra, lo cual convenía a los dueños de la tierra pero no a los "alquilados", que tenían que recorrer el país siguiendo las temporadas de cultivo, y arrendatarios, aparceros o medieros, a los cuales los latifundistas rentaban sus tierras menos fértiles a cambio de dinero o de una parte de la cosecha.

Ahora bien, las condiciones de trabajo y de vida de estos campesinos variaban según el dueño de las tierras, pero también según la región. Nada más ilustrativo que el contraste entre el norte y el sureste del país. En el norte las grandes propiedades eran cultivadas por trabajadores temporales o por arrendatarios, quienes estaban en mejores condiciones que en el centro y en el sur. Los propietarios tenían que ofrecerles mejores sueldos o exigirles rentas más bajas pues los trabajadores escaseaban debido a la de por sí reducida población, pero también a que existían otras posibilidades de empleo, ya que los hombres podían contratarse en las minas o emigrar a Estados Unidos.

Muy diferente era la situación en el sureste, donde los hacendados necesitaban mano de obra durante todo el año; de ahí que prefirieran el peonaje y que para retener a sus peones recurrieran al sistema de endeudamiento: pagaban a sus trabajadores con vales de la tienda de raya, que además les otorgaba crédito. A los peones la paga nunca les alcanzaba para adquirir lo necesario y mucho menos para saldar la deuda contraída, por lo que quedaban atados a la hacienda por el resto de su vida y la de sus hijos, pues los compromisos se heredaban. Los hacendados del sureste también recurrieron al enganche, endeudando al trabajador con una cantidad inicial, que le entregaban en su lugar de origen. Además utilizaron a prisioneros del orden común y a los indígenas yaquis y mayos deportados por el ejército. Sin posibilidad de abandonar la hacienda, los peones debían tolerar pésimas condiciones de trabajo.

No es de extrañar así que durante el porfiriato se produjeran numerosas rebeliones agrarias. Entre ellas destaca la de los mayas en Yucatán, la de los yaquis en Sonora o la de los habitantes de Tomóchic, que adquirió tintes religiosos gracias a una adolescente de fama milagrosa conocida como Santa Teresa de Cabora. Por lo general, los rebeldes se oponían a la usurpación de tierras, bosques y aguas comunales, y defendían la autonomía política. En algunos casos también luchaban por preservar su identidad étnica y cultural pues, a partir de la independencia, los gobiernos mexicanos adoptaron el principio de la igualdad jurídica y se esforzaron por homogeneizar a la población. Pretendieron uniformar lengua y costumbres; algunos incluso promovieron el mestizaje con el fin de, como se decía en la época, "blanquear" a los indios, a quienes consideraban como flojos, bárbaros y supersticiosos. Así, muchas comunidades pelearon por conservar sus tierras, su derecho a elegir a sus representantes y a tomar sus decisiones internas, e incluso sus tradiciones y su idioma.

Si bien la sociedad mexicana en esta época fue eminentemente rural, durante el porfiriato los centros urbanos crecieron de forma impresionante. El caso más notable fue el de la capital, pero sobresalieron también los de Guadalajara, Puebla, San Luis Potosí y Monterrey (véase el cuadro 1). Además, hubo otras poblaciones de gran crecimiento, pues si en 1877 sólo 10 capitales tenían más de 20 000 habitantes, para 1910 eran 19. Algunos asentamientos crecieron alrededor de centros mineros (como Cananea o Santa Rosalía), otros gracias al desarrollo industrial (Monterrey o Torreón), otros más debido al comercio (los puertos de Tuxpan, Progreso, Guaymas o Manzanillo, y también las poblaciones atravesadas por líneas ferroviarias, como Nuevo Laredo o Ciudad Juárez). En la capital se conjugaron varios de estos elementos, pues era sede del poder federal, destino de los principales ferrocarriles y concentraba 12% de la industria nacional.

Cuadro 1. Crecimiento demográfico en las ciudades

Ciudad	Habitantes en 1877	Habitantes en 1900	Habitantes en 1910
Ciudad de México	240 000	325 000	720 000
Guadalajara	65 000	101 000	120 000
Puebla	65 000	94 000	96 000
San Luis Potosí	34 000	61 000	68 000
Monterrey	14 000	62 000	79 000

Los gobernantes y las elites deseaban que las urbes reflejaran la prosperidad y el progreso de la nación, y que se parecieran a las de las naciones "civilizadas" como Estados Unidos o las de Europa. Deseaban hacerlas bellas y confortables, para lo cual construyeron jardines y amplias avenidas, similares a los Campos Elíseos de París. Pero además querían que fueran seguras y limpias. Sin embargo, las ciudades no estaban preparadas para recibir tal cantidad de migrantes, y algunos citadinos, carentes de oportunidades, engrosaron las filas de la delincuencia o la prostitución. Por otra parte, la mayoría de sus habitantes vivía en calles sucias e inundadas, y sufría por la falta de vivienda, agua potable y alimentos. Todo ello generó graves problemas de salud y se reflejó en índices de mortalidad muy elevados.

Para solucionar estos problemas, y como parte de un proyecto de modernización, los gobernantes expidieron códigos penales y sanitarios y reglamentos de policía, y reformaron las cárceles. Para controlar inundaciones hicieron obras de desagüe y pavimentaron calles; para conducir aguas de desecho construyeron el drenaje y para el agua potable instalaron tuberías. Por último, realizaron una cruzada por mejorar la higiene de las ciudades y de sus habitantes: limpiaron las calles, pusieron en funcionamiento carros de basura y mingitorios, y obligaron a los rastros y, sobre todo, a los cementerios, a salir de la traza urbana. Para controlar epidemias aislaban a los enfermos y quemaban sus pertenencias. Al mismo tiempo fomentaron los avances de la medicina y fundaron institutos bacteriológicos y patológicos. Así, el porfiriato fue una etapa de construcción de obras públicas, de fundación de instituciones y de reglamentación. El Estado reguló múltiples aspectos de la vida del individuo, desde sus compromisos con las instituciones y la sociedad, hasta sus relaciones conyugales y familiares, sus hábitos de higiene y sus diversiones.

Sin embargo, no todas las zonas de las ciudades ni todos los grupos sociales se beneficiaron del esfuerzo gubernamental ni de los impulsos de la modernización. De hecho, el paisaje urbano reflejaba una marcada estratificación social: las zonas comerciales y las colonias habitadas por los grupos privilegiados contaban con todos los servicios, mientras que los barrios populares carecían por completo de ellos. La riqueza se concentraba en grupos reducidos —integrados por hacendados, empresarios, propietarios de casas mercantiles, banqueros o profesionistas eminentes—, que estaban unidos por lazos de parentesco, amistad o negocios, y que al mismo tiempo invertían en el comercio, la industria o los bienes raíces. Dentro de los sectores medios, que crecieron enormemente como resultado del fortalecimiento del comercio y los servicios, se encontraban profesionistas, empleados públicos y del comercio o el transporte, y artesanos prósperos. Por último, en los sectores populares cabía la mayor parte de la población urbana, y estaban integrados por diversos grupos, como sirvientes, dependientes de locales comerciales, artesanos, obreros o vendedores ambulantes.

Merecen especial atención los obreros, que a causa del auge industrial multiplicaron su número y poco a poco fueron desplazando a los artesanos. No existía una legislación que los protegiera pues, según las ideas del liberalismo económico, el gobierno no debía intervenir en la economía y el salario debía fijarse según la ley de la oferta y la demanda. De ahí que, si bien existía libertad de asociación, no se permitían las huelgas. Hombres, mujeres y niños cumplían jornadas de 12 a 14 horas diarias, siete días a la semana; podían ser despedidos sin ninguna justificación, y no estaban protegidos contra accidentes. A los bajos salarios, cuyo poder adquisitivo descendía de manera constante como resultado de la inflación, se sumaban los descuentos arbitrarios o el pago con vales de la tienda de la fábrica. Por ello los trabajadores se organizaron en asociaciones de ayuda mutua, aportando una cuota que servía para los heridos o enfermos, los funerales y las viudas o huérfanos. También crearon cooperativas de préstamo o de suministro de alimentos, así como organizaciones que luchaban por mejorar las condiciones de trabajo y de salario, y que, en casos, recibieron la influencia de las ideas socialistas o anarquistas. La política de Díaz hacia los trabajadores osciló entre la negociación y la represión. El presidente fue más tolerante con las organizaciones mutualistas, a las que subsidiaba y brindaba lugares de reunión, pues sus miembros asistían a los actos públicos celebrados en su honor y con ello otorgaban legitimidad al régimen. Pero fue menos tolerante con las organizaciones y los movimientos más radicales. A lo largo del porfiriato se produjeron constantes conflictos y huelgas, que se multiplicaron a partir de 1900. Díaz buscaba conciliar entre obreros y patrones pero cuando no lo lograba recurría a la fuerza. No hay mejor ejemplo que los conflictos de Cananea y de Río Blanco. En 1906 los mineros de Cananea, en el norte de Sonora, se rebelaron exigiendo que se fijara un horario máximo de trabajo y un salario mínimo, pero también pedían un trato y una retribución similares a los que, en la misma empresa, recibían los trabajadores estadounidenses. Sus demandas fueron rechazadas y estalló la huelga, que estuvo seguida por un motín; para sofocarlo acudieron fuerzas de Estados Unidos, que el ejército mexicano apoyó.

Meses más tarde, los obreros textiles de Orizaba, Puebla, Tlaxcala y el Distrito Federal iniciaron una huelga en protesta por las condiciones de trabajo. En un intento por conciliar, Porfirio Díaz presentó una propuesta que incluía el aumento de salarios y el fin de los descuentos, un fondo para huérfanos y viudas, y la prohibición del trabajo infantil, pero dejaba su aplicación a la buena voluntad de los empresarios. Los obreros de algunas fábricas aceptaron el acuerdo y regresaron al trabajo, excepto los de Río Blanco, que se amotinaron y saquearon la fábrica y la tienda, lo cual les costó la vida a muchos.

En suma, la sociedad urbana presentaba una profunda división clasista e incluso étnica. A las elites les preocupaba la apariencia de los sectores populares y de los grupos marginales, sobre todo de los que vestían a la usanza indígena, pues pensaban que empañaban la imagen de la ciudad. Su preocupación aumentaba en vísperas de festividades o ceremonias conmemorativas, y para evitar que los visitantes extranjeros presenciaran los rastros de miseria y "barbarie" repartían ropa entre los necesitados. Así, subsistían viejos y arraigados prejuicios sociales y raciales, que algunos grupos ahora sustentaban con base en ideas "científicas".

CULTURA

En el porfiriato coexistieron diversas formas de entender el país, la sociedad y al individuo, entre ellas el liberalismo, el positivismo y el conservadurismo. Si bien algunos se apegaron a las ideas liberales y otros se sumaron con entusiasmo a las premisas del positivismo (con corrientes como el darwinismo social) muchos optaron por una postura ecléctica, que combinaba elementos del liberalismo y del positivismo. Así, tomaron de éste la idea de que el método científico debía aplicarse al estudio de la sociedad y a la resolución de sus problemas, y criticaron a los liberales por basar la política y la legislación en teorías importadas en lugar de concentrarse en la observación de la sociedad mexicana. Sin embargo, no querían sustituir las instituciones liberales ni la Constitución de 1857, conformándose con postergar su aplicación hasta el momento en que se juzgara que los mexicanos habían alcanzado el grado necesario de evolución. Asimismo, pensaron que era necesario impulsar la educación y la ciencia, que consideraban como los mejores medios para lograr el progreso nacional. En cambio, otros siguieron simpatizando con las ideas conservadoras y con las doctrinas de la iglesia católica. Pero entre ellos había diferentes corrientes. Algunos se oponían a la separación entre lo temporal y espiritual y defendían la supremacía de la institución eclesiástica, mientras que otros aceptaban la secularización y se concentraban en recuperar espacios de acción social. Además, hubo quienes suscribieron el catolicismo social o pensaron que los católicos debían intervenir en el devenir político de la nación, pero sobre todo en la resolución de los problemas sociales que la aquejaban. Los simpatizantes de esta corriente, que cobró fuerza a principios del siglo XX, se preocupaban por la desigualdad y la injusticia social, exigiendo que el Estado expidiera una legislación que protegiera a los trabajadores y que los patrones los trataran de forma digna.

Ahora bien, independientemente del aspecto ideológico, el catolicismo no había perdido su sitio en el plano religioso. Los mexicanos eran en su mayoría católicos; por ejemplo, en 1910 el 99% estaba bautizado y practicaba la religión. El protestantismo tenía una presencia mucho menor. Los protestantes habían llegado al país hacia 1870. Con el tiempo, 18 sociedades misioneras se establecieron en la frontera norte, Guanajuato, Puebla, Pachuca, la ciudad de México y Veracruz, y captaron a sectores descontentos, a quienes les ofrecían educación y servicios médicos gratuitos. Sin embargo, su propagación se enfrentó con diversos obstáculos: a las pugnas internas de las denominaciones protestantes se sumaba la desconfianza de la población y la oposición de la iglesia católica. En ocasiones grupos católicos se enfrentaron abiertamente a los misioneros, pero éstos recibían el apoyo de Díaz y de los gobernadores estatales, que con ello mostraban su apego a la legalidad, además de que la expansión del protestantismo prometía frenar la influencia de la iglesia católica. Así, si bien el impacto de la religión protestante fue mínimo en términos numéricos —alrededor de 2% de la población si contamos a los extranjeros— su existencia simboliza el respeto de la libertad de creencia y la laicidad del Estado mexicano.

Como hemos visto, en el plano de las ideas existían divisiones entre liberales, positivistas y conservadores, pero en el de los valores se registraba una gran coincidencia. Las elites, clases medias e incluso algunos sectores de los grupos populares compartían las mismas nociones acerca de la familia y la función de la mujer en el núcleo familiar y en el seno de la comunidad, y ello se reflejaba en múltiples escritos, entre ellos la legislación y los textos de derecho, la literatura, las publicaciones del clero o de asociaciones laicas dedicadas a la filantropía, los manuales de conducta, las revistas dirigidas a la mujer y a la familia y los impresos sueltos o la literatura popular. Se creía que la familia debía fundarse en el matrimonio, de preferencia religioso. El esposo era visto como la cabeza, y la legislación le permitía manejar los bienes de su esposa sin su autorización (mientras que ella necesitaba el permiso del marido para manejar los bienes comunes) y le adjudicaba la patria potestad sobre los hijos (que ella sólo adquiría si el marido moría, pero con ciertas restricciones, pues debía atender a un consultor nombrado por el difunto). Por otra parte, a cada género se le asignaba una esfera de actuación diferente: al hombre le correspondía el mundo de lo público, es decir, lo político y lo laboral, mientras que la mujer debía restringirse al ámbito privado y dedicarse a las tareas domésticas. No era bien visto que las mujeres trabajaran fuera del hogar y ello sólo se aceptaba en el caso de las viudas o de las solteras que necesitaban hacerlo, siempre y cuando realizaran "actividades propias de su sexo", como la costura o el magisterio. De ahí que la legislación no les confiriera la posibilidad de votar u ocupar cargos de elección popular, y que restringiera sus actividades laborales; por ejemplo, para trabajar en el comercio las mujeres necesitaban contar con la autorización del marido. Si bien la educación profesional no les estaba vedada, fueron excepcionales las mujeres de clases altas o medias que tuvieron una formación superior, entre ellas Matilde Montoya —la primera médica. Sin embargo, al acercarse el siglo XX las mujeres fueron ganando espacios de participación y, entre otras cosas, publicaron revistas dirigidas a mujeres, en las cuales defendían su igualdad intelectual. Destaca también el incipiente movimiento feminista, que exigía igualdad jurídica y educativa con los varones.

Por otro lado, en la literatura y el arte —como sucedía en la comida y la moda— se notaba una fuerte influencia europea, sobre todo francesa. Esto puede observarse en la literatura modernista, con fuerte herencia del simbolismo francés, y que estuvo representada por Manuel Gutiérrez Nájera, Salvador Díaz Mirón, Amado Nervo, José Juan Tablada y Efrén Rebolledo. O la arquitectura, que recogió diferentes estilos —clásico, románico, mudéjar, gótico, barroco, art nouveau— y los combinó con gran libertad, a veces en un mismo edificio. De esta majestuosa arquitectura dan cuenta los teatros de las principales ciudades: el Juárez en Guanajuato, el de la Paz en San Luis Potosí, el Doblado en Léon, el Calderón en Zacatecas, el Peón Contreras en Mérida.

Pero también se fomentó una cultura nacional y nacionalista, es decir, que reflejaba lo propio del país y que, por ello, podía servir para fomentar un sentimiento de identidad. Siguiendo con una vieja tradición se cultivó inicialmente la literatura costumbrista de tinte romántico o realista, ya fuera por Ángel de Campo, José Tomás de Cuéllar, Rafael Delgado o José López Portillo y Rojas. Más tarde se cultivó también la literatura realista, heredera del costumbrismo pero interesada en la fiel reproducción de la realidad, sus ambientes y sus personajes, con Heriberto Frías, Federico Gamboa o Emilio Rabasa. En este aspecto destaca asimismo otra vieja tradición, el paisajismo mexicano, con pintores como José María Velasco o Joaquín Clausell, e incluso con el retrato de personajes, escenas y sucesos de la vida cotidiana, a cargo de José Guadalupe Posada, quien los difundió en periódicos "de a centavo" y en los cuadernillos y "las hojas sueltas" que publicaba la imprenta de Antonio Vanegas Arroyo.

Sin embargo, para crear lazos de comunión —y nuevamente al igual que lo habían hecho los gobernantes de la República Restaurada—, los porfiristas pensaron que nada era mejor que la enseñanza de la historia patria, capaz de rebasar las identidades regionales e inculcar a los niños los valores cívicos que podrían calificarlos como futuros ciudadanos. Por ello la educación era gratuita y obligatoria, con programas y textos oficiales. Sin embargo, el proyecto educativo no tuvo el éxito esperado. Se concentró en las zonas urbanas y aun en ellas resultó insuficiente: en 1895 sólo 15% de la población sabía leer y escribir, cifra que apenas aumentó a 20% en 1910.

Otra forma de promover el nacionalismo, la historia patria y el culto a los héroes fueron las ceremonias cívicas. Se celebraba la formación de la nación y la defensa de su soberanía, como también de las instituciones liberales, de las cuales el porfiriato se proclamaba heredero y defensor, y calificaba a Porfirio Díaz como héroe. Por tanto, en esas fechas no sólo el país se cubría de gloria, sino también su presidente.

En suma, la cultura porfirista admiró lo extranjero pero también presentó un carácter nacional y nacionalista. Expresión clara de lo segundo se dio en los intelectuales de la Revolución, quienes recogieron una demanda que encuentra sus antecedentes en los primeros años del siglo XX, en el Ateneo de la Juventud. Era un grupo integrado por figuras como Antonio Caso, Pedro Henríquez Ureña, Alfonso Reyes o José Vasconcelos. Los ateneístas fomentaron la apertura hacia nuevas ideas; criticaron el apego al modelo positivista, pues creyeron que el saber podía obtenerse por diversas vías, no sólo mediante el método científico, y defendieron la capacidad del hombre, subrayando su libertad de acción y elección; pugnaron por la reafirmación de los valores humanísticos en la cultura, por el fin de la influencia francesa en la literatura y, en general, por el rescate de lo mexicano.

Este y muchos otros fueron los legados que el porfiriato dejó al México del siglo XX, legados que no se restringieron al ámbito cultural, sino que abarcaron la política (con los avances en la consolidación del Estado-nación), la economía (con la ampliación de los mercados y de las vías de comunicación, el fomento de la exportación de productos agrícolas y una industrialización incipiente) y la sociedad (con el crecimiento demográfico y la urbanización). Sin embargo, también legaría vicios políticos, una sociedad y una economía profundamente desiguales, y una serie de conflictos que dieron origen a la Revolución y que se dirimirían en las primeras décadas del México posrevolucionario.

LA REVOLUCIÓN

Javier Garciadiego

CRÍTICOS, OPOSICIONISTAS Y PRECURSORES

ESTE CAPÍTULO SE DEDICA AL ANÁLISIS DE LA REVOLUCIÓN MEXICANA, secuela de la etapa porfiriana y proceso definidor del México de buena parte del siglo xx. Aunque para muchos el concepto Revolución mexicana abarca también la etapa de los cambios políticos, socioeconómicos y culturales más significativos, aquí el periodo se limitará a los años de violencia generalizada, aunque sin considerar el proceso como un sinónimo de la lucha armada. Más bien se le define como un complejo proceso mediante el cual fue destruido el Estado oligárquico y neocolonial de fines del siglo XIX. La institucionalización comenzada en los últimos años del decenio de los veinte marcó el inicio de otra etapa histórica, con la consolidación de un nuevo tipo de Estado.

Luego de varios años de crecimiento económico y estabilidad política el régimen porfiriano comenzó a presentar varios síntomas de decadencia. Su crisis fue múltiple e insoluble. Afectó, con intensidad variada, los renglones político, económico, social, diplomático y cultural: la magnífica situación de finales del siglo XIX se tornó grave desde principios del xx. Los problemas enfrentados por el gobierno porfirista en sus postrimerías generaron críticas y movimientos oposicionistas entre diversas clases sociales y grupos políticos.

Los primeros en manifestarse fueron ciertos sectores católicos, influidos por las renovadoras ideas en materia social sostenidas por el Vaticano desde 1891, cuando proclamó la encíclica *Rerum Novarum*, que pretendía ofrecer una solución cristiana a los conflictos sociales. A pesar del acercamiento entre el gobierno porfirista y la iglesia católica, se reprochaba moderadamente a Díaz por conservar los principios liberales anticlericales de la Constitución de 1857. A estos reclamos se sumó la crítica sociopolítica, luego de que aquella encíclica, pensada para el mundo industrial europeo, fuera adaptada por los católicos mexicanos para su entorno, abrumadoramente rural. Aunque defendían la propiedad privada como un derecho natural, comenzaron a protestar por la excesiva concentración de la propiedad agraria, así como las condiciones laborales imperantes en la mayoría de las haciendas mexicanas. De los reclamos contra la situación agraria los católicos pasaron a censurar el caciquismo y la falta de democracia. Si bien no aludían personalmente a Porfirio Díaz, a quien siempre reconocieron grandes méritos históricos, lo cierto es que las críticas dirigidas a su gobierno erosionaron su prestigio y el consenso de que disfrutaba. El impacto sociopolítico de tales cuestionamientos, aunque moderados, no debe ser minimizado.

Motivaciones de signo contrario dieron lugar al surgimiento, hacia 1900, de un grupo de ideología liberal en el que participaron diversos sectores de la clase media urbana, como profesionistas, periodistas, maestros y estudiantes. Alegaban que el gobierno se hubiera alejado de los principios liberales y se proponían reorganizar el grupo político decimonónico llamado "partido liberal", con el objeto de presionar a Díaz para que aplicara dichos principios: sobre todo el anticlericalismo, pero también la libertad de expresión, la democracia electoral, la separación de poderes, una adecuada administración de justicia y la autonomía municipal. Para iniciar las labores reorganizativas Camilo Arriaga convocó a los defensores de las ideas liberales a un congreso en San Luis Potosí, en pleno centro del país. Entre los asistentes destacaron los hermanos Jesús y Ricardo Flores Magón, hijos de un oaxaqueño juarista y avecindados en la ciudad de México, donde cursaron estudios jurídicos y publicaban el periódico oposicionista *Regeneración*. Pronto entraron en un proceso de radicalización: hacia 1903 extendieron sus críticas a los "científicos" y a Bernardo Reyes, comenzaron a cuestionar la conveniencia de la inversión extranjera y a ocuparse de la situación de obreros y campesinos. Como respuesta, el gobierno los reprimió, lo que forzó a muchos de ellos a optar por el exilio, radicándose en Estados Unidos.

Su experiencia norteamericana fue dramática y decisiva, pues hubo deserciones, escisiones y radicalizaciones. Por medio de *Regeneración*, durante un tiempo siguieron proponiendo métodos pacíficos de lucha y se mantuvieron afines a la ideología liberal: así lo demuestra su Programa del Partido Liberal, redactado en 1906. Luego de rebasar a Arriaga, Ricardo Flores Magón encabezaría el tránsito hacia la ideología anarquista. Las explicaciones de dicho cambio son varias: sus relaciones con miembros de las organizaciones socialistas y anarquistas norteamericanas; el carácter plurinacionalista —con "hispanos", chinos y europeos— de su nuevo entorno; sobre todo, al residir en una sociedad más industrializada que la mexicana, Flores Magón y sus allegados tendieron a otorgar la función de vanguardia al movimiento obrero y a los intelectuales de clase media ligados a él, diagnóstico inadecuado para un país rural, lo que los llevó a cometer errores de estrategia política. Su alejamiento de México se agravó cuando las influencias que pudieron tener en el movimiento obrero fueron disminuidas con las represiones a los huelguistas de Cananea y Río Blanco. Para colmo, sus posteriores llamados a la lucha armada les enajenaron cualquier simpatía de las clases medias y comenzaron a ser vigilados. A pesar de que desde entonces (1908) decayó su influencia, es incuestionable su importancia histórica: dirigieron las críticas más constantes y certeras al régimen porfirista y gracias a *Regeneración* se concientizaron y politizaron muchos mexicanos; en sus filas adquirieron experiencia varios líderes que luego destacarían en la Revolución mexicana, y su estancia en Estados Unidos sirvió para minar el prestigio internacional de don Porfirio.

Por último, las preferencias sucesorias de Díaz por los "científicos" provocaron que los reyistas, hasta entonces leales porfiristas, se convirtieran en un grupo opositor muy importante, movilizado con el propósito de presionar a Díaz para que escogiera a Reyes como su vicepresidente en las elecciones de 1910: muy pronto surgieron agrupaciones, clubes, periódicos y libros contra los "científicos" y a favor de Reyes. Fue tal la capacidad y fuerza mostradas por sus partidarios, que Díaz, preocupado, envió a Reyes comisionado a Europa en septiembre de 1909. La mayor parte de sus seguidores, al quedar el movimiento acéfalo, cambió su filiación a favor de un grupo que apenas nacía, contrario a la reelección y encabezado por un hacendado y empresario coahuilense, Francisco I. Madero. Así, el valor de los reyistas fue múltiple: su escisión debilitó el régimen; se dedicaron a desprestigiar a los "científicos", grupo presuntamente sucesor de don Porfirio, y fortalecieron el movimiento antirreeleccionista al traspasarle numerosos "cuadros" con prestigio y experiencia política y de naturaleza multiclasista, con clases altas, medias y bajas de las ciudades. De todos los movimientos que precedieron a la Revolución mexicana, el reyista fue el que más elementos le aportó: Venustiano Carranza, Francisco Vázquez Gómez y Luis Cabrera serían los principales ejemplos.

DE LA OPOSICIÓN A LA LUCHA ARMADA

Las crisis que caracterizaron el final del porfiriato explican que Francisco I. Madero se tornara crítico de la política económica de los "científicos" y llegara a la conclusión de que se debía crear un partido político de alcance nacional que se opusiera a la reelección de Díaz en 1910. A ello se abocó desde la segunda mitad de 1909, realizando tres giras para promover la creación de clubes antirreeleccionistas, que deberían nombrar delegados estatales a una convención nacional que se celebraría a principios de 1910, en la que se constituyó el Partido Nacional Antirreeleccionista y se designó a sus candidatos para las elecciones presidenciales: Madero y el ex reyista Francisco Vázquez Gómez, fórmula que sellaba la alianza entre ambos movimientos.

Hasta ese momento Madero había mostrado una notable capacidad política, pues en poco tiempo pasó de la oposición regional a la nacional y expandió enormemente su popularidad, terminando por desplazar a otros movimientos oposicionistas más experimentados (magonistas y reyistas) e integrando bajo su liderazgo gran parte de sus bases. Ya como candidato presidencial inició otra gira, pero pronto fue aprehendido —acusado de incitar a la rebelión— y confinado en una prisión de San Luis Potosí. Durante su encarcelamiento tuvieron lugar las elecciones, en las que fueron declarados triunfadores Díaz y Ramón Corral, y poco después huyó a Estados Unidos, refugiándose en San Antonio, Texas. Allí, Madero y un pequeño grupo de colaboradores redactaron un plan —fechado todavía en San Luis Potosí— en el que se convocaba a la lucha armada. ¿Cómo se explica que apelara a las armas un pacifista partidario de la lucha democrática? ¿Con quiénes pensó que haría dicha lucha? ¿Previó las secuelas que traería la violencia? Las bases de Madero eran en su mayoría de clase media urbana, pues en las giras sólo había entrado en contacto con gente de ese perfil social. Como era previsible, el llamado a las armas no fue secundado por sus seguidores antirreeleccionistas, pues no reunían las condiciones adecuadas para una aventura armada; además, ser oposicionistas conocidos y habitar en poblaciones los hacía vulnerables: la muerte de los hermanos Serdán, en Puebla, fue una

230 NUEVA HISTORIA MÍNIMA DE MÉXICO

advertencia sobre el destino que esperaba a los antirreeleccionistas citadinos que se involucraran en la rebelión.

El impacto del asesinato de Aquiles Serdán fue decisivo, pues el llamado a las armas ya no tuvo eco entre los antirreeleccionistas originales. Sin embargo, la rebelión tuvo buena acogida en la sierra de Chihuahua, extendiéndose luego a las entidades vecinas: Sonora, Durango y Coahuila. Obviamente, el perfil social de los alzados era distinto: popular y rural; sus reclamos también eran diferentes. Si durante los primeros tres meses los grupos de alzados fueron pequeños, estaban mal armados y desorganizados y practicaban tácticas guerrilleras, en febrero de 1911 Madero finalmente regresó al país para asumir el liderazgo de la lucha, con lo que mejoró la organización del movimiento; así, crecieron las dimensiones de los grupos armados, lo que les permitió atacar poblaciones mayores y enfrentar combates formales; sobre todo, surgieron alzamientos en otras partes del país, como en los estados de Morelos y Guerrero. Para marzo y abril había grupos operando en numerosos escenarios, lo que dificultaba su represión. Por la desconfianza final que Díaz tuvo de Reyes, el ejército federal había sido castigado presupuestalmente y numerosos oficiales prorreyistas habían sido retirados del mando directo de tropas, lo que restó efectividad al ejército, enmohecido además por tantos años de paz. Si se agrega la simpatía de las autoridades norteamericanas por la lucha maderista, podrá comprenderse el rápido inicio de negociaciones para restablecer la paz.

La caída de la población fronteriza de Ciudad Juárez durante la segunda semana de mayo aceleró las pláticas entre gobierno y alzados y fortaleció la capacidad negociadora de los rebeldes, dio lugar a numerosos alzamientos nuevos y paralizó al ejército federal y a muchas autoridades locales, lo que explica la cantidad de tomas incruentas de poblaciones durante la segunda mitad de mayo, proceso que se agudizó luego de firmarse los Tratados de Ciudad Juárez, a finales de ese mes, en los que se aceptó la renuncia de Díaz, y con ello se aseguró el triunfo del movimiento. La Revolución mexicana fue en esa fase inicial una movilización que cambió de oposición electoral a rebelión armada, con otros actores y escenarios: la lucha urbana y de clase media devino rural y popular. Surgieron nuevos líderes, más aptos para una contienda armada rural, que no habían participado en el antirreeleccionismo electoral o al menos no de manera destacada. Fue entonces cuando aparecieron, de manera protagónica, Pascual Orozco, Pancho Villa y Emiliano Zapata. En términos sociales ello implicó la incorporación de rancheros norteños, de miembros de las ex colonias militares, de proletarios agrícolas, vaqueros, ferrocarrileros, mineros —responsables seguramente de los ataques dinamiteros contra las vías férreas—, obreros, artesanos, profesores rurales, así como la de rancheros sureños —como los hermanos Figueroa en Guerrero— y de numerosos habitantes y autoridades tradicionales de las comunidades campesinas del centro y sur del país, como Zapata y todo su entorno familiar. Contra lo deseado por las autoridades gubernamentales, por el propio Madero y los otros líderes antirreeleccionistas originales, los grupos populares se involucraron indefectiblemente en el proceso de cambio político; de hecho, lo convirtieron en un proceso revolucionario. Los primeros tenían demandas políticas; los otros, reclamos sociales, básicamente agrarios.

EL ANACRÓNICO LIBERALISMO

En los Tratados de Ciudad Juárez se pactó que Díaz sería sustituido, de acuerdo con la ley, por su secretario de Relaciones Exteriores, Francisco León de la Barra. Sus responsabilidades serían llevar a cabo el desarme y la desmovilización de las fuerzas rebeldes y organizar nuevas elecciones. Lo primero resultó un proceso muy complicado: si bien muchos de los alzados aceptaron volver a la vida pacífica luego de recibir un pago como gratificación, otros fueron organizados en nuevos "cuerpos rurales". Sin embargo, los principales grupos de rebeldes se mostraron inconformes: Pascual Orozco y sus seguidores fueron relegados una vez obtenido el triunfo militar, por lo que consideraron insuficientes los beneficios logrados; a su vez, Emiliano Zapata y los alzados sureños se negaron a disolverse o a organizarse como "rurales", pues no estaban dispuestos a entregar sus armas antes de que les devolvieran las tierras que consideraban usurpadas por los hacendados, actitud que los enfrentó al gobierno interino de León de la Barra.

Respecto a las nuevas elecciones, Madero decidió transformar el Partido Nacional Antirreeleccionista en el Partido Constitucional Progresista; decidió también que para esta segunda elección su compañero de fórmula ya no sería Vázquez Gómez sino José María Pino Suárez, abogado y periodista nacido en Tabasco pero radicado en Yucatán, donde colaboró con el movimiento antirreeleccionista. Resulta cuestionable la conveniencia de ambas decisiones: en ausencia de un proyecto propositivo de gobierno que pudiera obtener un alto grado de consenso, el principio antirreeleccionista, aunque de carácter negativo, había mostrado cualidades unificadoras. Además, el rompimiento con Vázquez Gómez fue desilusionante para muchos por el procedimiento seguido; sobre todo, provocó el alejamiento de muchos ex reyistas de larga experiencia, cualidad política de la que carecería la administración de Madero. Pese a todo, éste obtuvo un triunfo arrollador en las elecciones de octubre de 1911, aunque accedió al poder presidencial luego de haber roto su alianza con reyistas, orozquistas y zapatistas.

La presidencia de Madero, iniciada a finales de 1911 y concluida de forma violenta en febrero de 1913, se distinguió por las transformaciones políticas a que dio lugar: llegaron al gabinete jóvenes pertenecientes a un sector social inferior al de los ministros porfirianos, lo que explica que tuvieran distinta ideología;

también llegaron gobernadores muy diferentes a los anteriores, y lo mismo podría decirse de los diputados y senadores; acaso tuvo mayor importancia el desplazamiento de los viejos "jefes políticos" por nuevas autoridades locales elegidas libremente. En resumen, tiene que aceptarse que la salida de Díaz trajo, a la vuelta de algunos meses, la transformación de casi toda la pirámide de poder. Incluso los políticos porfirianos que pudieron sobrevivir tenían ahora funciones oposicionistas. Sobre todo, si hacia 1911 y 1912 las clases medias irrumpieron en el aparato gubernativo y en la toma de decisiones, los obreros y los campesinos aumentaron su capital político. Por otra parte, la presidencia de Madero trajo prácticas políticas más democráticas: hubo elecciones libres y se respetó la libertad de expresión; el poder ejecutivo dejó de dominar al legislativo y al judicial, y el poder central dejó de imponerse a las autoridades estatales y locales.

Junto a estos cambios en la esfera política, Madero y las nuevas autoridades trajeron proyectos novedosos en materias agraria y obrera. Madero, hacendado algodonero y miembro de una familia empresarial, era partidario de la propiedad privada de la tierra, no confiaba en la propiedad comunal agraria y sostenía que debía construirse un sistema dominado por pequeños y medianos propietarios, junto con hacendados eficientes y modernos. En lo laboral fue respetuoso de los derechos organizativos de los obreros, pretendió que éstos mejoraran sus condiciones socioeconómicas sin afectar gravemente las finanzas de los industriales y su gobierno comenzó a actuar como árbitro en conflictos entre los patrones y sus trabajadores. El resultado fue que, gracias al nuevo clima político y al menguado poder de los industriales, durante 1912 creció el número de organizaciones obreras y hubo muchas huelgas. Lo mismo sucedió en el escenario rural: con el enorme aumento del capital político de las masas campesinas gracias a su participación en la lucha armada contra Díaz y la pérdida de poder de los hacendados, en ese año cambió la balanza de fuerzas en el campo: hubo numerosas ocupaciones de tierras reclamadas como usurpadas y muchas solicitudes de aumento de jornales; para su desgracia, los hacendados no contaron con el apoyo irrestricto de las autoridades pues ya no estaban los viejos caciques ni los antiguos "rurales" para respaldarlos.

Paradójicamente, las propuestas reformistas de Madero dejaron insatisfechos a casi todos los grupos políticos y clases sociales del país, lo mismo que a diplomáticos e inversionistas extranjeros. Los hacendados y los empresarios las veían como un precedente peligroso; los obreros y campesinos, que antes habían apoyado a Madero —los primeros durante el periodo electoral y los segundos en la fase armada—, las consideraban insuficientes. Esa insatisfacción generalizada se tradujo en críticas abiertas y en movimientos de oposición, incluso en rebeliones armadas. Fueron cuatro los principales enfrentamientos violentos que padeció el gobierno maderista: dos encabezados por beneficiarios del régimen porfirista: Bernardo Reyes y Félix Díaz, y dos por alzados antiporfiristas desilusionados: Emiliano Zapata y Pascual Orozco. Estas rebeliones pueden ser explicadas como consecuencia de los cambios en la balanza de poder nacional: si los primeros pelearon para recuperar su influencia, los segundos lo hicieron para que su nueva fuerza diera inmediata satisfacción a sus viejos reclamos socioeconómicos. Reyes luchó a finales de 1911 porque creía que en ausencia de Díaz sólo a él le correspondía gobernar el país. Félix Díaz se alzó en Veracruz en octubre de 1912, clamando contra la incapacidad gubernativa de Madero. El problema es que el sobrino de don Porfirio no tenía facultades ni legitimidad para resolver el problema de la reorganización nacional a la que obligaba la gran movilización sociopolítica habida desde las postrimerías del porfiriato. Claro signo de los nuevos tiempos, sus llamados se quedaron sin respuesta.

Las rebeliones populares zapatista y orozquista fueron radicalmente distintas. Los campesinos morelenses no aceptaron el licenciamiento dispuesto en los Tratados de Ciudad Juárez, alegando que no depondrían las armas sin la previa devolución de las tierras que reclamaban como usurpadas por los hacendados. Su actitud dio lugar a que el presidente León de la Barra los considerara rebeldes. Al llegar Madero a la presidencia formalizaron su lucha mediante el Plan de Ayala, que exigía la solución de los problemas agrarios y proponía que la comunidad campesina fuera la unidad rural fundamental en el país. La importancia militar del zapatismo no coincide con su relevancia histórica. A todo lo largo de 1912 su lucha fue de reducida intensidad. En cambio, la rebelión orozquista fue notoriamente violenta. Orozco y sus numerosos partidarios se rebelaron en marzo de 1912, con el Plan de la Empacadora, por dos razones: los líderes consideraron insuficiente el pago —económico y político— recibido por su decisiva participación en la victoria sobre don Porfirio, y la soldadesca consideró moderadas y lentas las reformas sociales propuestas por Madero. A diferencia de la zapatista, ésta fue una rebelión más pluriclasista que agrarista, pues además de los numerosos grupos populares no campesinos involucrados, contó con una participación considerable de la clase media regional. Tampoco fue localista: además de que llegó a dominar en todo Chihuahua, incluyendo la capital estatal, tuvo presencia en otras entidades norteñas, como Durango, Coahuila y Sonora, e incluso en Zacatecas y San Luis Potosí. Fue tal su fuerza, que al principio se temió que terminara por vencer al gobierno maderista.

Para poder derrotar a los orozquistas se colocó al mando de la campaña al general Victoriano Huerta con numerosos elementos y recursos. También se dispuso que en la batida a los orozquistas colaboraran sus ex compañeros en la lucha contra Díaz que habían permanecido leales al gobierno, como Pancho Villa, los que fueron incorporados como auxiliares al ejército federal. El objetivo era contar con elementos igualmente hábiles en los métodos guerrilleros y con la misma capacidad de identificación con los sectores populares lugareños. Además, los gobernadores norteños organizaron fuerzas estatales para rechazar las incursiones orozquistas, destacando las del coahuilense Pablo González y las del sonorense Álvaro Obregón. El resultado fue doble: con la suma de ex maderistas auxiliares y fuerzas estatales el movimiento revolucionario adquirió fuerza; con su triunfo, el ejército federal recuperó la confianza y encontró en Huerta a su nuevo caudillo natural, situación que se manifestaría de manera dramática poco después, cuando decidió rebelarse contra el gobierno constituido.

A finales de 1912 y principios de 1913 Madero creyó que al fin había alcanzado la estabilidad por haber derrotado las cuatro rebeliones. Su optimismo se basaba en un diagnóstico equivocado: las cuatro habían padecido serias limitaciones, y a pesar de haber sido vencidas trajeron graves daños al gobierno de Madero. En una situación política muy riesgosa, con un ejército resentido pero recuperado y con un gobierno aislado y con muchos enemigos, Bernardo Reyes y Félix Díaz creyeron, en febrero de 1913, que juntos y en la propia sede de los poderes federales podrían desarrollar un movimiento contrarrevolucionario exitoso. Aunque otra vez fracasaron, el nuevo caudillo militar, Victoriano Huerta, asumió el mando de ese movimiento, por el que Madero pudo ser final y fatalmente derrocado. El acuerdo de los "golpistas" victoriosos es conocido como el Pacto de la Ciudadela, por haber sido éste el sitio donde se parapetaron, o como Pacto de la Embajada, por haber sido firmado en las instalaciones de la representación norteamericana. La oposición simultánea del gobierno de Washington —acaso por los impuestos maderistas al petróleo—, del ejército federal, de los grupos políticos porfirianos y de los hacendados y empresarios, junto con la desintegración del frente antirreeleccionista, la desilusión de las clases medias y la inexperiencia gubernamental, terminaron por hacer insostenible a Madero, quien murió asesinado durante el cuartelazo que lo derrocó en febrero de 1913.

LA LUCHA CONSTITUCIONALISTA

El gobierno de Huerta comenzó siendo una amalgama de casi todos los grupos políticos antimaderistas, con felicistas, reyistas, "científicos", católicos e incluso orozquistas. Además, Huerta contó con el apoyo irrestricto del ejército federal, de los hacendados y de los empresarios. Por lo que se refiere al gobierno norteamericano, su apoyo a Huerta fue breve, pues a las pocas semanas Woodrow Wilson —del Partido Demócrata— sustituyó a William Taft —del Partido Republicano—, y modificó radicalmente su postura hacia México. El ascenso de Huerta a la presidencia provocó la airada movilización de la mayoría de los ex rebeldes antiporfiristas, muchos de ellos veteranos también de la lucha contra el orozquismo y otros tantos convertidos en autoridades locales maderistas. Esto explica que la lucha contra Huerta buscara proteger y conservar los cambios y puestos políticos alcanzados con Madero, así como oponerse al intento de restaurar un gobierno dominado por políticos porfiristas, apoyado en un poderoso ejército federal y favorable a los hacendados y al resto de las clases altas del antiguo régimen.

La rebelión contra Huerta se desarrolló desde un principio en cuatro escenarios importantes, cada uno con sus particularidades sociales, políticas, ideológicas, económicas y militares. El primero fue Coahuila, encabezado por el gobernador Venustiano Carranza, viejo político reyista convertido en antiporfirista hacia 1909. Carranza y las otras autoridades coahuilenses no reconocieron a Huerta, al que declararon rebelde, y convocaron a la creación de un ejército —el Constitucionalista— con el propósito de derrocarlo y restaurar la legalidad. El movimiento antihuertista de Coahuila se caracterizó por su naturaleza legalista y por tener como jefe a un gobernador. Comprensiblemente, los segundos mandos recayeron en los principales políticos y burócratas locales. En cuanto a fuerzas militares, se contó con los veteranos de la lucha contra Díaz. Esas peculiaridades quedaron plasmadas en el Plan de Guadalupe. Si bien en el aspecto militar tuvieron una contribución menor en el triunfo sobre Huerta, fueron fundamentales para la organización, legitimación y administración de la lucha.

En el estado de Sonora el liderazgo fue tomado por varios miembros de la clase media, quienes habían estado constreñidos económica y políticamente durante el porfiriato, pero que habían alcanzado apreciables puestos públicos durante el maderismo. El objetivo de su lucha era conservarlos. Los más importantes fueron Álvaro Obregón, Salvador Alvarado, Plutarco Elías Calles, Manuel Diéguez y Adolfo de la Huerta, entre otros. Además de poder político, éstos tenían cierta capacidad militar, por la experiencia de las luchas contra los indios yaquis y porque muchos habían combatido al porfirismo y al orozquismo. Otra característica notable fue que los conflictos agrario-indígenas —en especial de las tribus mayo y yaqui— y laborales —Cananea— habían dado lugar a que la clase media oposicionista local estableciera alianzas con grupos populares. Así, además de su capacidad militar, la facción sonorense aportaría al movimiento su experiencia como clase media capacitada para establecer pactos y acuerdos con grupos populares.

El contingente antihuertista de Chihuahua —y del norte de Durango— era muy particular, al grado de ser dirigido por un miembro de las clases bajas: Pancho Villa. A diferencia de los alzados en Coahuila y Sonora, Villa no era una autoridad local sino un rebelde típico; en consecuencia, sus lugartenientes y los líderes secundarios también pertenecían a los sectores populares. Volvieron a tomar las armas para impedir que Pascual Orozco alcanzara el poder local o que regresara la oligarquía encabezada por la familia Terrazas. Al margen del aspecto militar, su principal contribución fue aportar al constitucionalismo un enorme y protagónico contingente de origen popular. Gracias al villismo, la lucha antihuertista norteña no se limitó a ser legalista y de clases medias. Sin embargo, si bien el contingente villista era popular, de ninguna manera era exclusivamente campesino: además de muchos jornaleros agrícolas, aparceros, "medieros", rancheros pobres y miembros de las ex colonias militares, en él participaron también numerosos grupos de vaqueros, mineros, ferrocarrileros y obreros. La lucha contra Huerta no fue exclusivamente norteña. La llegada de éste al poder cambió la naturaleza de la lucha de los zapatistas, aumentando su intensidad. Para comenzar, desapareció la esperanza de que se llevara a cabo alguna reforma agraria, pues desde un principio fue evidente que el proyecto huertista para la entidad lo articulaban el ejército federal y los hacendados. Además, sus métodos represivos fueron cruentos y drásticos, lo que aumentó el número de alzados, pues los habitantes de las comunidades campesinas se vieron obligados a intensificar su lucha defensiva. Los zapatistas participaron en la lucha sin reconocer el liderazgo de Carranza, y gracias a ellos la fase antihuertista de la revolución fue birregional, y las demandas fundamentalmente políticas de 1909 y 1910 se vieron enriquecidas con varios reclamos sociales, en particular la devolución de las tierras usurpadas y el respeto a las comunidades campesinas tradicionales, consideradas como instituciones no sólo válidas sino definitorias en el agro mexicano.

Las diferencias sociogeográficas se tradujeron en profundas divergencias políticas, ideológicas y militares. Al margen de la jefatura que le concedía el Plan de Guadalupe, Carranza sólo encabezaba un ejército rebelde compuesto por sus empleados civiles y militares. Para poder convertirse en el auténtico jefe de toda la rebelión, procedió a exportar su movimiento a las entidades vecinas. A pesar de que con ello disminuía su escasa fuerza militar, Carranza prefirió enviar elementos suyos para fomentar la sublevación en los estados de Nuevo León, Tamaulipas, Zacatecas y San Luis Potosí. Así pasó de jefe estatal a jefe regional. Sin embargo, el debilitamiento de las fuerzas que permanecieron en Coahuila permitió que los huertistas recuperaran la entidad a mediados de 1913, obligando a Carranza a abandonarla y a radicarse en Sonora, experiencia que le permitió relacionarse con revolucionarios de otros perfiles sociales. Sobre todo, le permitió convertirse en el jefe real de la rebelión en dos regiones: el noreste y el noroeste.

A principios de 1914 los rebeldes dominaban ya el norte del país, y desde mediados y finales de 1913 habían cundido movimientos antihuertistas de considerable intensidad en San Luis Potosí, Zacatecas, Sinaloa, Jalisco, Michoacán y Veracruz. En cambio, el centro, sur y sureste estaban poco involucrados en la rebelión: además de Morelos y sus zonas vecinas —escenarios de una violenta guerra entre el depredador ejército huertista y el ejército zapatista, compuesto por la suma de las unidades defensivas de las comunidades campesinas de la zona—, en el centro del país apenas había movimientos de consideración en Hidalgo y Tlaxcala. Son varias las explicaciones sobre el débil desarrollo de la rebelión en esa región, como su cercanía a la capital y la importancia del paso del ferrocarril a Veracruz por Puebla y Tlaxcala, lo que creó un importante "corredor" industrial, por lo que resultaba estratégico su control y obligaba a su represión. Respecto al sur, si bien en Guerrero hubo numerosas fuerzas rebeldes, en Oaxaca sólo operaban unas cuantas. Hacia el sureste, en Tabasco había varios cabecillas, pero sus acciones no llegaron a inquietar al gobierno. Seguramente su composición social, dominada por finqueros paternalistas y por peones e indígenas, así como su lejanía y virtual incomunicación, lo convirtieron en una zona renuente a participar en la lucha antihuertista.

Hacia marzo y abril de 1914 los ejércitos norteños iniciaron su avance al centro con el propósito de echar a Huerta de la capital del país. Juntos, Obregón por el occidente, Villa por el centro y Pablo González por el oriente, conformaban una fuerza arrolladora. La derrota de Huerta era inevitable en tanto su ejército operaba con una estrategia defensiva y estática, parapetándose en las ciudades principales; peor aún, haber sido rechazado por el gobierno de Washington y su falta de control de la frontera norteña le provocaron una severa crisis económica, por lo que no pudo reclutar nuevos soldados ni adquirir armas y municiones. A diferencia del movimiento rebelde, en continuo progreso desde sus inicios, el gobierno huertista padeció un constante deterioro. En términos políticos, la gran alianza conservadora que se formó luego del cuartelazo de febrero de 1913 se desintegró pronto, restándole representatividad, legitimidad y eficiencia. En términos diplomáticos, la llegada a la presidencia del demócrata Woodrow Wilson y la pérdida por Huerta de la región donde se encontraban las principales inversiones norteamericanas, explican el creciente distanciamiento entre los gobiernos huertista y estadounidense. El inicio del derrumbe del huertismo puede ubicarse hacia abril de 1914, cuando comenzó el asalto al centro por los ejércitos norteños y los *marines* norteamericanos invadieron Veracruz para impedir que Huerta recibiera un embarque de armas procedente de Europa.

El avance de los ejércitos norteños motivó numerosos alzamientos tardíos en los estados centrales del país. A su vez, cada derrota del ejército huertista implicó deserciones de las autoridades civiles. Aunque la División del Norte villista llegó en junio a Zacatecas, Carranza decidió que sólo los ejércitos de González y Obregón tomaran la capital del país, disponiendo que Villa permaneciera en el norte. Esta decisión fue la última expresión de una larga serie de desavenencias entre ellos, producto de sus múltiples diferencias socioeconómicas y político-ideológicas. La escisión de los constitucionalistas estuvo próxima a consumarse, aunque finalmente pudieron llegar a un acuerdo: Villa seguiría siendo elemento fundamental en la lucha contra Huerta, aunque permanecería en el norte, y Carranza convocaría a una convención de generales tan pronto ocupara la ciudad de México, que resolvería sobre las reformas sociales que se requerían y sobre el próximo presidente del país.

Salvo este conflicto, el avance revolucionario continuó sin contratiempos: Obregón lo hizo hacia Sinaloa y Jalisco, ocupando Guadalajara, desde donde se dirigió al centro; González por Monterrey, Tampico, San Luis Potosí y Querétaro. La facilidad del avance no refleja la importancia histórica del proceso. Para comenzar, el movimiento dejó de ser norteño y se convirtió en uno que abarcaba al menos la mitad del país. La ampliación geográfica implicó una ampliación social. Dado que el avance revolucionario obligó a las elites y a las autoridades huertistas a huir, abandonando sus puestos, las fuerzas rebeldes acudieron a las clases medias no huertistas para que colaboraran en la reconstrucción de los gobiernos locales, lo que permitió a dichas clases llegar al poder. Asimismo, a la llegada de las fuerzas revolucionarias se establecieron pactos con las clases populares lugareñas, con decretos obreristas y agraristas a cambio de su apoyo. Así, durante esos meses la lucha antihuertista se trasladó a nuevos escenarios e involucró a nuevos actores, muy diferentes de los rebeldes norteños, quedando obligados éstos a proponer un proyecto de reconstrucción cabalmente nacional, en términos geográficos y sociales. En estas alianzas políticas y compromisos sociales se encuentra el origen del Estado mexicano posrevolucionario. Si la lucha electoral maderista había sido sostenida por las clases medias urbanas, y la rebelión antiporfirista había sido hecha por sectores populares norteños encabezados por un distante miembro de la elite, la lucha constitucionalista contra Huerta se caracterizó por las alianzas entre sectores medios y populares, encabezados todos por un viejo miembro radicalizado del aparato político porfirio-reyista.

EL CONSTITUCIONALISMO *VERSUS* LOS CONVENCIONISMOS

La Revolución mexicana empezó otra etapa y tomó un nuevo derrotero con la ocupación de la ciudad de México y el triunfo sobre el gobierno y el ejército huertistas, victoria plasmada en

los Tratados de Teoloyucan, de agosto de 1914, por los que el
movimiento antihuertista devino gobierno y su ejército pasó de
rebelde a pacificador. Otro cambio notable lo impuso el contacto con la zona central, que incluía la ciudad de México; la más
grande concentración industrial del país, en la misma ciudad
de México y en Puebla, Tlaxcala y Orizaba, y las regiones más
conflictivas en cuanto a las relaciones entre las haciendas y las
comunidades campesinas, en Morelos, Puebla, Tlaxcala y el Estado de México. Fue entonces también cuando el constitucionalismo pasó de movimiento regional —norteño— a casi nacional, primero al ocupar el centro y la costa oriental, y luego al
extenderse al sur y al sureste.

El reto no era sencillo, pues el constitucionalismo debía realizar labores gubernamentales a pesar de que carecía de un proyecto cabalmente definido y de un aparato político-burocrático
solvente en experiencia y suficiente en cantidad, situación que
lo obligó a conformar un equipo compuesto básicamente de tres
elementos: militares y políticos constitucionalistas que tuvieran
experiencia o capacidad administrativa; miembros de las clases
medias marginados por los gobiernos porfirista y huertista, y la
burocracia media y baja del antiguo régimen que pudo reciclar-
se. Con este aparato debía llevar adelante las reformas sociales a
que se había comprometido, en particular cambiar la estructura
de la propiedad agraria y multiplicar las medidas obreristas. Asimismo, debía garantizar la estabilidad que exigían las clases medias. En efecto, para establecerse como gobierno debía satisfacer
los reclamos socioeconómicos que le planteaban las clases populares, pero sin provocar el miedo o el rechazo de las clases
medias y de los inversionistas extranjeros. De otra parte, el nuevo gobierno constitucionalista necesitaba extender su dominio
al sur y sureste del país, regiones donde no se había luchado
contra Huerta, por lo que aún no se debilitaban las elites locales
ni se desarrollaban "cuadros" de colaboradores o redes de partidarios y simpatizantes del cambio.

El problema mayor consistía en que, derrotado el enemigo común —Huerta—, los victoriosos ejércitos rebeldes habrían de enfrentarse entre sí, pues todos ellos —constitucionalistas, villistas y zapatistas— deseaban imponer su propuesta de desarrollo al resto del país, a pesar de que las de los dos últimos eran parciales, social y geográficamente. Si bien hubo intentos por resolver de manera pacífica las controversias y llegar a un proyecto común, las diferencias eran insalvables y el conflicto inevitable. Los intentos conciliadores y las manifestaciones de hostilidad coexistieron durante la segunda mitad de 1914. El mayor ejemplo fue la Convención, compromiso adquirido por carrancistas y villistas en los Pactos de Torreón, para que en común definieran las reformas políticas y sociales que requería el país. Las sesiones comenzaron el primero de octubre en la ciudad de México, pero sin villistas ni zapatistas, razón por la cual pronto se suspendieron, acordándose que se reanudarían en Aguascalientes, plaza equidistante entre el norte y la capital del país. En esa segunda fase disminuyeron los delegados carrancistas; en cambio, se contó con la presencia de villistas y zapatistas, representados éstos por delegados de origen urbano que exigieron que la Convención reconociera la supremacía del Plan de Ayala. Es incuestionable que esta asamblea tenía mayor representatividad social que la anterior, pues contaba con los mayores grupos populares; además, se declaró soberana, se convirtió en gobierno y desconoció la jefatura de Carranza, quien abandonó la ciudad de México y se dirigió a Veracruz, plaza menos vulnerable que la capital y controlada por los *marines* norteamericanos, quienes la desalojaron para que la ocuparan los constitucionalistas.

La guerra se había reanudado: las tropas de Villa avanzaron sobre la capital, donde convergieron con los zapatistas a principios de diciembre de 1914; mientras, Carranza iniciaba sus preparativos bélicos en Veracruz. Los bandos se redefinieron: los obregonistas resolvieron permanecer como subalternos de

Carranza, y los villistas y zapatistas creyeron que, al ser ambos de origen popular, podían aliarse y luchar por imponer un proyecto común. El país padecería, a todo lo largo de 1915, la llamada "guerra de facciones". Al principio todo parecía indicar que los ejércitos populares de Villa y Zapata derrotarían a las fuerzas dirigidas por las clases medias de Carranza y Obregón. A pesar de tales pronósticos, el resultado fue diametralmente distinto, lo que se explica por factores políticos, militares, económicos y sociales. El gobierno de la Convención se caracterizó por estar encabezado por presidentes —Eulalio Gutiérrez, Roque González Garza y Francisco Lagos Cházaro— muy débiles, enfrentados a una u otra de las facciones populares, o a ambas. Esta situación atemorizó a la clase media, que rompió con la Convención, la cual vio mermada su capacidad de diseño gubernamental, y reducida su posibilidad de establecer alianzas políticas y sociales pluriclasistas y de lograr la confianza de la opinión pública, nacional e internacional. Para colmo, desde un principio la Convención se caracterizó por su permanente secesionismo y por su dependencia de la fuerza militar del caudillo Villa. Más aún, la debilidad de sus sucesivos presidentes fue doble: además de que el poder lo detentaban los caudillos militares, Villa o Zapata, o sus principales lugartenientes, el parlamentarismo que campeaba en esta facción siempre puso al jefe del ejecutivo por debajo de los principales ideólogos y delegados, entre quienes sobresalió Antonio Díaz Soto y Gama, viejo liberal potosino hecho zapatista. La incapacidad gubernamental y la falta de cohesión sociopolítica fueron las mayores características de la Convención.

En cambio, la facción constitucionalista sólo tuvo un jefe, don Venustiano, experimentado y prestigiado. Sobre todo, el constitucionalista era un grupo más homogéneo, con la disciplina suficiente para conservar su unidad, identidad y estructura, a diferencia del convencionismo, que se organizó a partir de una alianza reciente de grupos norteños populares modernos (los villistas) con grupos de campesinos tradicionales del centro y sur del país (los zapatistas). Dicha alianza era imposible de sostener: pronto surgieron diferencias sociales e ideológicas que minaron su capacidad gubernativa y debilitaron su fuerza militar.

La facción convencionista también resultó inferior en el aspecto militar, pues estaba compuesta por dos ejércitos con muy distintos componentes, estrategias y objetivos, al grado de que no hubo colaboración entre ellos. Mientras los villistas sabían que primero había que obtener el triunfo militar, dedicándose por entero a buscarlo, los zapatistas estaban convencidos de que lo prioritario era reorganizar su región en términos políticos y de estructura de la propiedad agraria, para luego exportar dicho modelo al resto del país. Esto explica que mientras los villistas estuvieron comprometidos en una cruenta guerra en varias regiones distantes (el Bajío, la Huasteca petrolera y el noreste), los zapatistas sólo sostuvieron una lucha defensiva, intentando conservar aislada su región. Además de por la falta de cooperación suriana, los villistas se vieron afectados por problemas "municionísticos". Hasta agosto de 1914 habían dispuesto del mercado norteamericano; sin embargo, el estallido de la primera guerra mundial hizo que los países europeos amigos de Estados Unidos adquirieran toda su producción armera, elevándose con ello los precios. Por otra parte, dado que los constitucionalistas fueron los primeros en ocupar la ciudad de México, tomaron control de los talleres de armas y de las fábricas de municiones construidas por el gobierno porfirista y mantenidas por el huertista.

En la "guerra de facciones" también influyeron los factores táctico-estratégicos. Para comenzar, Carranza calendarizó adecuadamente la contienda: conocedor de la inclinación defensiva de los zapatistas, decidió enfrentar primero al villismo. Además, los constitucionalistas tenían la experiencia de operar divididos —cuando menos en ejércitos del noreste y del noroeste—, a diferencia de la División del Norte, siempre unida pero que ahora tuvo que partirse para luchar simultáneamente en el centro, el golfo y el noreste del país. Por último, la táctica que le había dado tantos triunfos contra el ejército huertista, la "carga de caballería", no funcionó contra las trincheras constitucionalistas. Otro factor fundamental en el resultado de la "guerra de facciones" fue el económico. Por un lado, los zapatistas repartieron las haciendas, lo que, criterios de justicia aparte, significó un golpe mayúsculo a la economía local. Por el otro, Chihuahua era el único estado del país donde la violencia había sido constante desde finales de 1910, por lo que la destrucción de la riqueza era allí más severa. Por ende, Villa enfrentaría la etapa más violenta de la revolución sin recursos para reclutar soldados y adquirir armas, súbitamente encarecidas, para colmo, por la gran demanda europea.

En cambio, al avanzar al centro, oriente y sureste del país, los constitucionalistas dominaron regiones valiosas que no habían sido alcanzadas por la violencia, como las zonas cerealeras de Querétaro y el Bajío; asimismo, al ocupar la ciudad de México, Puebla, Tlaxcala y Veracruz se posesionaron de las zonas fabriles más importantes del país; más significativo resultó el control de la exportación petrolera por el golfo, y de la exportación del henequén luego de ocupar Yucatán. Por si esto fuera poco, la facción convencionista dominó la ciudad de México de finales de 1914 a agosto de 1915, y aunque ello fue visto como una señal de fortaleza militar y política, su control obligaba a responsabilizarse de la alimentación, la seguridad y la salud de la mayor concentración de población del país.

La expansión constitucionalista al centro, oriente, sur y sureste del país le dio, además de recursos económicos, la posibilidad de reclutar contingentes humanos frescos. Ese crecimiento geográfico trajo aparejado el aumento de su representatividad social. Así, mientras una facción alcanzó presencia nacional, la otra terminó por quedar integrada por dos fuerzas regionalistas distantes. El constitucionalismo pudo entonces desarrollar una política doble: por un lado, favoreció el ascenso de la clase media; por el otro, sin atemorizar a la burguesía, atrajo a los sectores populares mediante concesiones sociales. Así se explican las adiciones al Plan de Guadalupe, de diciembre de 1914; la ley agrarista de enero de 1915, y el pacto, al mes siguiente, con la Casa del Obrero Mundial, la mayor organización de trabajadores del país. Aun concediendo que no fuera sincero el populismo carrancista, y suponiendo que sólo buscara sustraerle bases populares a la facción convencionista, lo cierto es que el zapatismo no pudo incorporar a los grupos campesinos de los estados vecinos ni se interesó por establecer una alianza con el proletariado del centro del país, y que el villismo pronto perdió los numerosos apoyos populares de que gozó durante 1914. A finales de 1915 el triunfo constitucionalista era incuestionable: había derrotado al villismo en todos los frentes y arrebatado a los zapatistas la ciudad de México. El gobierno de Carranza fue reconocido por el norteamericano en octubre de 1915, y dedicó el resto de ese año y todo 1916 a consolidar su triunfo y a afinar su proyecto nacional.

VIRTUDES Y LÍMITES DEL CARRANCISMO

La etapa gubernativa carrancista se divide en dos fases, preconstitucional y constitucional, siendo mayo de 1917 la línea divisoria. La primera se caracterizó porque el aspecto militar era el predominante. Permanecían en armas los villistas y zapatistas, además de que cundieron otros movimientos armados en varias partes del país para rechazar la implantación del modelo revolucionario, como en la región petrolera de la costa superior del golfo de México, en Veracruz, Chiapas, Oaxaca y Michoacán. Otro de los mayores problemas del año 1916 fue diplomático y militar, pues como represalia de la incursión de Villa al pueblo de Columbus, en Nuevo México, el gobierno norteamericano envió —sin buenos resultados— una fuerte columna "punitiva" para combatirlo, que permaneció en México de abril de 1916 a febrero de 1917. El año de 1916 también se caracterizó por un claro proceso institucionalista y por el predominio de las actitudes moderadas en la facción vencedora. En tanto los villistas y zapatistas ya habían sido derrotados, el gobierno carrancista dejó de requerir apoyos populares masivos, por lo que comenzó a revertir la tendencia, dominante en 1914 y 1915, de hacer grandes concesiones sociopolíticas a tales sectores.

Para transitar del proceso revolucionario a la creación del Estado posrevolucionario los grupos vencedores debían definir su proyecto de país, lo que hicieron, precisamente, mediante la Constitución de 1917. A pesar de que la lucha contra Huerta tenía como primer objetivo la restauración de la legalidad a partir de la Constitución de 1857, ésta era inviable después de los siete años de lucha. La nueva ley suprema debía ser elaborada por diputados elegidos a todo lo largo del país. Su número sería determinado por la cantidad de habitantes de cada estado, y no podían ser elegidos quienes hubieran sido enemigos del constitucionalismo, lo que excluía a huertistas y a convencionistas: el modelo de país sería definido por los revolucionarios vencedores, quienes no estaban dispuestos a arriesgar en la tribuna lo que habían ganado en los campos de batalla. La participación excluyente de constitucionalistas no suponía una total homogeneidad. Los diputados constituyentes procedían de todas las regiones del país, lo que implicaba diferentes realidades sociohistóricas, y cada uno traía sus particulares antecedentes políticos y preferencias ideológicas: había algunos antiguos simpatizantes del catolicismo social; otros habían sido partidarios del magonismo; varios eran ex reyistas, y otros habían colaborado con el régimen maderista. Todas estas diferencias explican las polémicas que hubo a lo largo de las sesiones.

La Constitución puede ser vista como un "parteaguas": consumación ideológica de la revolución y fundamento normativo del nuevo Estado. Con ella el proceso revolucionario, esencialmente destructivo, pasó a convertirse en gobierno constructivo y regulador. Asimismo, si la lucha armada había sido hecha por gente proveniente del mundo rural, los diputados que delinearon el México futuro fueron elegidos por y entre gente urbana. De otra parte, tanto por la baja densidad demográfica de los estados norteños como por la situación bélica que se vivía en entidades como Morelos y Chihuahua, lo cierto es que las regiones que habían sido las más activas en la lucha armada tuvieron menos representantes en el congreso constituyente que los que tuvieron estados que habían sido marginales o incluso contrarios a la lucha armada. Nótese que Chihuahua sólo tuvo un diputado titular; Sonora cuatro, y Coahuila cinco, mientras que Jalisco tuvo 20, Puebla y Veracruz 18 cada uno, Guanajuato y Michoacán 17, y Oaxaca diez.

La nueva constitución rápidamente mostró sus semejanzas y diferencias con la de 1857. Mientras que ésta fue doctrinaria en su liberalismo, la nueva fue muy realista, acorde con la complejidad del país; además, reflejó las condiciones internacionales de su tiempo, ya siendo evidente la decadencia de las aristocracias y las oligarquías, y la crisis de los estados liberales. Recuérdese que la Constitución de 1917 se hizo entre la primera guerra mundial y la revolución bolchevique. La complejidad sociohistórica mexicana fue la causa por la cual la nueva constitución avaló formas de propiedad individual y colectiva, así como la coexistencia de empresas privadas y estatales. En lo político, México siguió siendo una república federal, representativa y democrática. Sin embargo, ahora el poder ejecutivo sería el predominante, seguramente por la necesidad que se tenía de que un solo mando dirigiera la impostergable reconstrucción nacional. Por lo mismo, se diseñó un país estatista, y en consecuencia autoritario, con un Estado interventor en materias como la economía, la educación y la religión. La nueva constitución resultó nacionalista, pues la revolución había buscado terminar con el carácter de México como país neocolonial, y porque acababan de padecerse la invasión norteamericana a Veracruz y la "expedición punitiva". Asimismo, garantizaba grandes concesiones a los sectores populares del país, ya fueran reparto agrario o beneficios a los obreros. Dada la fuerza militar y política adquirida por estos grupos durante la lucha revolucionaria, dichas concesiones eran imprescindibles. La Constitución de 1917 era la única posibilidad de crear un Estado capaz de consolidar y reglamentar el proceso de transformación que había experimentado el país al pasar del México porfiriano al revolucionario.

La puesta en vigor de la nueva constitución y el inicio de la presidencia constitucional de Carranza, en mayo de 1917, dieron inicio formal al México posrevolucionario, aunque todavía faltaban tres años para que se estableciera el auténtico Estado posrevolucionario. Durante su presidencia constitucional Carranza enfrentó graves problemas políticos, militares, económicos, internacionales y sociales. Para comenzar, la entrada en vigor de la constitución obligaba a la puesta en práctica de normas y procedimientos poco conocidos en el país. Después de 30 años de porfiriato y de siete de lucha revolucionaria, se tenía que empezar a elegir a todas las autoridades; asimismo, los poderosos jefes militares debían acatar a las nuevas autoridades civiles; también tenían que comenzar a respetar las garantías individuales. Sin embargo, eran enormes las dificultades para construir un régimen democrático en un país que carecía de la cultura política y de las instituciones adecuadas, y cuya historia reciente había oscilado entre el autoritarismo y el desorden.

Los problemas militares no desaparecieron con la vuelta a la legalidad. En efecto, Carranza tenía que continuar su labor de pacificación y sometimiento; de lo contrario, varias regiones del país seguirían ajenas a su autoridad y al proceso de cambio. Además de reducir la fuerza de villistas y zapatistas, tenía que emprender campañas serias contra varios grupos de rebeldes menores, de bandoleros y de los denominados genéricamente "contrarrevolucionarios", entre los que destacaban las fuerzas de Manuel Peláez y de Félix Díaz, que operaban en la región petrolera y en la zona central de Veracruz, los rebeldes "soberanistas" de Oaxaca y los ejércitos de los finqueros de Chiapas. Lo grave fue que Carranza tuvo que enfrentar todos estos desafíos con un ejército deficiente, indisciplinado y mal armado. Las campañas militares provocaron numerosos conflictos políticos, pues los militares se negaban a reducir sus atribuciones. También generaron problemas sociales, pues dieron lugar a graves y numerosos excesos (el "carranceo") contra la sociedad. Por último, las campañas militares agravaron el problema económico que asolaba el país, pues continuó la destrucción de la riqueza nacional y se tuvo que destinar gran parte del presupuesto gubernamental al renglón militar. Asimismo, una parte considerable de la fuerza de trabajo del país había muerto o quedado inutilizada durante la lucha armada, y otra parte igualmente numerosa había emigrado o formaba parte de alguno de los ejércitos y grupos en armas. El problema era cualitativo además de cuantitativo: el exilio de numerosos hacendados, empresarios y profesionistas había mermado el capital humano del país. Para colmo, la primera guerra mundial impidió que fluyeran a México el comercio y la inversión extranjera, lo que también pospuso la reactivación de la economía nacional.

El conflicto europeo también trajo serios problemas diplomáticos, pues el gobierno estadounidense presionó al de México para que abandonara la neutralidad y actuara en favor de los países aliados. Carranza no sólo mantuvo su postura de estricta neutralidad, sino que fue acusado de germanófilo, pues el canciller alemán Zimermann le ofreció ayuda militar si México iniciaba una guerra contra Estados Unidos para recuperar los territorios perdidos a mediados del siglo XIX. Al término de la contienda europea varios políticos norteamericanos exigieron castigar a Carranza por su conducta contraria a Estados Unidos a lo largo de esos años. Dado que su presidencia habría de concluir en 1920, Washington prefirió no tomar una decisión radical que pudiera afectar los cuantiosos intereses estadounidenses invertidos en México y dejó que éste siguiera su evolución como país posrevolucionario, presionando tan sólo para que tendiera hacia la moderación y la institucionalización, y no hacia el radicalismo.

Durante el año de 1920 el país tuvo una transformación decisiva, que comenzó con la campaña electoral por la sucesión presidencial entre Álvaro Obregón, distanciado ya de Carranza pero con fuertes apoyos entre numerosos grupos revolucionarios —militares y civiles, urbanos y rurales, populares y de clase media—, e Ignacio Bonillas, un viejo funcionario constitucionalista —en ese momento embajador en Washington— que gozaba de la confianza de don Venustiano pero que era desconocido entre los soldados revolucionarios y la opinión pública. Dado que durante varios años el ejército nacional —Constitucionalista hasta mayo de 1917— había sido la institución con mayor organización y fuerza política en el ámbito nacional, y dado el desnivel en cuanto a redes sociopolíticas, prestigio y popularidad entre Obregón y Bonillas, para que el grupo de Carranza conservara el mando necesitó acudir a tácticas imposicionistas. La consecuencia fue la revuelta de Agua Prieta, que resultó breve y prácticamente incruenta. Las actitudes procivilistas de Carranza le impidieron contar con el apoyo de su propio ejército, por lo que tuvo que huir de la ciudad de México, y murió durante una emboscada en un poblado de la sierra poblana.

Este conflicto se caracterizó por el aislamiento en que terminó Carranza y por los apoyos rápidamente conquistados por Obregón. Numerosas organizaciones sociopolíticas, tanto gubernamentales como opositoras, y varios grupos rebeldes de muy distinto signo, se adhirieron al movimiento aguaprietista, que comenzó a ser visto como una "revolución unificadora". La explicación más plausible es que para don Venustiano sus diferencias con los otros ex revolucionarios —Villa y Zapata— sólo podían resolverse militarmente, mientras que Obregón, Calles y los demás líderes aguaprietistas consideraban que dicho conflicto era sociopolítico: en lugar de luchar contra ellos se les debía incorporar al nuevo Estado. Conscientes de que el modelo carrancista de Estado posrevolucionario contradecía su naturaleza y se condenaba a la inestabilidad crónica, los nuevos jefes se mostraron dispuestos a hacer las concesiones políticas y sociales que exigían los grupos que tan importantes habían sido a todo lo largo de la prolongada contienda.

EL NUEVO ESTADO

El Estado posrevolucionario mexicano nació hacia 1920, pues sólo entonces lo conformaron, con distintos grados de beneficio e influencia, los grupos fundamentales durante el proceso revolucionario. A partir de 1920 asumió el poder una clase media distinta social, política e ideológicamente al grupo carrancista, pues carecía de vínculos con el antiguo régimen. Parte del poder de estas clases medias nuevas provenía de su alianza con los sectores populares. Si bien éstos ya no aspiraban al liderazgo nacional, como lo habían hecho durante 1915 en la Convención, a cambio de su apoyo y subordinación obtuvieron concesiones políticas apreciables y sociales. Con todo, esta alianza no implicaba que el Estado mexicano posrevolucionario fuera radical, pues las clases medias ahora en el poder también habían pactado con los alzados contrarrevolucionarios, quienes representaban elites regionales.

Es incuestionable que la revolución fue el acontecimiento histórico más importante del siglo XX, en tanto que produjo un nuevo Estado, encabezado por unas clases medias no radicales pero que vieron la necesidad de satisfacer los principales reclamos de los grupos populares que habían participado decisivamente en la lucha. La revolución había sido un proceso bélico y sociopolítico de 10 años de duración, que implicó el ascenso de los sectores medios y populares y el desplazamiento de las oligarquías porfirianas. De 1910 a 1912 fue encabezada por miembros disidentes de estas elites, apoyados por numerosos grupos de clase media y algunos elementos populares. A partir de 1913 la clase media asumió el liderazgo y creció en importancia la participación popular. Nacido en 1920, el nuevo Estado no resultó democrático, aunque sí con identidad nacionalista; autoritario, pero ampliamente legitimado, y estable en tanto que contó con grandes apoyos populares, con la conducción de un grupo político-militar hábil y flexible, y con la aceptación, en ocasiones forzada, de Estados Unidos.

La presidencia de Obregón, primera del Estado posrevolucionario —legitimada con el establecimiento de la paz y con la organización de nuevas elecciones durante el interinato de Adolfo de la Huerta—, mostró ya las complejidades de su naturaleza. Comprensiblemente, Obregón procedió como caudillo, gobernando según su proyecto. Sus principales objetivos eran iniciar la reconstrucción del país, para lo cual fue determinante la pacificación generalizada traída por la revuelta de Agua Prieta, movimiento básicamente incluyente, y centralizar y concentrar el poder, pues la revolución había tenido efectos disgregadores. Para construir el nuevo Estado tuvieron que ser desplazados muchos carrancistas. Sin embargo, dado que la revuelta de Agua Prieta había integrado a la mayoría de los constitucionalistas y a los principales movimientos anticarrancistas, ya fueran de ex revolucionarios o antirrevolucionarios, la coherencia ideológica no sería distintiva del Estado mexicano posrevolucionario.

En materia agraria, por ejemplo, si bien se complacieron los reclamos agrarios de algunos grupos revolucionarios, lo cierto es que se apoyó sobre todo el desarrollo de la pequeña y mediana propiedad, consecuencia de que muchos líderes revolucionarios provenían de los sectores medios rurales. En el ámbito obrero, si por un lado se constituyeron instituciones radicales como la Confederación General de Trabajadores, por el otro el gobierno mantuvo una alianza mutuamente beneficiosa con la Confederación Regional Obrero Mexicana. De otra parte, el gobierno de Obregón decretó la devolución de los bancos incautados durante la lucha revolucionaria y permitió el regreso de los exiliados porfiristas y huertistas. La paz alcanzada permitió la recuperación de la agricultura, de la minería y del sistema ferroviario. Además, Estados Unidos comenzó su gran despegue económico, lo que se reflejó en la demanda del petróleo mexicano.

Los dos mayores problemas del gobierno obregonista fueron sus difíciles relaciones con Estados Unidos y la rebelión militar por motivos sucesorios. En efecto, el gobierno estadounidense se negó a reconocerlo oficialmente, alegando que era producto de una asonada militar. Más que una condena moral, lo que se pretendía era presionar al gobierno mexicano para que modificara algunos artículos de la Constitución de 1917 que resultaban perjudiciales a los norteamericanos. En lugar de hacer tales cambios, el gobierno mexicano aceptó respetar la no retroactividad de las nuevas disposiciones legales. Las concesiones de Obregón (mediante los llamados Tratados de Bucareli) al gobierno y a los inversionistas estadounidenses crecerían al final de su periodo, cuando le urgió contar con su apoyo ante la previsible rebelión por causas electorales. Puede decirse que el nacionalismo imperante en esos años, más que político y económico, fue cultural, puesto que el país tenía que diseñar y consolidar su nueva identidad cultural, propia de un país joven pero con numerosos ancestros, nacionalista sin xenofobias y revolucionario pero con orden e imaginación transformadora; sobre todo, justiciero pero aglutinante.

La transformación del país durante el proceso revolucionario fue cabal. Los cambios en el ámbito cultural fueron notorios. A finales del porfiriato apareció una generación, la del Ateneo, que criticó el predominio positivista y la falta de desarrollo de las humanidades y el arte. Destacaron jóvenes como Antonio Caso, Pedro Henríquez Ureña, José Vasconcelos, Alfonso Reyes y Julio Torri. Pocos años después, a la mitad del decenio bélico, irrumpió otra generación, la de "1915", con su grupo de elite "los siete sabios". Habían sido víctimas y testigos de la destrucción del país, por lo que, en lugar de dedicarse al cultivo del arte y las humanidades, se abocaron a crear instituciones —económicas, políticas y culturales— útiles para la reconstrucción del país. En este aspecto destacaron jóvenes como Manuel Gómez Morin, Vicente Lombardo Toledano y Alfonso Caso, o Narciso Bassols y Daniel Cosío Villegas.

La llegada al poder en 1920 de la nueva clase media permitió que José Vasconcelos fuera el primer secretario de Educación Pública. Para él la revolución debía ser moral antes que agrarista, obrerista o nacionalista. Asimismo, para él la educación rebasaba a la simple instrucción, al incluir también el aspecto cultural y el aprendizaje extracurricular. Por eso fomentó la edición de libros y la organización de bibliotecas, y propició que los muralistas José Clemente Orozco, Diego Rivera y David Alfaro Siqueiros pintaran, con afanes didácticos, temas revolucionarios en las paredes de edificios centenarios, combinando historia, presente y futuro. De otra parte, los épicos y dramáticos acontecimientos de aquellos años dieron lugar al nacimiento de una nueva corriente literaria, la "novela de la revolución", con escritores como Mariano Azuela, Martín Luis Guzmán, Rafael F. Muñoz, Francisco L. Urquizo y el propio José Vasconcelos, por cuyas páginas desfilan desde los soldados anónimos hasta los principales actores de la lucha, Madero, Carranza, Villa y Obregón.

Al término de su mandato éste decidió apoyar como sucesor a Plutarco Elías Calles, líder de la rebelión aguaprietista, secretario de Guerra y Marina durante el breve gobierno de De la Huerta y secretario de Gobernación en el suyo. Además de ser un político de gran experiencia, con nutridas "redes" y con grandes apoyos entre los sectores populares organizados, como militar gozaba de importantes apoyos en el ejército. Con todo, eran muchos los aspirantes al puesto, sobre todo militares, por lo que estalló una rebelión con varios cabecillas, aunque el aspirante principal era el ex presidente provisional y luego secretario de Hacienda Adolfo de la Huerta. El resultado fue determinado por varios factores: el primero, que a mediados de 1923 fuera asesinado Pancho Villa, quien previsiblemente se rebelaría en favor de De la Huerta, dejando a los alzados sin un caudillo militar popular; luego, que los gobiernos mexicano y norteamericano acordaron reconocerse y apoyarse en los Tratados de Bucareli; de otra parte, mientras que De la Huerta sólo contaba con parte del ejército y de la "clase política" —el Partido Nacional Cooperatista—, Obregón y Calles contaron con el respaldo norteamericano, con la mayor parte de los sectores político y castrense, así como con la gran mayoría de los elementos populares organizados, tanto campesinos como obreros. Con todo, el conflicto dejó varias lecciones: luego de las rebeliones aguaprietista y delahuertista, ambas preelectorales, quedó claro que los ex revolucionarios debían reglamentar el reparto de los puestos de elección popular. Otra lección advertía sobre la urgencia de despolitizar el ejército nacional y de crear una institución nacional civil que se convirtiera en la principal institución política del país. La tercera lección fue la conveniencia de mantener buenas relaciones con Estados Unidos.

Plutarco Elías Calles, aunque colaborador y seguidor de Obregón, era menos militarista y más político. Por eso su presidencia, de finales de 1924 a finales de 1928, se distinguió por sus esfuerzos institucionalistas, su enfrentamiento con la iglesia católica y sus afanes civilistas. Otra característica de su gobierno fue la diarquía, consecuencia de la influencia que mantuvo el caudillo Obregón. Su principal objetivo fue darle orden y racionalidad al proceso de transformación posrevolucionaria, para lo que introdujo normas y reglas —y por ende límites—

mediante comisiones nacionales como la Agraria, la Bancaria y la de Caminos y de Irrigación, entre otras. También buscó reactivar y reglamentar la vida económica con la creación de instituciones como el Banco de México y el Banco de Crédito Agrícola, e intentó darle recursos al gobierno mediante un mejor aprovechamiento de las divisas petroleras y con un más eficiente sistema impositivo. En términos agrarios, Calles fue partidario de la mediana propiedad eficiente, y más que en el reparto agrario, confiaba en la irrigación, el financiamiento y el uso de nuevas tecnologías como instrumentos para solucionar los problemas de los campesinos. Respecto a los obreros, propuso la mutua ayuda a las grandes centrales de trabajadores, en su caso la Confederación Regional Obrero Mexicana. Con todo, luego de las rebeliones aguaprietista y delahuertista, Calles sabía que el mayor reto era la reducción, despolitización y reorganización del ejército ex revolucionario, labor que desarrolló uno de sus principales colaboradores, Joaquín Amaro.

El gobierno de Calles, por sus afanes de ampliación y consolidación estatal, tuvo grandes conflictos con la otra institución de alcance nacional: la iglesia católica. El enfrentamiento fue de una magnitud enorme, pues implicaba competencias culturales, educativas, sociales y políticas, de control de la población, terminando por dirimirse bélicamente en la llamada "guerra cristera". Este conflicto asoló duramente por casi tres años, de finales de 1926 a mediados de 1929, al sector rural de varios estados centrooccidentales: Jalisco, Colima, Michoacán, Guanajuato, Querétaro, Aguascalientes y Zacatecas. Además de defender sus creencias religiosas, los cristeros provenían de zonas con un alto número de rancheros, los que veían en la reforma agraria más una amenaza que una promesa; para colmo, resentían la avasalladora presencia de norteños en casi todos los puestos gubernamentales. Sus limitaciones militares fueron notables: nunca llegaron a conformar un ejército con mando unificado y coordinación entre sus componentes; se trataba más bien de fuerzas defensivas locales, encabezadas por vecinos con poca o nula experiencia militar; sufrieron además limitaciones económicas, lo que se reflejó en su pobre armamento, y no pudieron consolidar una alianza con su contraparte urbana, la Liga Nacional para la Defensa de la Libertad Religiosa; por último, fueron combatidos por el ejército gubernamental y por fuerzas organizadas de agraristas y obreros. A pesar de que no tenían la fuerza suficiente para derrocar al gobierno, era evidente que los guerrilleros cristeros tampoco serían fácilmente derrotados, por lo que su lucha provocaría una inestabilidad endémica. Por ello el gobierno accedió a negociar con los jerarcas de la iglesia católica: éstos acatarían la autoridad gubernamental y se abstendrían de actuar en política abiertamente, y aquél aceptó no intentar poner en vigor los elementos más jacobinos de la Constitución de 1917.

Este acuerdo fue uno de los factores que más influyó en la pacificación posrevolucionaria. Establecer la paz con los cristeros también tenía una urgencia coyuntural, pues en 1929 tendrían lugar unas elecciones presidenciales muy particulares. En efecto, y como prueba de la diarquía prevaleciente, el caudillo Obregón había logrado que se reformara la constitución para permitir una reelección presidencial no inmediata. Con el argumento del antirreeleccionismo iniciaron campañas opositoras dos altos militares cercanos al propio Obregón, pero murieron pronto de manera violenta. La sociedad estaba dolida, y el ambiente político crispado. Obregón también fue asesinado, por un militante católico, ya siendo presidente electo. En ausencia del caudillo, el sistema político posrevolucionario perdió a su gran elector, a su único árbitro. El dilema era esperar la llegada de un nuevo caudillo o construir una institución que cumpliera sus funciones. La crisis política producida por el magnicidio fue mayúscula. Para solucionarla no era suficiente designar otro candidato y organizar nuevas elecciones. Las rebeliones preelectorales de 1920 y 1924 y los asesinatos de los tres candidatos para 1928 advertían claramente que faltaba civilizar los asuntos electorales y crear una institución que aglutinara, organizara y disciplinara a todos los ex revolucionarios, reglamentando los procesos de selección de candidatos a puestos de elección popular. Esta institución política (el Partido Nacional Revolucionario) fue creada en marzo de 1929. Con esta creación partidista, con el fin de la guerra cristera y con la institucionalización del ejército terminó el periodo "bronco" de la Revolución mexicana. Puede decirse que por entonces comenzó una nueva etapa histórica, no exenta, obviamente, de cambios y problemas, pero que se caracterizaría por su considerable concordia social y estabilidad política —aunque no por ser democrática— y por varios decenios de crecimiento económico.

EL ÚLTIMO TRAMO, 1929-2000

Luis Aboites Aguilar

Durante los 71 años que cubre este último capítulo, la sociedad mexicana vivió grandes transformaciones, acaso tan profundas y radicales como las de los años que siguieron al arribo de los españoles en 1519. El más significativo fue sin duda el tránsito de una sociedad agraria a una sociedad urbana, fenómeno que tuvo lugar al tiempo que ocurría un extraordinario crecimiento de la población. Varios periodos de prosperidad económica hicieron que la industria y los servicios alcanzaran un peso cada vez mayor, relegando a las actividades agrarias y mineras. Otro cambio fue de índole política. Los gobernantes lograron construir un arreglo político que hizo posible una estabilidad duradera. Un régimen autoritario, centrado en la figura del presidente de la república y en el partido oficial, recurrió a la negociación pero también a la represión para mantener su dominio. Al final del siglo, sin embargo, el crecimiento económico y el régimen autoritario entraron en franco proceso de debilitamiento. La sociedad crecientemente urbana y la estabilidad política se mantuvieron.

En estos siete decenios, acontecimientos y fenómenos mundiales afectaron a la sociedad mexicana en mayor medida que en siglos anteriores. La crisis económica de 1929, la segunda guerra mundial y las reformas de la década de 1980 que desmantelaron el Estado de Bienestar son algunos de los episodios más influyentes. De distintas maneras los mexicanos padecieron, se beneficiaron, se adaptaron, resistieron o se aprovecharon de esos acontecimientos, pero poco pudieron hacer por influir en su desenvolvimiento.

CRISIS MUNDIAL Y REORGANIZACIÓN POLÍTICA

La crisis del otoño de 1929 en la bolsa de valores de Nueva York arrastró a buena parte del mundo a una depresión económica que tardó años en ser superada. Los precios de las mercancías y el comercio mundial descendieron de manera dramática. El cierre de empresas provocó el desempleo de millones de obreros y empleados en diversos países. En México la crisis se tradujo en una reducción de las exportaciones y de las importaciones, lo que afectó los ingresos del gobierno federal que dependían en gran medida del comercio exterior. El desempleo se hizo más notable en aquellos lugares con mayor vinculación al mercado mundial, como las áreas mineras del norte. El año de 1929 fue además muy seco. Por esa razón, la mayoría de la población mexicana, que aún vivía en el campo dedicada a actividades agropecuarias, enfrentó grandes dificultades.

Ante un mundo tan convulsionado, los gobiernos de México y de otros países se vieron obligados a buscar opciones dentro de sus propias fronteras. Si los productos mexicanos ya no podían venderse en el extranjero, no había más alternativa que colocarlos en el mercado interno. En ese mismo sentido, se dejó de pensar que la colonización extranjera y el arribo de los repatriados, es decir, los mexicanos que habían emigrado a Estados Unidos, resolverían lo que entonces se consideraba como un problema grave: la escasez de población. Contar con 16.5 millones de habitantes era visto como signo de debilidad y freno al progreso de la nación. Desde entonces el Estado tomó medidas para proteger a los productores nacionales de la competencia exterior mediante aranceles o impuestos a las importaciones, y para mejorar las condiciones de vida de la población, sobre todo en las ciudades.

La reorientación propiciada por la crisis de 1929 ayuda a entender el rumbo de la sociedad en este tramo del siglo XX, al menos hasta la década de 1970. Pero, a corto plazo, el impacto de la crisis mundial aceleró procesos internos, debilitó ciertos sectores y fortaleció otros. De eso hablaremos en seguida.

El año de 1929 también es importante por la situación política. El asesinato del presidente electo Álvaro Obregón en julio de 1928 había desatado fuertes tensiones entre grupos políticos y militares. También había propiciado un mayor encono en el conflicto armado con los cristeros y en el antagonismo del gobierno con la iglesia católica. Era indispensable buscar la estabilidad política del país. Un logro importante fueron los arreglos entre el gobierno y la jerarquía católica que pusieron fin, al menos formalmente, a la guerra cristera iniciada en 1926. Por otro lado, ante las divisiones suscitadas por la muerte de Obregón, los bandos políticos llegaron a un acuerdo para establecer reglas más o menos claras sobre la forma de dirimir diferencias y asegurar que los relevos en los cargos públicos, en particular en la presidencia de la república, se hicieran de manera pacífica. Así, a principios de marzo de 1929, en el momento en que varios militares obregonistas se levantaban en armas contra el gobierno federal, nacía en la ciudad de Querétaro el Partido Nacional Revolucionario (PNR). El PNR era una coalición de partidos y de grupos regionales que se reconocían como vencedores de la Revolución de 1910. Su primera prueba fueron las elecciones presidenciales de fines de 1929, cuando el candidato oficial, Pascual Ortiz Rubio, se impuso al que fuera primer secretario de Educación Pública en 1921-1924, el oaxaqueño José Vasconcelos, quien encabezó una fuerza electoral opositora con presencia en algunas ciudades.

Si bien el surgimiento del PNR guarda estrecha relación con el asesinato de Obregón, también debe verse como un episodio más del esfuerzo por formar un Estado fuerte. Como principal ingrediente, éste debía contar con un centro político capaz de ejercer autoridad plena sobre los diversos grupos sociales dispersos a lo largo del territorio nacional. El centro sería el gobierno federal, encabezado por el presidente de la república. Durante el siglo XIX los grupos gobernantes habían fallado en la consecución de ese objetivo político. Si a lo largo del periodo porfiriano el gobierno federal había logrado acrecentar su fuerza, la Revolución de 1910 la había debilitado y fragmentado en gran medida. ¿Cómo construir un núcleo político fuerte, capaz de evitar rebeliones como la de Agua Prieta de 1920, la delahuertista de 1923-1924, la escobarista de 1929 y de inhibir el fortalecimiento de caudillos y caciques en las distintas regiones del país?

El PNR significó un avance significativo en la estabilización política del país. Pero esa función se hizo más clara cuando el PNR quedó bajo la influencia del general Calles, quien luego de dejar la presidencia en noviembre de 1928 se convirtió en el hombre fuerte del escenario político nacional, a tal grado que se le empezó a llamar "jefe máximo de la revolución". Entre 1929 y 1935 Calles gozó de gran influencia, entraba y salía de los gabinetes presidenciales y participaba en la dirección del gobierno gracias a la lealtad de altos funcionarios, sus ligas con el ejército y por su papel como líder de hecho del PNR. En ese lapso hubo cuatro presidentes: el tamaulipeco Emilio Portes Gil, el michoacano Pascual Ortiz Rubio, el sonorense Abelardo L. Rodríguez y el también michoacano Lázaro Cárdenas. Un aspecto destacado de estos años es el esfuerzo legislativo encaminado a sustituir los códigos expedidos durante las últimas décadas del siglo XIX así como a reglamentar las disposiciones de la Constitución de 1917. Los códigos penal y civil para el Distrito Federal, la ley federal del trabajo, la ley de aguas y el código agrario son otros tantos ejemplos de tal esfuerzo.

En 1935 la figura de Calles entró en rápido declive. Conforme la etapa más grave de la crisis mundial quedaba atrás, con un gobierno económicamente más solvente, y en el marco de una creciente inconformidad de diversos grupos políticos y sectores populares por las posturas de los callistas (por ejemplo, su anticlericalismo y su oposición a huelgas y paros), el nuevo presidente de la república, el general Cárdenas, rompió con el jefe máximo en 1935; más tarde, en abril de 1936, lo obligó a abandonar el país. La intención de Cárdenas era convertir al ejecutivo federal en la pieza clave del escenario político. En cierto modo puede decirse que la fuerza que había logrado acumular el jefe máximo pasó a la presidencia de la república.

Para fortalecerse, el gobierno de Cárdenas tendió lazos con los grupos populares y sectores radicales, los comunistas entre ellos, pero también con grupos políticos y de las elites que se habían distanciado de Calles. Libre de tutelas, tomó medidas que muy pronto lo distinguieron de los gobiernos anteriores. El reparto de tierras se aceleró de manera notable y alcanzó áreas de alta productividad como La Laguna, en Durango y Coahuila; el valle del Yaqui, al sur de Sonora; el valle de Mexicali, en Baja California, y la zona henequenera de Yucatán.

La reforma agraria se había iniciado con el decreto del 6 de enero de 1915, que ofrecía restituir las tierras despojadas a los pueblos o bien dotarlos si carecían de ellas. El artículo 27 de la Constitución de 1917 impuso el dominio de la nación sobre el suelo y el subsuelo. Varias leyes posteriores reglamentaron la entrega de la tierra a los campesinos. La formación de ejidos, con sus respectivas dotaciones de terrenos, era facultad del presidente de la república. Mediante una resolución presidencial, un núcleo de campesinos de una localidad recibía tierras, aguas y bosques, recursos que no podían venderse ni hipotecarse, aunque sí heredarse. Los ejidos contaban con sus propias autoridades, lo que dividió y en ocasiones debilitó a las de los municipios. La reforma se radicalizó en 1934. El nuevo código agrario eliminó la prohibición que pesaba sobre los peones de las haciendas, a quienes las primeras normas habían excluido del derecho de dotación.

Durante los primeros años del gobierno cardenista, las dotaciones ejidales aumentaron tanto en cantidad como en calidad, pues incluían una mayor proporción de tierras irrigadas. Del mismo modo se incrementaron los montos de crédito rural otorgado por los bancos gubernamentales, el Banco Nacional de Crédito Agrícola y el Banco Nacional de Crédito Ejidal. En algunos lugares el crédito sirvió para promover el colectivismo ejidal. De igual forma, se impulsó la educación socialista, aprobada mediante la reforma constitucional de octubre de 1934, con el propósito no sólo de desplazar toda doctrina religiosa sino de combatir el fanatismo y formar a la juventud con base en conocimientos exactos de la naturaleza y de la vida social. Maestros y alumnos también debían vincularse con la producción y con las organizaciones sociales. Numerosos maestros se convirtieron en promotores del proyecto cardenista, lo que provocó la reacción violenta de no pocos católicos y caciques. En el mundo cultural el radicalismo estaba a la orden del día. Intelectuales y artistas creaban organizaciones, se publicaban novelas de contenido nacionalista e indigenista, a la que vez que se combatía el avance del fascismo en Europa. Los muralistas Diego Rivera y David Alfaro Siqueiros, escritores como Mauricio Magdaleno y músicos como Silvestre Revueltas participaban activamente en esas movilizaciones. La Revolución mexicana pretendía igualarse o identificarse con la lucha proletaria. Pero la unanimidad no existía. Jorge Cuesta, Salvador Novo y Xavier Villaurrutia, miembros de un grupo conocido como los Contemporáneos, mostraban su escepticismo y recelo con respecto a los radicales y por eso eran acusados de elitistas y europeizantes. Los profesores y estudiantes católicos, entre ellos Manuel Gómez Morin, controlaban la Universidad Nacional y buscaban mantenerla al margen de las orientaciones socialistas. La autonomía y la libertad de cátedra eran su bandera.

La política cardenista también se expresaba en el ámbito internacional. El gobierno de Cárdenas mantuvo un apoyo firme a la República española contra las fuerzas conservadoras encabezadas por Francisco Franco, apoyadas a su vez por Adolfo Hitler y Benito Mussolini. Durante la guerra civil española y a su término, México acogió a miles de refugiados, incluidos los huérfanos que más tarde fueron conocidos como los "niños de Morelia".

En el contexto de movilizaciones de obreros y campesinos en buena parte del territorio, nació la Confederación de Trabajadores de México (CTM) en 1936, cuya ideología reivindicaba la lucha de clases. Su dirigente, Vicente Lombardo Toledano, se convirtió en un cercano aliado del gobierno cardenista. Dos años más tarde nació la Confederación Nacional Campesina (CNC), con el profesor Graciano Sánchez a la cabeza. La intención de Cárdenas era organizar a las clases trabajadoras y vincularlas con el gobierno para que sirvieran de respaldo y contrapeso frente a las presiones de otros grupos, por ejemplo los empresarios de Monterrey, y de otros países, especialmente Estados Unidos. Para afianzar estos cambios, en 1938 se optó por desaparecer el PNR y hacer surgir una nueva criatura, el Partido de la Revolución Mexicana (PRM). La principal diferencia entre ambos era que el nuevo partido no estaba conformado por grupos y partidos regionales sino por cuatro sectores: obrero, campesino, popular y militar. En este esquema corporativo el presidente de la república reafirmó su papel de líder de la organización partidaria, encargada de mediar entre los distintos grupos políticos. Más que en las elecciones, la competencia por el poder y las diferencias se ventilaban y resolvían dentro del partido oficial.

No todo era política. También había preocupación por la economía. En 1937 se reorganizó la Comisión Federal de Electricidad (CFE), creada desde 1933, con el propósito de hacer frente a la creciente demanda de energía que las compañías eléctricas extranjeras no parecían interesadas en atender. En 1937 el gobierno federal inició la construcción de tres grandes presas: La Angostura en Sonora, Palmito en Durango y El Azúcar o Marte

R. Gómez en Tamaulipas. El propósito de esas magnas obras era ampliar la superficie irrigada en el norte del país. Frente a la Universidad Nacional, que había ganado su autonomía en 1929 y que impugnaba las políticas gubernamentales, creó el Instituto Politécnico Nacional (IPN) en ese mismo año de 1937, para diversificar la formación de cuadros técnicos que requería la industrialización y la expansión de la obra pública. El gobierno promovió también la construcción de infraestructura urbana (agua potable, alcantarillado, mercados), con el fin de mejorar las condiciones de vida de los habitantes de varias ciudades.

A fines de 1937 y principios de 1938, el gobierno cardenista se vio sometido a una dura prueba. Las compañías petroleras extranjeras desafiaron abiertamente al Estado mexicano al desatender un fallo de la Suprema Corte de Justicia que favorecía a los trabajadores. La respuesta del gobierno fue la expropiación petrolera, anunciada el 18 de marzo de 1938. La jerarquía católica, empresarios, obreros, campesinos, intelectuales y artistas respaldaron la audaz decisión del presidente Cárdenas. Fue entonces cuando la idea de nación cobró gran vigor, quizá como nunca antes en la historia del país. A pesar de los esfuerzos de las compañías extranjeras por sabotearla, la industria petrolera nacional salió bien librada gracias a los obreros y técnicos mexicanos y también, hay que decirlo, gracias al escaso apoyo que aquellas compañías recibieron del gobierno norteamericano, cuya máxima preocupación era el inminente estallido de la guerra mundial. Pocos meses después de la expropiación nació la empresa Petróleos Mexicanos (Pemex), cuya fragilidad inicial obligó al gobierno a subsidiarla de distintas maneras.

El radicalismo cardenista dividió al país. En 1939, bajo la dirección del abogado Manuel Gómez Morin, nació el Partido Acción Nacional (PAN), cuya intención era enfrentar lo que se consideraban excesos socializantes y colectivistas del cardenismo, así como impulsar un modelo de sociedad que se alejara por igual de los ideales socialistas y liberales. Grupos católicos y conservadores veían con recelo la educación socialista. No pocos terratenientes afectados o amenazados por la reforma agraria se sumaron a las filas de inconformes. Pero también grupos populares, como los sinarquistas, de gran presencia en áreas rurales del centro del país como el Bajío, participaban de esa inconformidad. A esta oposición interna debía sumarse la de los intereses extranjeros afectados por la expropiación petrolera. El país realmente atravesaba momentos críticos. La amplia y heterogénea oposición al cardenismo se sumó a la candidatura del general Juan Andrew Almazán, quien contendería en las elecciones presidenciales de julio de 1940.

Ante ese escenario, el presidente Cárdenas y el partido oficial apoyaron al poblano Manuel Ávila Camacho como candidato a la presidencia. Éste era un general de pocas luces militares que distaba de compartir el radicalismo cardenista. En una jornada electoral sumamente disputada, en vista de la popularidad del candidato Almazán, Ávila Camacho se impuso. A pesar de la violencia y las acusaciones de fraude electoral, Cárdenas logró entregar el cargo al candidato que había sido designado por el partido oficial, es decir, por la influencia directa del presidente de la república. Se estableció así uno de los mecanismos básicos del arreglo político del país en el siglo XX: el presidente de la república, por medio del partido oficial, designaba a su sucesor. Ávila Camacho gobernó de diciembre de 1940 a noviembre de 1946.

ESTABILIDAD Y CRECIMIENTO ECONÓMICO, 1940-1958

El nuevo presidente se apresuró a marcar distancia con su antecesor. Hizo un llamado a la reconciliación y a la unidad nacional. Ávila Camacho justificó esa actitud en vista del difícil entorno mundial. En septiembre de 1939 la invasión de las tropas alemanas a Polonia había desatado la segunda guerra mundial. Al principio México se declaró neutral, pero esa postura se com-

plicó cuando Estados Unidos, después del ataque japonés a
Pearl Harbor en diciembre de 1941, declaró la guerra a Alemania, Italia y Japón. En mayo de 1942, luego de sufrir la pérdida
de dos buques petroleros por los ataques de submarinos alemanes, México entró al conflicto sumándose a los aliados (Gran
Bretaña, Estados Unidos, Francia y la Unión Soviética). Fue entonces cuando se impuso el servicio militar obligatorio.

A diferencia de los países que sufrieron en carne propia los
efectos de la guerra, la Unión Soviética en primerísimo lugar, el
impacto en México fue más bien favorable. Por un lado, la economía recibió un fuerte estímulo por los flujos de capital del
exterior y por la posibilidad de emprender nuevos negocios.
Los esfuerzos industrializadores de la década de 1930 se vieron
fortalecidos por la alta demanda interna y externa. Se vivía una
verdadera euforia entre algunos grupos privados. Si a causa de
la guerra era difícil adquirir productos extranjeros, empresarios
y autoridades gubernamentales unieron esfuerzos para fabri-
carlos en el país. Esa estrategia de industrialización, conocida
como sustitución de importaciones, fue reforzada más adelante con aranceles o impuestos a la importación que protegían a
los productores nacionales de la competencia internacional.

Por otro lado, la guerra mundial obligó al gobierno norteamericano a mejorar las relaciones con sus vecinos latinoamericanos. En ese contexto México y Estados Unidos alcanzaron
varios acuerdos, al menos en materia de deuda, comercio, bra-
ceros, aguas, asistencia técnica y por supuesto en la cuestión
petrolera derivada de la expropiación de 1938. Cabe destacar
la resolución de la deuda: México logró un acuerdo que significó una reducción de 90% de los adeudos con Estados Unidos.
Si al auge económico se suma la moderación del rumbo gubernamental, por ejemplo la eliminación de la educación socialista y el acercamiento con Estados Unidos, podemos entender la
manera como se limaron los antagonismos de los últimos años
del gobierno de Cárdenas.

En 1943 fue creado el Instituto Mexicano del Seguro Social (IMSS), una institución de gran importancia en la vida social y económica del país. Expresaba el interés gubernamental por modernizar las relaciones laborales, repartiendo el costo de la seguridad social tanto entre los obreros y el gobierno como entre los patrones.

El IMSS se sumaba así a Pemex, a la CFE y a los bancos agrícolas y otras instituciones gubernamentales como Nacional Financiera, que mostraban que el gasto público era indispensable para impulsar la economía. En este terreno no había rupturas. A pesar de las diferencias entre Ávila Camacho y Cárdenas, y las de éste con el jefe máximo, se aprecia una continuidad en torno a la idea de que el dinero público debía desempeñar un papel fundamental en el rumbo económico. Esa idea no era exclusiva de México. En numerosos países se había optado por acrecentar el papel del gasto público para superar la gran depresión mundial de la década de 1930. En esa estrategia se seguían muy de cerca las propuestas del economista inglés John M. Keynes, que dieron lugar al surgimiento del Estado de Bienestar. A diferencia de los países involucrados intensamente en la guerra, en México el gasto militar disminuyó de manera considerable. Por ello, las inversiones en carreteras, presas, electricidad, hospitales, escuelas y servicios públicos pudieron crecer año tras año.

En este sentido destaca la atención que el gobierno dio al Sureste. El diagnóstico gubernamental hacía hincapié en que se trataba de una zona rica en recursos naturales pero atrasada en términos sociales. El objetivo era explotar esa riqueza no sólo para superar el atraso local sino para apuntalar la economía nacional. Por medio de las comisiones del Papaloapan y del Grijalva creadas, respectivamente, en 1947 y 1951, el gobierno federal inició un amplio programa de inversiones destinado a la construcción de hidroeléctricas, obras de control de avenidas y drenaje, desmonte de tierras boscosas o de selva para extender la agricultura y la ganadería, carreteras, escuelas, hospitales. También se creyó que el Sureste podía aliviar la sobrepoblación en algunas zonas del centro del país e incluso del norte, como La Laguna. Varios proyectos de colonización se pusieron en marcha, sin mayores resultados.

La segunda guerra es un parteaguas en la historia del siglo xx. Consolidó el lugar de Estados Unidos como gran potencia mundial, aunque enfrentada a otra gran potencia, la Unión Soviética. En México, las secuelas económicas de esa conflagración ratificaron la preferencia gubernamental, la de los principales intereses económicos y la de la opinión pública por la industria y las ciudades; la idea de un país agrario quedó relegada. Además, sentó las bases para un largo periodo de crecimiento económico que, no obstante las devaluaciones del peso de 1948 y 1954, se sostuvo hasta finales de la década de 1960. En esos años prósperos se consolidó el arreglo político basado en un gobierno central o federal de gran poderío. Veamos estos tres aspectos con mayor detalle.

Industrializar el país se convirtió en la gran prioridad gubernamental. Se consideraba que la modernización de México dependía de la multiplicación de fábricas, técnicos y obreros. Había la convicción de que las innovaciones tecnológicas permitirían índices más altos de productividad del trabajo, lo que a su vez posibilitaría mayores ganancias para los empresarios, mejores salarios para los obreros y más impuestos para la hacienda pública. La apuesta por el mercado interno como motor de la economía, que ya se había expresado desde la década de 1930, quedó ratificada.

El gobierno apoyó a los industriales con otras medidas. Una de ellas fue el control de la inconformidad obrera por medio de sindicatos y líderes oficialistas, mejor conocidos como "charros". A cambio del sometimiento de los trabajadores, los líderes sindicales recibieron privilegios y cargos públicos o de representación popular bajo la bandera del partido oficial. La caída de Lombardo Toledano como líder de la CTM en 1941 fue indicio de la rápida subordinación de las centrales obreras al Estado. La lucha de clases fue sustituida por la unidad nacional. El nuevo líder, Fidel Velázquez, se mantuvo al frente de la CTM hasta su muerte en 1997. Representó mejor que nadie el control gubernamental sobre la clase obrera. Otra forma de favorecer la industrialización fue mediante la regulación de los precios de los alimentos en las ciudades. Para tal fin se crearon varias instituciones, como el Comité Regulador del Mercado de las Subsistencias en 1938, la Compañía Exportadora e Importadora Mexicana, en 1949, y más tarde, en 1961, la Compañía Nacional de Subsistencias Populares (Conasupo).

Un aspecto muy ligado a la industrialización era la urbanización. El gobierno y en general los sectores sociales más influyentes de la opinión pública estaban convencidos de que el futuro de la nación residía ya no en el campo sino en las ciudades en donde se hallaban las nuevas industrias. Además, por la concentración de la población en un pequeño espacio geográfico, era más sencillo dotarla de los modernos servicios públicos, como alumbrado, agua potable y alcantarillado, transporte, educación y salud. Tres áreas urbanas fueron las más beneficiadas con este proceso: la zona metropolitana de la ciudad de México, Monterrey y Guadalajara. En 1965 entre las tres aportaban 69% de la producción industrial. La geografía económica del país se reorganizaba. Era notable el ascenso del Norte y el declive de algunas entidades ricas de antaño, como Hidalgo, Puebla y Yucatán.

Las actividades agrarias debían subordinarse a la meta industrializadora. Si bien es cierto que un alto porcentaje del gasto público se invirtió en el desarrollo rural, sobre todo en la década de 1940, el propósito era aumentar la producción y la productividad agraria para sostener una población urbana que crecía a tasas significativas. Los distritos de riego, en especial los del norte del país, debían producir mercancías para la exporta-

ción (como el algodón) con el fin de obtener divisas destinadas
a la compra de maquinaria e insumos industriales. A pesar de la
sequía de 1949-1958 en el norte y occidente del país, el campo
logró mantener un alto ritmo de crecimiento, a tal grado que en
la década de 1960 casi se logró la autosuficiencia alimentaria.

En estos años de crecimiento económico y de expansión del
gasto público la población aumentó de manera impresionante,
sobre todo entre 1930 y 1970. De hecho se trata de uno los principales rasgos del siglo xx. En esos cuarenta años la población se
triplicó, lo que contrasta con el comportamiento de ésta en el siglo xix: de la independencia a la revolución el número de mexicanos apenas alcanzó a duplicarse. Conforme avanzó el siglo xx,
el ritmo de crecimiento demográfico aumentó: de una tasa de
1.72% anual en la década de 1930 pasó a 3.28% en la década de
1960. Para mayor claridad, baste decir que con la primera tasa se
requerían poco más de 40 años para duplicar la población; con la
segunda, la de 1960, sólo se necesitaban 22 años. En buena medida, el aumento obedecía a la disminución sensible de la mortalidad infantil, logro que se explica a su vez por el control de enfermedades infecciosas y parasitarias. La mejora en los servicios
de salud, agua potable y alcantarillado, las campañas de vacuna-
ción y la aparición de la penicilina son otros tantos factores que
influyeron en el crecimiento poblacional. De hecho, en términos
de una perspectiva amplia, el aumento de la población durante el
siglo xx constituye el segundo gran episodio demográfico de la
historia de México: el primero fue la catástrofe de la población nativa durante las primeras décadas del periodo colonial.

Después de 1940, además, la población se movilizó quizá
como nunca antes en la historia del país, sobre todo del campo a
la ciudad. Las localidades urbanas ofrecían mejores salarios y servicios públicos. Ya para 1960, según el censo de ese año, la mayor parte de los mexicanos vivía en las ciudades (en localidades
mayores de 2 500 habitantes). Ello era un indicador del cambio
social que ocurría en el país y en casi todo el mundo por esas mis-

mas fechas. La humanidad dejaba atrás el ámbito agrario. Entre 1930 y 1970 la población mexicana en general creció a tasas muy altas, pero la de las ciudades creció a un ritmo mucho mayor.

La ciudad de México muestra bien esta historia de urbanización. Su población, que rondaba el millón de habitantes en 1930, creció seis veces en los siguientes 40 años. El agua potable llevada a la capital desde el Alto Lerma, vialidades como el viaducto Miguel Alemán y el periférico, el Metro y el drenaje profundo iniciados en la década de 1960 hicieron posible semejante crecimiento. El negocio inmobiliario y de la construcción atrajo el interés de empresarios y políticos por igual. La inauguración de la Torre Latinoamericana en 1950 en el centro de la ciudad de México es quizá uno de los símbolos más nítidos de este esfuerzo modernizador centrado en la urbanización.

En el marco de la expansión económica mundial de la posguerra, lo que algunos llaman la "época de oro del capitalismo", la economía mexicana conoció años de prosperidad sostenida. Entre 1940 y 1970 la tasa de crecimiento anual del producto interno bruto superó 6%, un verdadero "milagro económico", como se le denominó. A la vuelta de esos tres decenios destacaba el peso creciente de la industria y del sector servicios (comercio, bancos). La aportación de la agricultura a la economía era cada vez menor.

Un rasgo que vale la pena destacar es que el crecimiento económico se hizo en gran medida con recursos internos, es decir, sin recurrir a préstamos extranjeros. En 1959 la deuda pública externa era de apenas 649 millones de dólares. No obstante la estrechez de las finanzas públicas, ese crecimiento fue posible en buena medida por las inversiones gubernamentales en infraestructura, energía y comunicaciones. La inversión privada aumentó sobre la base de una economía fuertemente protegida de la competencia exterior.

A partir de 1958, y hasta 1970, la economía creció a altas tasas con estabilidad de precios o baja inflación. Es lo que se conoce como "desarrollo estabilizador". En esos años un indicador primordial muestra un comportamiento positivo: el aumento de los salarios reales, es decir, que los salarios tenían un poder de compra cada vez mayor. Pero esos salarios al alza se limitaban a un sector minoritario de trabajadores, casi todos ubicados en las grandes ciudades y en las principales ramas de la industria; eran los mismos que se beneficiaban con los servicios del IMSS y de la educación pública, en constante expansión. No obstante su pequeño tamaño, es claro que ese sector logró grandes mejoras en sus condiciones de vida y dio paso a un fenómeno que ayuda a entender la estabilidad política en estos años: la movilidad social. Gracias a la educación pública gratuita, no era raro que un obrero tuviera hijos universitarios y profesionistas, pero también casa propia, seguridad social y fondos de jubilación. Igual cosa puede decirse de los burócratas federales. En 1925 se creó la Dirección de Pensiones que, en 1959, se transformó en el Instituto de Seguridad y Servicios Sociales para los Trabajadores del Estado (ISSSTE).

En 1946 el PRM fue sustituido por el Partido Revolucionario Institucional (PRI). Una de las principales diferencias entre uno y otro fue la confirmación de una medida tomada por el presidente Ávila Camacho desde diciembre de 1940: la desaparición del sector militar. Tal medida era una prueba más de la estabilización del régimen político. El desplazamiento de los militares, y su subordinación plena al presidente de la república, se convirtió así en otro rasgo peculiar del arreglo político del país. La primera elección presidencial del nuevo partido fue en 1946, en la que resultó triunfador el candidato oficial, el veracruzano Miguel Alemán, el primero en años que no provenía de las filas del ejército y que tampoco había participado en la Revolución de 1910. Egresado de la Universidad Nacional Autónoma de México, Alemán pertenecía a una nueva generación de políticos y dirigentes. El candidato opositor, el guerrerense Ezequiel Padilla, no gozaba ni de lejos de las simpatías que Almazán tuvo en

1940. El poder político estaba copado por aquellos que se decían herederos de los vencedores de la revolución, la así llamada "familia revolucionaria".

Alemán se dedicó con afán a promover la industrialización y a propiciar el crecimiento empresarial, del que no fueron ajenos ni él ni algunos de sus colaboradores y amigos. La compañía constructora Ingenieros Civiles Asociados, que no tardaría en convertirse en ejemplo del nuevo empresariado mexicano, nació precisamente en ese periodo, con Bernardo Quintana a la cabeza. Otro empresario destacado, que aprovechó la innovación que significaba la televisión, fue Emilio Azcárraga. La fortuna de este último creció conforme la televisión se convirtió en un medio de comunicación de alcance masivo, capaz de reorganizar la vida de los hogares, de imponer ideas en torno al ocio y modos de pensar, hablar y consumir. El fenómeno urbano, la televisión, las facilidades para la transportación aérea y la comunicación telefónica, junto con la cada vez más clara moderación gubernamental, nutrieron las ideas de intelectuales y artistas. En 1949 Octavio Paz publicó *El laberinto de la soledad*, un esfuerzo encaminado a buscar la peculiaridad mexicana. A contracorriente del auge de la vida citadina, en 1953 y 1955 Juan Rulfo dio a conocer sus dos magnas obras, *El llano en llamas* y *Pedro Páramo*, que mostraban el mundo provinciano, rural. En 1958 Carlos Fuentes sorprendió con su novela *La región más transparente*, un fino retrato de la vida de la ciudad de México. El radicalismo había quedado atrás. Artistas como Rufino Tamayo, enfrentado al muralismo, adquirieron una mayor presencia. La apertura a nuevos estilos y formas, provenientes por igual de Estados Unidos y Europa, así como de otros países latinoamericanos, se tradujeron en una diversificación de contenidos. El cine con temas urbanos (cabareteras, pobres, enmascarados, jóvenes universitarios) reflejaba bien el cambio que vivía el país, o al menos algunas de sus ciudades.

En este periodo se avanzó sustancialmente en la centralización política. Para las elecciones de 1946 se estrenó una legislación electoral que por primera vez dejaba en manos del gobierno federal el manejo de este delicado proceso ciudadano. Hasta entonces las elecciones habían sido organizadas por las autoridades locales. En 1946 también nació la Secretaría de Recursos Hidráulicos, que reforzaba la centralización de la administración del agua. En 1948 se creó el impuesto sobre ingresos mercantiles con el propósito de establecer un solo impuesto federal en ese ramo en todo el país.

Estos datos hablan de la consolidación de un arreglo político en el que cada vez destacaban más el peso del gobierno federal y la figura del presidente de la república. Los otros poderes de la Unión, el legislativo y el judicial, se veían crecientemente debilitados. Además la guerra mundial había propiciado un fenómeno que si bien venía de tiempo atrás, alcanzó una escala mucho más notable en estos años. Se trata de la concentración de las rentas públicas en manos federales, y el consecuente debilitamiento de las finanzas de estados y municipios. Aunque en buena medida esa concentración responde a mejores recaudaciones de gravámenes federales (impuesto sobre la renta), también obedece al despojo de fuentes tributarias de estados y municipios que el gobierno federal había realizado alegando la necesidad de uniformar y modernizar el sistema tributario. Es el caso del petróleo en 1922, la minería en 1926, la electricidad en 1933 y otros más en los años siguientes. Como resultado, el gobierno federal tenía cada vez más recursos y ciertamente más obligaciones que los estados y municipios. La paulatina pero sostenida federalización educativa, entendida a la vieja usanza como expansión del gobierno federal, muestra ese reacomodo entre el centro federal, los estados y los municipios. En los estados se vivió un fenómeno equivalente: se despojó a los municipios de las principales fuentes tributarias. En términos generales, los municipios eran mucho más pobres en 1950 que en 1910.

Sin embargo, había indicios de que ni el presidente de la república ni el gobierno las tenían todas consigo. Este aspecto debe investigarse mucho más, pero puede decirse que al menos en materia fiscal e hidráulica la autoridad federal enfrentaba límites y claros desacatos. Por ejemplo, la intención federal de generalizar el impuesto sobre ingresos mercantiles se encontró con la oposición de los estados más ricos (Veracruz, Baja California, Nuevo León, Jalisco, México, entre otros). El sucesor de Miguel Alemán, el también veracruzano Adolfo Ruiz Cortines (1952-1958), hizo repetidos esfuerzos para quebrar esa oposición sin mayor éxito. En materia hidráulica, grandes empresarios, como los agricultores de la Costa de Hermosillo, jamás obedecieron la disposición federal de instalar medidores en sus pozos para saber cuánta agua extraían del subsuelo. En Monterrey, los industriales organizaron su propio sistema de abasto de agua subterránea que no controlaba nadie más que ellos. La ciudad podía padecer grave escasez de agua pero la industria seguía viento en popa. Se podrá decir que esos indicios son escasos y que no alcanzan a desmentir las interpretaciones más comunes sobre el gran poder del presidente de la república. Quizá sea verdad, pero también es cierto que esta clase de fenómenos se ha estudiado muy poco. ¿Por qué decía un alto funcionario de la Secretaría de Hacienda, en 1972, que antes de ese año era impensable una reunión con todos los tesoreros de los estados?

DESAJUSTES Y LA RESPUESTA ESTATISTA, 1958-1982

Crecimiento económico y estabilidad política eran los signos más destacados del país en estos años. Al gobierno del mexiquense Adolfo López Mateos (1958-1964) le correspondió organizar en 1960 los festejos del 50 aniversario de la Revolución de 1910. La clase gobernante se mostraba orgullosa de sus logros en la conducción de la nación. Podían presumir de avances en materia de salud, educación e infraestructura, y de fortalecimiento de la ciudadanía gracias al otorgamiento del derecho al voto a las mujeres en 1953. En el tema de salud, por ejemplo, la mortalidad infantil se había reducido de manera drástica, de 27 a 12 por cada mil habitantes. Ya no era tan común como antes que las familias perdieran hijos. Los asegurados del IMSS sumaban cuatro millones y el ISSSTE daba cobertura a otros 500 000. El analfabetismo se había reducido de 62% en 1930 a 45% en 1960. La superficie irrigada gracias a inversiones del Estado sumaba 1.4 millones de hectáreas. Desde 1950 podía recorrerse el territorio nacional por vía terrestre, de la frontera con Guatemala, en Chiapas, a Ciudad Juárez, Chihuahua. La producción de petróleo casi se había triplicado desde 1938 y la generación de energía era siete veces mayor que en 1930. La agricultura y la industria mostraban también aumentos considerables. Para mejorar la oferta eléctrica y dar paso al sistema nacional interconectado, en 1960 el presidente López Mateos resolvió adquirir las empresas eléctricas extranjeras. En fin, de diversas maneras los gobernantes creían rendir buenas cuentas de su gestión al frente de los gobiernos revolucionarios, como se llamaban a sí mismos una y otra vez. López Mateos se daba el lujo de declararse de "extrema izquierda" dentro de la ideología de la Revolución mexicana. Esas declaraciones, y medidas como la adquisición de la industria eléctrica y la aparición de los libros de texto gratuito inquietaron a los empresarios. Temían una expansión estatal que redujera su campo de acción e influencia.

A los gobernantes no les faltaba razón. Si se mira con cuidado, el país se había transformado notablemente desde 1930. Al crecimiento de la población y a la rápida migración hacia las ciudades, se sumaba el desarrollo de una amplia clase media urbana cuyas dimensiones no tenían precedente en la historia del país. Su expansión obedecía al aumento de empleados y funcionarios de empresas privadas, de burócratas, profesionistas independientes y pequeños empresarios. Esa clase media se nutrió de la prosperidad económica, del gasto público en salud, educación e infraestructura y, en general, del conjunto de políticas,

282 NUEVA HISTORIA MÍNIMA DE MÉXICO

ideas y valores que asociaban el crecimiento del país a la ampliación del mercado interno. Un indicador grueso pero quizá elocuente de esta dinámica social es el incremento de casi 15 veces en el número de alumnos de las universidades del país: de 23 000 en 1930 a 335 000 en 1970. Obras como la Ciudad Universitaria, inaugurada en 1952, o el enorme fraccionamiento de Ciudad Satélite, junto al Distrito Federal, iniciado en 1953, o la apertura de grandes tiendas departamentales, eran otros tantos componentes de la expansión urbana. Otro indicador que ilustra este movimiento económico pero también social y cultural es el aumento de 19 veces del número de automóviles entre 1930 y 1970: de 63 000 a 1 200 000. Los usuarios de teléfonos se multiplicaron casi por diez entre 1940 y 1970: de 88 000 a 859 000. Estos números son meros indicios de los cambios en la vida cotidiana de las ciudades. A ello habría que sumar las lavadoras, refrigeradores, radios, tocadiscos, televisores, máquinas de coser que impusieron nuevas rutinas en los hogares. Nuevos patrones de consumo, nuevas percepciones, nuevas prácticas laborales y formas de ocio y diversión, así como la creación de expectativas de ascenso social gracias a la educación o bien al empeño y a la disciplina familiar con vocación empresarial, contribuían a configurar una sociedad menos provinciana y agraria. Una sociedad más cosmopolita y urbana tomaba su lugar.

En esa febril transformación social había sectores inconformes. El crecimiento económico beneficiaba sólo a una parte de la población, principalmente la de las ciudades, mientras que en el campo mostraba rezagos. A la vez que se expandía la clase media, en las ciudades empezaron a formarse enormes cinturones de migrantes pobres. La desigualdad era por ello un componente esencial de la realidad nacional. Un cálculo de la distribución del ingreso entre 1950 y 1963 daba resultados alarmantes: 10% de la población más rica concentraba casi la mitad de la riqueza nacional.

Las inconformidades de obreros y campesinos habían sido resueltas a veces por medio de concesiones y negociaciones y a veces por medio de la violencia. En 1951, por ejemplo, se había ignorado una penosa "Caravana del hambre" de miles de mineros y sus familias, quienes caminaron 1 400 kilómetros desde Nueva Rosita, Coahuila, hasta la capital del país. Protestaban por el maltrato laboral de la empresa estadounidense American Smelting and Refining Company. En 1958 telegrafistas, petroleros y maestros sufrieron la represión y el encarcelamiento de algunos líderes. En Baja California, Chihuahua y San Luis Potosí tuvieron lugar movilizaciones político-electorales que mostraban un incipiente desgaste de los métodos autoritarios del partido oficial y en general del gobierno federal. En 1959 una gran huelga ferrocarrilera fue reprimida por el ejército; varios de sus dirigentes, entre ellos Demetrio Vallejo, fueron a dar a la cárcel acusados del delito de disolución social y allí permanecieron durante años. A tono con las ideas que predominaban en Estados Unidos y México en esos años por el enfrentamiento con la Unión Soviética (la llamada guerra fría), los ferrocarrileros fueron acusados de comunistas. En 1962 el ejército acribilló al líder campesino independiente Rubén Jaramillo y a su familia.

Este clima de gran inconformidad se vio alimentado por la Revolución cubana. Guerrilleros encabezados por Fidel Castro tomaron el poder en enero de 1959, derrocando al dictador Fulgencio Batista. La tensión con el gobierno estadounidense fue agravándose hasta que en 1961 Castro se declaró marxista-leninista. Esa experiencia revolucionaria nutrió los ideales de los inconformes y radicales mexicanos y en general de toda América Latina. En 1961 se creó en México el Movimiento de Liberación Nacional, encabezado por el ex presidente Cárdenas, que intentó aglutinar distintos sectores que disentían del rumbo de las políticas gubernamentales. De otro lado, la iglesia católica, bajo el lema "Cristianismo sí, comunismo no", organizó diversas manifestaciones públicas que tensaron aún más el ambiente político. En ese contexto los empresarios más ricos del país, no más de 30, crearon el Consejo Mexicano de Hombres de Negocios (CMHN), una organización que pronto ejercería gran influencia económica y política. Ese consejo se sumó a los organismos empresariales más antiguos, tales como la Confederación de Cámaras Nacionales de Comercio (Concanaco), la Confederación de Cámaras Industriales (Concamin), la Cámara Nacional de la Industria de Transformación (Canacintra), la Confederación Patronal de la República Mexicana (Coparmex) y la Asociación de Banqueros de México.

En una enrarecida atmósfera política y diplomática, el gobierno de Estados Unidos inició una campaña para contrarrestar las simpatías que despertaba la experiencia cubana en América Latina. Como expresión de la guerra fría, entre 1962 y 1964 presionó a los gobiernos latinoamericanos para aislar económica y diplomáticamente a Cuba. Pero en ese terreno México se negó a sumarse a la iniciativa estadounidense. Fue el único que se mantuvo firme en su postura independiente en la Organización de Estados Americanos. Eso le valió prestigio internacional. Al mismo tiempo, el gobierno estadounidense impulsó una "Alianza para el Progreso" encaminada a prevenir nuevos brotes insurreccionales en América Latina mediante diversas reformas sociales y políticas. En ese contexto se ubica la adopción en México del sistema de diputados de partido, que permitió el acceso al Congreso de la Unión de un reducido número de diputados opositores a partir de 1964.

El sucesor de López Mateos fue el poblano Gustavo Díaz Ordaz (1964-1970). Éste inició su gobierno enfrentando un movimiento de médicos internos y residentes del IMSS, del ISSSTE y de otras instituciones médicas. A este conflicto se sumó otro de distinto carácter. El 23 de septiembre de 1965 un pequeño grupo atacó el cuartel militar de Madera, Chihuahua. Aunque ese brote guerrillero fue rápidamente sofocado, marcó el inicio de un periodo de actividad de varios grupos armados que, influidos por la experiencia cubana, intentaron transformar el país por la vía violenta. La mayor parte de la población, argumentaban los guerrilleros, vivía en condiciones miserables por la explotación capitalista. Algunos operaban en las ciudades y otros, como los grupos encabezados por los maestros normalistas Genaro Vázquez y Lucio Cabañas, lo hacían en el campo, en este caso en las montañas de Guerrero.

Pero sin duda el acontecimiento clave en los desajustes del arreglo político nacional fue el movimiento estudiantil de 1968, un año de grandes protestas de jóvenes en diversos lugares del mundo. Ese movimiento, y sobre todo su desenlace en la matanza del 2 de octubre en Tlatelolco, mostró la distancia entre una sociedad cada vez más urbana y diversa y un régimen político que imaginaba que su empeño modernizador jamás se tornaría en una amenaza o en un desafío a su autoridad. Ese episodio de represión reveló un régimen político incapaz de negociar y arreglar un conflicto que había comenzado como un simple pleito entre estudiantes. El presidente Díaz Ordaz creía ver una conspiración comunista que amenazaba la estabilidad nacional. Conforme se acercaba el inicio de los XIX Juegos Olímpicos, que serían inaugurados en la ciudad de México el 12 de octubre de ese mismo año, la situación se fue complicando. En septiembre el ejército ocupó y desocupó las instalaciones de la UNAM, así como las del IPN. El desenlace llegó en la tarde del 2 de octubre. En una trama que apenas empieza a desentrañarse, los estudiantes reunidos en la plaza de Tlatelolco fueron atacados por soldados del ejército. Ahora se sabe que la tropa respondía a una provocación de francotiradores situados en lugares estratégicos, siguiendo instrucciones de altos funcionarios gubernamentales. Decenas murieron y centenares más fueron recluidos en el penal de Lecumberri, entre ellos el escritor José Revueltas y el ingeniero Heberto Castillo. Esos presos políticos se sumaron a los de la huelga ferrocarrilera de 1959 y del movimiento médico de

1965. En protesta por la matanza, el poeta Octavio Paz, quien obtendría el Premio Nobel de Literatura en 1990, renunció al cargo de embajador mexicano en India.

Después de 1968 fue evidente que el régimen político era cada vez más incapaz de encabezar a una sociedad urbanizada, plural, ilustrada y, sobre todo, inconforme y carente de medios para expresar sus puntos de vista. Esto último se relacionaba con uno de los rasgos más evidentes de la vida política: el férreo control gubernamental sobre los medios de comunicación tanto impresos como televisivos. La figura del periodista Jacobo Zabludowsky, conductor del noticiero televisivo más influyente durante décadas, es ilustrativa de ese control informativo. Otro episodio de represión de estudiantes, ocurrido el 10 de junio de 1971 en la ciudad de México, ratificó la distancia entre opositores e inconformes y el Estado surgido de la Revolución de 1910.

El Estado mexicano hizo esfuerzos para recuperar terreno mediante distintas estrategias. Sin embargo, un acontecimiento clave de la historia del siglo XX dificultó esa tarea. Se trata del fin de la época de oro de la posguerra, lo que se expresó en una disminución en el ritmo de crecimiento de la economía mundial. El año de 1973 es considerado precisamente como el fin de la era de la posguerra y el inicio de una época de crisis generalizada.

En México, durante los mandatos de los presidentes Luis Echeverría (1970-1976) y José López Portillo (1976-1982), ambos oriundos de la capital, el gobierno intentó atraer a los grupos inconformes por medio de amnistías, apertura de nuevos centros de educación superior (como la Universidad Autónoma Metropolitana en 1974) y de mecanismos de apoyo a la clase trabajadora (como el Instituto del Fondo Nacional de la Vivienda para los Trabajadores, Infonavit, creado en 1972), así como mediante reformas electorales y discursos altisonantes relativos a la apertura democrática y al nacionalismo. Destaca también el esfuerzo por estrechar relaciones con diversos grupos de intelectuales y artistas, por ejemplo mediante inversiones en la industria cinematográfica. "O Echeverría o el fascismo", llegó a decir un escritor cercano al régimen. Sin embargo, este esfuerzo gubernamental distó de ser exitoso. Veamos por qué.

Por principio de cuentas el crecimiento económico comenzó a reducirse. Era síntoma del agotamiento de un modelo de desarrollo basado, desde la década de 1930 y sobre todo después de la segunda guerra mundial, en la industrialización por la vía de la sustitución de importaciones. La caída en la producción de alimentos y en la generación de divisas mostraba un sector agropecuario exhausto e incapaz de respaldar la industrialización. Cada vez era mayor la diferencia entre lo que exportaba el país y lo que importaba. Es lo que se llama déficit de la balanza comercial. Por otro lado, el ahorro interno ya no era suficiente para financiar la expansión económica. Comparado con otros países, el Estado mexicano era muy pobre. Como los empresarios tampoco se mostraban interesados en arriesgar sus capitales, la situación fue tornándose cada vez más grave. Aunque el presidente Echeverría intentó hacer una reforma fiscal para recaudar más impuestos, los empresarios se opusieron de manera rotunda. Ante ese fracaso, otro indicio de la debilidad presidencial, el gobierno mexicano decidió pedir préstamos externos para mantener e incluso elevar el gasto público. El déficit de las finanzas públicas, o la diferencia entre ingresos y egresos, no dejaba de aumentar. Así comenzó a acumularse una carga que pesaría sobre las generaciones siguientes.

El 17 de septiembre de 1973 el poderoso empresario regiomontano Eugenio Garza Sada, dueño de la Cervecería Cuauhtémoc y fundador del Tecnológico de Monterrey en 1943, fue asesinado en un intento de secuestro por parte de guerrilleros de la Liga 23 de Septiembre. Durante el funeral, los deudos reclamaron con furia al presidente Echeverría. Ese acontecimiento fue una de las principales fuentes de tensión entre el gobierno y algunos sectores empresariales. Tal tensión se fue agravando en vista de las grandes dificultades económicas que enfrentaba el país. En ese contexto, en 1975 nació el Centro Coordinador Empresarial, formado por organizaciones de industriales, comerciantes, patrones, banqueros y por el influyente CMHN.

Por su parte, sectores obreros, en especial los electricistas encabezados por Rafael Galván, sostuvieron una tenaz lucha contra el control sindical de los líderes oficialistas. La inconformidad bullía en varios sectores obreros y campesinos. Era una época de activismo de grupos políticos de distintas tendencias, desde maoístas hasta católicos vinculados a la Teología de la Liberación, es decir, la corriente que reclamaba una opción por los pobres, sobre todo en América Latina. Además de estas dificultades había otra dimensión de la vida nacional que intentaba ser ocultada, la denominada "guerra sucia", es decir, la represión ilegal de los movimientos armados que se prolongó a lo largo de la década de 1970. En ejercicio de un derecho legítimo de someter a aquellos que lo desafiaban por la vía armada, el gobierno recurrió sin embargo a torturas, desapariciones y asesinatos de decenas de militantes y al amedrentamiento de sus familias. Mientras se llevaba a cabo esa guerra, el gobierno mexicano alardeaba con posturas progresistas y a favor del Tercer Mundo. Destaca el apoyo al gobierno del presidente chileno Salvador Allende y al de Cuba, y la acogida de miles de exiliados uruguayos, argentinos y chilenos, que escapaban de las dictaduras militares en sus países.

Expresión del mal manejo de la economía fue la inflación, desatada a partir de 1973. En buena medida era resultado de las dificultades del mercado mundial pero también de la emisión de dinero y del aumento del gasto público sin respaldo efectivo. Si en la década de 1960 los precios crecían menos de 5% al año, después de 1973 superaron el 20%. El repunte inflacionario propició la devaluación del peso en agosto de 1976. De 12.50 pesos por dólar, en que se había mantenido desde 1954, pasó a 20 pesos. Éste fue el inicio de una devaluación sostenida que hizo que el peso perdiera 760 veces su valor entre agosto de 1976 y no-

viembre de 2000 (de 12.50 a 9 500 pesos por dólar, si no quita-
mos los tres ceros que se eliminaron por decreto en 1993). Para
superar la crisis de 1976, el gobierno de Echeverría se vio obligado a recurrir al Fondo Monetario Internacional. A cambio de
préstamos, ese organismo exigió recortes severos al gasto público.

La suerte pareció sonreírle al gobierno y en general a los mexicanos cuando a principios de 1978 se anunció el descubrimiento de grandes yacimientos petroleros en la Sonda de Campeche. México debía prepararse para administrar la abundancia,
dijo el presidente López Portillo. Y con gran tesón, recurriendo a
préstamos extranjeros, el gobierno mexicano hizo que Pemex ele-
vara su capacidad productiva. Las cifras son espectaculares: por
ejemplo, la exportación de crudo pasó de 94 000 barriles diarios
en 1976 a 1.5 millones en 1982. En el sur de Veracruz, Tabasco
y Campeche la presencia de Pemex se convirtió a la vez en polo
de atracción y pesadilla. Altos salarios al lado de arbitrariedades
laborales, gran demanda de vivienda en áreas urbanas sin infraestructura, daños al medio ambiente por la febril exigencia de divisas. Muy pronto la aportación petrolera se elevó hasta llegar a cubrir la tercera parte del presupuesto de egresos de la federación.

La experiencia anterior tenía que ver con otra secuela de la
crisis mundial iniciada en 1973. El embargo impuesto por la Organización de Países Exportadores de Petróleo (OPEP) en 1973 a
Estados Unidos y otros países dio como resultado un notable incremento del precio del barril de petróleo, que pasó de menos
de tres dólares en 1970 a más de 35 en 1981. La economía mundial se estremeció ante el aumento de los costos del transporte y
de los insumos. Los miles de millones de dólares que obtuvieron
los países petroleros se inyectaron al sistema financiero internacional, provocando una baja en las tasas de interés. Endeudarse
era una opción atractiva.

Esta coyuntura mundial fue la que intentó aprovechar el gobierno mexicano para compensar su debilidad financiera y echar
a andar el proyecto petrolero. En 1966 la deuda pública externa

290 NUEVA HISTORIA MÍNIMA DE MÉXICO

era de 1 900 millones de dólares, pero ya en 1982 era 30 veces mayor: 59 000 millones. A los funcionarios gubernamentales no les preocupaba, porque confiaban en un alza sostenida del precio del barril, quizá hasta 70 dólares. Todo podría pagarse.

El auge del gasto público de la década de 1970 se tradujo en varios indicadores positivos, por ejemplo una tasa de crecimiento mayor de 7% anual, un aumento sostenido de los salarios reales —al menos hasta 1976— y el mayor gasto en salud, educación e infraestructura desde 1929. A decir de los expertos, la desigualdad social y regional disminuyó de manera sensible o lo largo de la década.

Hay al menos dos cambios con efectos duraderos que se originaron en esta época. El primero se refiere a la adopción de una nueva política demográfica, basada en la planeación y el control de la natalidad. Había ya la certeza de que la economía era incapaz de incorporar a una población que crecía a ritmos cada vez mayores. El gobierno debía tomar cartas en el asunto. En marzo de 1974 fue creado el Consejo Nacional de Población (Conapo) con el propósito de aplicar medidas encaminadas a reducir el crecimiento de la población. Esa iniciativa gubernamental, a pesar de la oposición de la iglesia católica, tuvo un claro efecto en la dinámica demográfica. La tasa de crecimiento disminuyó de manera notable en las décadas siguientes, de 3.6 a 2.6% entre 1970 y 1990.

El segundo cambio tuvo que ver con la política. Luego de que en las elecciones presidenciales de 1976 el candidato del PRI había sido el único participante, el gobierno de López Portillo impulsó una reforma en 1977 para incorporar a la lucha partidaria a fuerzas políticas consideradas minoritarias, en particular las agrupaciones de izquierda. Mediante el sistema de representación proporcional, que estableció dos vías de elección de los diputados (uninominal y plurinominal), según el porcentaje de votos obtenidos por cada agrupación, partidos como el Comunista, el Mexicano de los Trabajadores y el Demócrata Mexicano (de origen sinarquista) se integraron a la vida electoral. Por primera vez hubo diputados comunistas en el Congreso mexicano. Por su parte, el PAN logró acrecentar el número de diputados federales. Aunque la reforma electoral de 1977 dejó intacta la subordinación del poder legislativo con respecto al ejecutivo federal, así como la hegemonía del PRI, fue el primer episodio de un esfuerzo sostenido por modificar el sistema electoral y, más allá, el arreglo político general del país.

Sin embargo, estos logros quedaron opacados ante los graves acontecimientos económicos y políticos de 1981 y 1982. Veamos.

Por lo pronto el cálculo en torno al mercado petrolero falló por completo. Desde mayo de 1981 el precio del petróleo comenzó a disminuir, al tiempo que se elevaban las tasas de interés. Con menos ingresos y con mayores gastos por los intereses de la deuda, la situación de las finanzas públicas se hizo insostenible. En agosto de 1982 el secretario de Hacienda reconoció la quiebra de la economía mexicana y anunció la suspensión de pagos a los acreedores extranjeros. Los especuladores pero también pequeños ahorradores que buscaban proteger su patrimonio sacaron del país grandes cantidades de dólares y elevaron el precio de esa moneda de 26 a 70 pesos. La inflación casi llegó a 100%. En ese contexto crítico, el 1 de septiembre de 1982 el presidente de la república anunció la expropiación de la banca. Algunos aplaudieron, pero la medida distó de atraer el apoyo generalizado de la población. Al contrario, la desconfianza con respecto al grupo gobernante era inocultable.

MOVILIZACIÓN CIUDADANA
Y CAMBIO POLÍTICO, 1982-2000

La elección de Margaret Thatcher como primera ministra de Gran Bretaña en 1979 y de Ronald Reagan para la presidencia de Estados Unidos en 1980 se considera el inicio de la reacción

conservadora ante la crisis mundial de 1973. Reducir el gasto
público y afianzar la actividad de la empresa privada eran dos de
los argumentos de esta nueva postura que renegaba de las propuestas de Keynes y del Estado de Bienestar. El lugar de Keynes
lo ocupaban ahora economistas que consideraban que los males
de la economía residían, a final de cuentas, en el gasto público
excesivo. Al mismo tiempo, se endurecía la confrontación con la
Unión Soviética favoreciendo una estrategia armamentista, sobre todo en Estados Unidos. El nuevo papa, designado a fines de
1978, se involucró de manera activa en este escenario mundial.
En febrero de 1979 Juan Pablo II visitó México por primera vez.
La algarabía popular fue desbordante.

Ante la crisis desatada al final del gobierno de López Portillo,
justo cuando la computadora personal comenzaba a generalizarse en oficinas, empresas, hogares y escuelas, tuvo lugar un cambio drástico en la conducción gubernamental, que afectó con se-
veridad a la mayor parte de la población. Esa tarea quedó a cargo
del nuevo presidente, el colimense Miguel de la Madrid (1982-
1988). A tono con las posturas de los gobiernos de Estados Unidos y de Gran Bretaña, y las condiciones impuestas por el Banco
Mundial y el Fondo Monetario Internacional para superar la crisis de 1982, el gasto y las inversiones públicas disminuyeron de
modo significativo (por ejemplo, un tercio del gasto corriente en
1983) y se inició la venta de numerosas empresas paraestatales.
Había que reducir a toda costa el déficit de las finanzas públicas.
Ante el repunte inflacionario y las medidas de contención, los salarios cayeron vertiginosamente. Un problema antiguo asumió
entonces modalidades dramáticas: el desempleo. Muchas familias comprendieron que tenían que vérselas por sí mismas. El resultado fue el crecimiento del autoempleo: cientos y luego miles
de vendedores ambulantes se instalaron en banquetas, plazas,
calles. En otras familias algunos varones decidieron emigrar a
Estados Unidos de manera ilegal, arriesgando sus vidas. Otros
optaron por protestar de distintas maneras, como los integrantes

de la Coordinadora Nacional de Trabajadores de la Educación, formada desde 1979 por maestros inconformes con el liderazgo oficialista y la caída de sus salarios. Otros más recurrieron a la opción electoral; empezaron a impugnar y a derrotar al PRI en las elecciones municipales de localidades de cierto peso político, especialmente en el norte del país, como las capitales de los estados de Durango y Chihuahua y en la fronteriza Ciudad Juárez en 1983. Desde entonces se manifestó una creciente movilización de grupos sociales inconformes que ocupaban calles y plazas, bloqueaban carreteras y casetas de peaje, tomaban oficinas de gobierno y realizaban actos de boicot a televisoras, plantones, marchas y huelgas de hambre. No es que antes no hubiera ese tipo de actos de protesta, pero ahora ocurrían con mayor frecuencia y eran protagonizados no sólo por obreros y campesinos empobrecidos sino también por sectores empresariales y de la clase media urbana y agraria.

Los temblores del 19 y 20 de septiembre de 1985 sacudieron buena parte del centro-oeste del país. En la ciudad de México los muertos se contaron por miles. La respuesta del gobierno fue débil y tardía. En cambio, la reacción de los vecinos fue masiva. El contraste entre la debilidad gubernamental y la fortaleza de la sociedad no pasó inadvertido. Parecía que el gobierno atribulado por la economía no tenía capacidad de maniobra. Esa misma impresión se tenía en otro terreno, porque las actividades del narcotráfico empezaron a volverse asunto más y más cotidiano. Durante las décadas de 1980 y 1990 ese negocio se extendió a causa del creciente consumo de mariguana, cocaína y otras sustancias enervantes en Estados Unidos. Este mercado hizo posible el fortalecimiento de alianzas entre productores colombianos, traficantes mexicanos y distribuidores norteamericanos. Sobornos a las autoridades encargadas de perseguir a los delincuentes, ajustes de cuentas, "lavado" de dinero proveniente de este negocio, captura de algunos capos como Rafael Caro Quintero y noticias sobre cargamentos incautados atrajeron la atención de la opinión pública. Otra dimensión fue el incremento desmedido de la delincuencia y de los secuestros en las ciudades e incluso los asaltos en las carreteras, tal como ocurría en el siglo XIX.

Las graves dificultades económicas llevaron a los gobernantes y a algunos sectores empresariales a cuestionar la viabilidad del modelo de sustitución de importaciones como eje de la economía. Ese cuestionamiento se tradujo en una apertura paulatina al mercado mundial. La adhesión en 1986 al Acuerdo General sobre Aranceles Aduaneros y Comercio (GATT por sus siglas en inglés) fue la confirmación de ese viraje fundamental en la conducción económica del país. En un contexto de prosperidad de la economía norteamericana, la industria maquiladora, aquella que importa insumos y componentes, los arma en el país pero sólo a condición de exportarlos, entró en una etapa de auge; lo mismo ocurrió con las empresas automotrices que abrieron nuevas plantas en Aguascalientes, Sonora, Chihuahua y Coahuila. Muchas fábricas de la ciudad de México empezaron a cerrar o a mudarse a otros lugares. Esa ciudad, el mejor símbolo del proyecto modernizador impulsado por el Estado, comenzó a ver disminuida su riqueza económica.

En estas condiciones y con una inflación de casi 160% en 1987 se inició la campaña para las elecciones presidenciales de 1988. De una división del PRI surgió la Corriente Democrática encabezada por Cuauhtémoc Cárdenas, hijo del ex presidente Lázaro Cárdenas, quien había sido militante del partido oficial durante años y gobernador de Michoacán. La Corriente Democrática atrajo a otras agrupaciones que luego fundaron el Frente Democrático Nacional. El candidato priista resultó ser el capitalino Carlos Salinas de Gortari. Por su lado, el PAN eligió como candidato al sinaloense Manuel J. Clouthier, quien provenía de grupos de empresarios distanciados del gobierno y del PRI a causa de la expropiación de la banca.

Las elecciones del 2 de julio de 1988 se recuerdan sobre todo por la asombrosa "caída del sistema" de cómputo de votos.

Tal falla provocó la suspicacia y la irritación de los partidos de oposición, lo que no impidió que la autoridad electoral, encabezada por el secretario de Gobernación, declarara vencedor al candidato priista Salinas. Panistas y cardenistas protestaron con furia. Sostenían que el candidato oficial había sido derrotado y que por eso se había hecho necesaria la maniobra cibernética. Pero poco a poco, en gran medida porque los candidatos derrotados Clouthier y Cárdenas nunca lograron ponerse de acuerdo en una estrategia común, las protestas contra el fraude electoral se diluyeron y se consumó el triunfo del candidato Salinas. Si bien el PRI se salió con la suya, el episodio electoral de 1988 tuvo fuertes repercusiones. El nuevo gobierno tomó posesión con muy poca legitimidad. Para fortalecerse, el presidente Salinas decidió dar un golpe de gran efecto mediático: en enero de 1989, mediante un despliegue policiaco y militar se capturó al poderoso líder de los trabajadores petroleros Joaquín Hernández Galicia, apodado "La Quina". Otra repercusión fue el reconocimiento en 1989 del primer triunfo de un candidato opositor (el panista Ernesto Ruffo) a una gubernatura, en este caso la de Baja California. Otra más fue el nacimiento, también en 1989, del Partido de la Revolución Democrática (PRD), formado por ex priistas, comunistas y socialistas de diversas orientaciones.

El gobierno comenzó a actuar en un contexto internacional sacudido por grandes transformaciones. Entre 1989 y 1991 el Muro de Berlín, el bloque de países socialistas europeos y la Unión Soviética desaparecieron. Estos acontecimientos reforzaron las posturas oficiales estadounidenses y británicas que buscaban la disminución del gasto público y la liberalización del mercado mundial, así como el impulso a la inversión privada y a las reglas del mercado, lo que se conoce popularmente como "neoliberalismo". En México, un gobierno atento y obediente a esas directrices resolvió "adelgazar" el Estado, controlar la inflación reduciendo el gasto y vender más empresas gubernamentales, como los bancos y Teléfonos de México, esta última en manos del gobierno desde 1972. La cúpula empresarial se hizo de nuevos nombres, como Carlos Slim. También se introdujeron otras reformas significativas, por ejemplo la del artículo 27 de la constitución, que significó la terminación del reparto de la tierra y abrió la posibilidad de la enajenación de los ejidos. Otra fue la del artículo 130 constitucional que otorgaba el reconocimiento legal a las iglesias y la libertad de la población creyente para practicar su fe. Esa reforma abrió paso además al restablecimiento de relaciones diplomáticas con el Vaticano.

Entre 1989 y 1990 se renegoció la deuda externa mexicana, que tanto pesaba sobre la hacienda pública desde 1981. Esa renegociación tuvo un saldo positivo para las cuentas macroeconómicas resaltadas por el gobierno, como la baja sensible en el déficit de las finanzas públicas y la inflación, pero no evitaron el declive de la economía. Ni los salarios ni el empleo mostraban mejoría. La reducción presupuestal en aspectos como la salud y la educación pública hacían todavía más grave la situación de amplios sectores de la población. En el campo la agricultura campesina, pero también la de pequeños empresarios, sufría los embates de una política gubernamental encaminada a apoyar sólo a aquellos pocos que podían exportar sus productos. El surgimiento del movimiento de El Barzón en 1993, integrado por deudores de la banca, muchos de ellos agricultores, reflejaba el malestar de las capas medias de la sociedad. No obstante, los voceros gubernamentales reiteraban que México estaba a un paso del Primer Mundo. Decían que sólo faltaba el empujón final y éste era la firma del Tratado de Libre Comercio (TLC) con Estados Unidos y Canadá.

En efecto, reducir la intervención del Estado en la economía y favorecer la libre circulación de mercancías entre los países era otro de los componentes del nuevo modelo de desarrollo económico, lo que a su vez se justificaba diciendo que era una forma inteligente de adaptarse a la globalización económica. Coherente con la adhesión al GATT en 1986, el gobierno salinista inició pláticas para alcanzar un acuerdo comercial con Estados Unidos y Canadá. Se confirmaba así la decisión gubernamental de abandonar el modelo de sustitución de importaciones e impulsar en su lugar la apertura comercial y las exportaciones como sustento del desarrollo nacional. Ese cambio apuntaba hacia el fortalecimiento de la integración económica con Estados Unidos, misma que ya se apreciaba en el mercado laboral, en la expansión de las maquiladoras, el destino de las exportaciones y en los millonarios depósitos de mexicanos en bancos de aquel país. En lo sucesivo, la suerte de la economía mexicana dependería en mayor medida de la de su vecino. El TLC se aprobó en 1993 y entró en vigor el 1 de enero de 1994. Todo parecía ir sobre ruedas pero 1994 fue un año de sorpresas.

La primera sorpresa fue la rebelión del Ejército Zapatista de Liberación Nacional en Chiapas, justo el primer día de 1994. Los indígenas integrantes de esa organización declararon la guerra al ejército y a su comandante supremo, el presidente de la república. Tomaron varias localidades, la más importante San Cristóbal de las Casas. Grandes movilizaciones en la ciudad de México y otros lugares exigieron el cese de hostilidades. La guerra duró apenas 11 días, pero su impacto fue extraordinario. A un paso del Primer Mundo surgía la voz de grupos que reclamaban una combinación de demandas sociales (servicios de salud y de educación) con demandas políticas referidas a fortalecer los derechos de los pueblos de indios. No es que Chiapas fuera la única zona indígena pobre del país, pero allí ese rasgo se conjugaba con la actividad de militantes de grupos radicales de origen urbano, como el "subcomandante" Marcos, de católicos partidarios de la Teología de la Liberación, con las divisiones provocadas por la acelerada expansión ganadera y el reparto agrario, y con un avance inusitado del protestantismo. La rebelión dio un severo mentís al optimismo del gobierno salinista.

La segunda sorpresa fue el asesinato en marzo del candidato priista a la presidencia, el sonorense Luis Donaldo Colosio. El grupo gobernante mostraba sus fracturas y parecía arrastrar a la sociedad al abismo. Tal vez por el temor generalizado que provocaban las divisiones en las altas esferas gubernamentales, el nuevo candidato priista, el capitalino Ernesto Zedillo, ganó sin problemas las elecciones de julio de 1994. El crimen político se repitió en septiembre cuando un alto dirigente del PRI, José Francisco Ruiz Massieu, fue asesinado.

La tercera sorpresa de 1994 ocurrió poco antes de navidad y fue de índole económica. Una súbita devaluación del peso de casi 100% sacudió a la economía mexicana, que en 1995 decreció más de 6%. El desempleo aumentó, los salarios se rezagaron aún más y las tasas de interés se dispararon. Numerosos deudores, que quizá habían hecho suyo el optimismo salinista, se vieron imposibilitados para pagar los créditos contraídos (algunos en dólares) en la adquisición de maquinaria, insumos, casas y automóviles, poniendo en dificultades a los bancos. La clase media mexicana, formada al calor del auge económico de la posguerra, vivió su peor época. Con ayuda financiera de Estados Unidos, el gobierno del presidente Zedillo sorteó el vendaval y logró que al año siguiente, en buena medida por el alza en los precios del petróleo, se recuperara el crecimiento económico. Pero hubo que aceptar una factura enorme: el gobierno se comprometió a asumir los pasivos (los préstamos incobrables) de los bancos, algunos de ellos de muy dudosa legalidad, por medio del Fondo Bancario de Protección al Ahorro, mejor conocido como Fobaproa. La justificación oficial era salvaguardar los ahorros de los mexicanos, que quedaban en riesgo en caso de una quiebra bancaria. El punto es que esa decisión impuso una nueva carga a la de por sí frágil hacienda pública, de unos 60 000 millones de dólares, más los intereses.

El saldo de 1995 se sumó a las dificultades de la década de 1980, la llamada "década perdida" del desarrollo de América Latina. Ya para entonces millones de mexicanos habían nacido y crecido a lo largo de una crisis sostenida. Para colmo, durante la década de 1990 una sequía complicó la situación del campo, ya golpeado por el retiro de apoyo gubernamental en el decenio anterior y por el ingreso de productos extranjeros baratos gracias a los subsidios oficiales en sus países de origen. La migración hacia Estados Unidos se acrecentó como nunca antes. En 1997 se estimaba que casi nueve millones de mexicanos, casi todos en sus mejores años productivos, residían en Estados Unidos. Esos migrantes se convirtieron en una fuente de divisas de insospechada magnitud: alrededor de seis mil millones de dólares en 1997, poco más que los ingresos del turismo. En los años siguientes las remesas aumentaron hasta llegar a más de trece mil millones de dólares en 2003, sólo por debajo de la exportación petrolera, pero más que la inversión extranjera y que los ingresos del turismo. Cuatro entidades del centro del país, Michoacán, Jalisco, Guanajuato y México, recibían los mayores montos.

Hacia el fin del siglo xx, tres cuartas partes de la población vivían en las ciudades, pero al mismo tiempo el resto se dispersaba en un número asombroso de pequeñas localidades rurales. Las mujeres, que cada vez tenían menos hijos (el promedio descendió de 6.1 en 1974 a 2.5 en 1999), se habían sumado de manera masiva al mercado de trabajo. El analfabetismo había descendido de 45% en 1960 a 9.5% en el año 2000. Los protestantes, organizados en distintas iglesias, eran cada vez más numerosos, sobre todo en el Sureste. Los divorcios y el número de hogares encabezados por mujeres aumentaron. En otro terreno, en el de la opinión pública, la apertura de los medios de comunicación, la competencia entre ellos y la independencia con respecto a las posturas gubernamentales reforzaron la participación de ciudadanos en diversos campos, como la defensa de los derechos humanos, de las mujeres, de los desaparecidos, de los indígenas, de los enfermos de sida y de los homosexuales. La multiplicación de las organizaciones no gubernamentales era otro síntoma de este activismo ciudadano. Los cientos de indocumentados muertos cada año en su esfuerzo por llegar al vecino país del norte o las más de 300 jóvenes mujeres asesinadas en Ciudad Juárez, Chihuahua, desde 1990 encontraron amplios espacios en periódicos y medios electrónicos.

Hay que subrayar que al parejo de las grandes dificultades económicas se abría paso una poderosa fuerza para transformar los arreglos políticos y dar mayor cabida a las prácticas democráticas, al menos en los procesos electorales. Indicio de ello fue la reforma constitucional de 1996 que dio autonomía plena al Instituto Federal Electoral (IFE). Por primera vez desde 1946 el gobierno federal no tenía el control de las elecciones, que pasaba ahora a manos de ciudadanos sin partido. El nuevo IFE expresaba el agotamiento del viejo arreglo político basado en la hegemonía del PRI y su vinculación con el presidente de la república; también dejaba ver la decisión clara de crear uno nuevo acorde con las exigencias de una ciudadanía cada vez más activa. Lo mismo indicaban las reformas que dieron lugar a la elección del jefe de gobierno del Distrito Federal, una de las posiciones vitales del presidencialismo de viejo cuño. La oposición ganaba más y más elecciones en municipios, congresos locales y gubernaturas. Destaca el triunfo del perredista Cárdenas, quien se convirtió en el primer jefe de gobierno del Distrito Federal en 1997. También en este año el PRI perdió por primera vez la mayoría en la Cámara de Diputados.

En 2000, con una población de 97.5 millones de habitantes, casi cinco veces más que en 1930, México era el onceavo país más poblado del mundo. Algunos datos mostraban un mejoramiento en la situación social: la esperanza de vida llegó a 75 años, cuando en 1930 era de sólo 36. La reducción de la natalidad y de la mortalidad infantil sustentaba una tendencia hacia el envejecimiento de la sociedad. Pero por otro lado, desde 1984 la desigualdad social se había acrecentado, favoreciendo al estrato social más rico. Como contraparte, poco más de la mitad, según las cuentas del gobierno, o casi dos tercios de la población, según algunos académicos, podía considerarse pobre. La geografía mostraba un gran contraste entre áreas ricas como el Distrito Federal, el Occidente y el Norte, y las áreas pobres, cada vez más pobres, del sur (Guerrero, Oaxaca, Chiapas).

Las elecciones presidenciales de 2000 tuvieron lugar en un escenario caracterizado por una inseguridad que parecía vinculada a la corrupción institucional, con escándalos de fraudes bancarios y delitos "de cuello blanco", con una economía que crecía a tasas muy bajas, un desempleo que no cedía y con salarios cuya capacidad adquisitiva había disminuido 73% desde 1976. El candidato priista a la presidencia fue el sinaloense Francisco Labastida. Compitió con Cárdenas y con el panista Vicente Fox, ex gobernador de Guanajuato.

En la noche del 2 de julio de 2000, para asombro de propios y extraños, el IFE y el presidente de la república anunciaron el triunfo de Fox. La esperanza se depositaba en un carismático personaje que había abandonado el mundo empresarial para ingresar a la vida política. Fox atrajo votos de distintos grupos de ciudadanos. Que la mayor parte de la población deseaba un cambio de régimen político era evidente, pero también lo era que no confiaba del todo en Fox. Así lo mostró el hecho de que el PAN no alcanzó ni por asomo la mayoría en el Congreso de la Unión. De cualquier modo, el triunfo del candidato opositor descabezaba el arreglo político surgido a raíz de la crisis provocada por el asesinato de Obregón en 1928, pues quedaba atrás la etapa del partido oficial y su vínculo con el presidente de la república en turno. Para fortuna de todos, otros componentes de ese arreglo, como la subordinación de las fuerzas armadas al presidente, se mantuvieron inalterados. De ese modo, el país entraba al nuevo siglo con un cambio fundamental, si bien limitado a la esfera política. La esperanza era que ese cambio se tradujera en una mejoría sustancial en las condiciones de vida de la mayoría de la población. Una sociedad cada vez más involucrada en los asuntos públicos, una sociedad cada vez más fuerte, cuidaría de que así ocurriera.

En estos siete decenios México vivió un periodo de estabilidad política y social. Éste es un rasgo principalísimo del siglo XX mexicano que no debe menospreciarse, sobre todo si se le compara con las turbulencias del siglo XIX. Asimismo es una etapa que contiene periodos de crecimiento económico que permitieron una notable expansión de las ciudades y de las clases medias urbanas. Sin embargo, esos rasgos no alcanzan a desmentir el alto costo que significó mantener en la pobreza o empobrecer a la mayor parte de la población del campo y de la ciudad y de agraviar a los inconformes y opositores al gobierno. La perseverante desigualdad social pareció reducirse entre 1960 y 1980 pero volvió a acentuarse desde ese último año. Las etapas de la economía mundial (la gran depresión, el auge de la posguerra y la crisis iniciada en 1973) marcaron un patrón ineludible para la sociedad mexicana. El viraje de la economía hacia el mercado mundial y la economía norteamericana, y el abandono del modelo del Estado interventor a mediados de la década de 1980 alimentaron la crisis del arreglo político del país construido desde 1929. Si a principios de la década de 1930 México vivía sumido en una depresión económica mundial y en una grave inestabilidad interna, en el año 2000 reorganizaba su sistema político en paz y en un contexto de dificultades económicas quizá no tan graves como las de 1929 pero sí más prolongadas. Una de las ganancias más claras de la sociedad mexicana en este lapso es precisamente su fortalecimiento hacia el final de siglo, lo que explica el cambio político del año 2000. Pero es claro que a esa sociedad más activa y fuerte le queda aún mucho camino por andar para lograr un cambio más amplio y profundo.

AUTORES

Luis Aboites Aguilar: doctor en historia por El Colegio de México; investigador del Colmex.

Pablo Escalante Gonzalbo: doctor en historia por la Universidad Nacional Autónoma de México; investigador de la UNAM.

Bernardo García Martínez: doctor en historia por la Universidad de Harvard; investigador del Colmex.

Javier Garciadiego: doctor en historia de México por El Colegio de México; doctor en historia de América Latina por la Universidad de Chicago; investigador del Colmex.

Luis Jáuregui: doctor en historia por El Colegio de México; investigador del Instituto Mora.

Elisa Speckman Guerra: doctora en historia por El Colegio de México; investigadora de la UNAM.

Josefina Zoraida Vázquez: doctora en historia de América por la Universidad Central de Madrid; doctora en historia por la Universidad Nacional Autónoma de México; investigadora del Colmex.

ÍNDICE ONOMÁSTICO Y TOPONÍMICO

Nueva historia mínima de México
se terminó de imprimir en septiembre de 2016
en los talleres de Gráfica Premier, S.A. de C.V.,
Calle 5 de Febrero 2309, col. San Jerónimo Chicahualco,
52170, Metepec, Estado de México.